消費者視点の
小売イノベーション

オムニ・チャネル時代の食品スーパー

髙橋広行

有斐閣

目　次

序　章　小売イノベーションを消費者視点でとらえる────　1

1　食品スーパーのイノベーション ……………………………1

2　本書の狙いと構成 ……………………………………………3

　消費者視点の重要性（3）　本書の構成（4）　本書の特徴（5）

第1部　食品スーパーのブランド力と業態認識
　　　　────実証研究

第1章　食品スーパーの競争力の源泉──────────　10
　　　　────ブランド力の測定

1　小売業界と食品スーパーを取り巻く現状 ………………… 10

2　食品スーパーがとるべき戦略 ……………………………… 12

3　食品スーパーのブランド力 ………………………………… 14

4　消費者ベースのリテール・ブランド・エクイティ ……… 15

　ストア・イメージ（15）　リテール・ブランド・エクイティ（15）

5　リテール・ブランド・エクイティの構造仮説モデル ……… 17

　小売企業の競争力の源泉となる活動──エクイティ・ドライバー（17）
　エクイティの構成要素（19）

6　測定項目と分析データ ……………………………………… 20

7　リテール・ブランド・エクイティの構造──分析結果 ………… 22

　全体傾向（22）　ストア・タイプ別の傾向（24）

8　本章のまとめ ………………………………………………… 29

第2章　消費者視点の業態認識──────────────　38
　　　　────業態を行動パターンの類似性で定義する

1　従来の流通研究における業態の研究 ……………………… 38

　業種と業態（38）　業態研究の限界（39）　消費者による店舗認識（41）

2　消費者視点で業態を考える意味 …………………………… 42

3　消費者の行動パターン認識としてのスクリプト ………… 43

i

消費者のスクリプトによる買い物行動の把握（43）　スクリプトを通じた業態認識——仮説の設定（45）

第3章　業態認識主体としてのスクリプト ———————— 50
——食品スーパーとコンビニエンス・ストアの違いを探る

1　スクリプトの確認 ……………………………………………………… 50

2　スクリプトの構成要素——分析結果 ……………………………… 54

3　業態間の違い（仮説1）の検証 ………………………………… 58

4　利用頻度と来店前行動の違い（仮説2a，仮説2b）による検証
………………………………………………………………………… 59

　利用頻度の違い（59）　来店前行動の違い（62）

5　まとめと今後の課題 ……………………………………………… 66

第1部のまとめ：実証分析を通じて見えてくる 競争力の源泉 ……………………………… 74

第2部　食品スーパーの革新性
——事例研究

第4章　小売の価値をふまえた革新の方向性 ———————— 78

1　小売のトレンドとしての新業態 ………………………………… 78

2　スクリプトの階層構造 …………………………………………… 80

3　買い物価値に関する先行研究 …………………………………… 81

4　ビジネス・モデル・イノベーション論における小売の価値 …… 87
　イノベーションとは（87）　小売のビジネス・モデル・イノベーション（88）　小売の価値創造（88）

5　スクリプトの階層構造にもとづく革新の方向性——仮説 ……… 92

第5章　買い物行動スクリプトの革新性 ———————— 95
——事例：まいばすけっと

はじめに　95

1　まいばすけっとの概要 …………………………………………… 96

2　まいばすけっとの売り場づくり ……………………………… 97

　　3　売り場を支える仕組み ………………………………………… 98

第6章　店舗内行動スクリプトの革新性① ——————— 102
　　　　——事例：サンシャインチェーン

はじめに　102

　1　サンシャインの概要と取り巻く背景 ………………………… 102

　2　サンシャインの方針 …………………………………………… 103

　3　サンシャインの売り場づくり——ブランド価値を高める施策 ……… 104
　　活力を感じさせるストア・ネームと店内の雰囲気「SENSE」(104)
　　豊富な試食と買い物の楽しさを伝える陳列「FEEL」(106)　コト情
　　報の店内広告と鮮度の見える化「THINK」(108)　従業員との積極
　　的な対話としての「ACT」(109)　地産地消「直産市」による「RE-
　　LATE」(110)

　4　売り場を支える仕組み——顧客接点と顧客経験マネジメント ………… 111

　5　店舗内経験と愛着の関連性 …………………………………… 113

　6　データ分析によるサンシャインの店舗内行動 ……………… 114

第7章　店舗内行動スクリプトの革新性② ——————— 120
　　　　——事例：阪急オアシス

はじめに　120

　1　阪急オアシスの概要 …………………………………………… 120

　2　阪急オアシスの売り場の様子 ………………………………… 121

　3　阪急オアシスの売り場づくりの仕組み ……………………… 123

　4　売り場を支える仕組み ………………………………………… 126

　5　店づくりと店舗内行動スクリプトの革新性 ………………… 127

第8章　売り場行動スクリプトの革新性 ————————— 129
　　　　——事例：北野エース

はじめに　129

　1　北野エースの概要 ……………………………………………… 130

2 北野エースの売り場づくり ……………………………………130
　　　徹底的な品揃え（130）　店頭で販売するための多様な取り組み（133）

3 売り場を支える仕組み ………………………………………137

4 データ分析による北野エースの売り場行動 ………………140

5 購買単価・買物点数の検証 …………………………………145

第2部のまとめ：事例を通じて見えてくる 革新の方向性 ……………………150

第3部　オムニ・チャネル時代への対応
──レビュー研究

第9章　消費者行動の変化とオムニ・チャネル─────── 156

1 オムニ・チャネル時代への対応 ……………………………156
　　　オムニ・チャネル時代の到来（156）　リアルとオンラインの融合（158）

2 消費者行動の変化 ……………………………………………159

3 小売業へのデジタル化の影響 ………………………………160

4 リアル店舗とオンラインのメリット ………………………162

5 オムニ・チャネルの特徴 ……………………………………165
　　　チャネルの3分類（165）　マルチ・チャネルとオムニ・チャネルの違い（167）　オムニ・チャネルの定義（168）　消費者（や自社の顧客）の視点（170）　顧客の快適な買い物体験（ユーザー・エクスペリエンス）の視点（171）　コミュニケーション・チャネルの視点（172）　統合や融合を通じたマネジメントの視点（173）　消費者が求める一貫性・シームレス（174）

第10章　モバイル・デバイスとアプリ ────────── 178
──スマート・ショッピングに向けて

1 モバイル・デバイスの特徴とモバイル・マーケティング ……178
　　　モバイルを用いたマーケティング（178）　モバイル・マーケティングの手段（179）　リアル店舗とモバイル・マーケティング（181）

iv

2 消費者がモバイル・デバイスで得られる価値と購買行動の変化
　………………………………………………………181
モバイル・デバイス利用で得られる価値（181）　モバイルを用いた
購買行動と消費者行動（184）

3 モバイル・アプリの状況 ………………………………………186
モバイル・アプリの3要素（186）　デザインと情報の質（187）

4 モバイル・アプリにおける機能 …………………………189

第3部のまとめ：リアル店舗とネットの融合に
　　　　　　　　向けて ………………………………195

終　章　オムニ・チャネル時代の小売イノベーション── 197

1 小売革新の方向性とモバイル対応 ……………………………197

2 本書で明らかになったこと ……………………………………198
第1部で明らかにしたこと（198）　第2部で明らかにしたこと（200）
消費者視点の小売イノベーション（213）

あとがき　219

参考文献　223

索引（事項索引・企業名等索引）　237

> 本書のコピー，スキャン，デジタル化等の無断複製は著作権法上での例外を
> 除き禁じられています。本書を代行業者等の第三者に依頼してスキャンや
> デジタル化することは，たとえ個人や家庭内での利用でも著作権法違反です。

目　次　v

> 序　章

小売イノベーションを
消費者視点でとらえる

1　食品スーパーのイノベーション

　ネット販売企業のリアル店舗への進出が急速に進みつつある。アメリカでは
ネット販売の「アマゾン」（Amazon）が，大手食品スーパーの「ホールフー
ズ・マーケット」（Whole Foods Market）を買収し，新しい買い物体験を提供す
る「アマゾン・ゴー」（Amazon GO）（AI と IT 技術を駆使したリアル店舗で，レ
ジ精算の手間をなくし，専用アプリで決済する仕組み）を開発している。中国の
電子商取引（EC）企業の「アリババ」は，ニューリテール戦略として，オン
ラインとリアル店舗を融合した「盒馬鮮生」（ファーマーシェンション）を展開
しつつある。

　こういったネット販売企業の猛攻は間もなく，わが国の小売のあり方にも影
響を与えるだろう。この状況に対応するために，「セブン＆アイ・ホールディ
ングス」は「アスクル」と共同の通販事業をスタートさせており，「イオン」
は「ソフトバンク」や「ヤフー」と連携し，EC 事業を推進している。まさに
今，リアルの店舗は，ネット販売や EC にどう向き合うべきなのかが問われて
いる。

　アマゾンの躍進によって，約 28％の消費者が「他の小売店での買物が減っ
た」と回答しており，リアル店舗やその他のネットサイトでの買い物頻度が大
きく減少している[1]。アマゾンがホールフーズ・マーケットを買収した理由は，
購買頻度が最も高い（消費者との接点が多い），生鮮分野のリアル店舗を取り込

I

むことで[2]，ネットで注文した商品を受け取る場所に活用する，あるいは，アマゾン・フレッシュ（アマゾンで注文する生鮮食品）の配送拠点にするためである[3]。このまま，ネット販売が進化していくと，食品スーパーはネット販売の倉庫になってしまう，という予測もある。

Q1. ネット販売の浸透によって，食品スーパーは倉庫になってしまうのか。
A1. （終章で回答する）

こういった状況において，食品スーパーも負けてはいない。旬の食材，できたての料理という食体験の強みを活かしたレストラン（外食）と融合した食品スーパーの進化型業態「グローサラント」（食品スーパーを意味するグロッサーと，レストランの造語）や「スーパーラント」（食品スーパーとレストランの造語）などが浸透しつつある。果たしてこの業態はうまくいくのだろうか。

Q2. 食品スーパーとレストランの融合業態は成功するのか。
A2. （終章で回答する）

食品スーパーは，コンビニエンス・ストアとともに日本独自の業態として作り上げられてきた存在である。とりわけ，生鮮を中心とした品揃えは，鮮度が命であるため，取り扱いと管理が難しい。それだけに，ストア・オペレーションを含め，多くの知見やノウハウが含まれている（岸本 2013）。それにもかかわらず，わが国において，（業態研究はあるものの）食品スーパーに焦点を当てた研究はあまり多くない。

そこで本書は，**消費者視点で食品スーパーのイノベーションについて議論する**ものである。食品スーパーは，消費者の日々の生活と密着しており，常に市場の影響を受けながら，店舗のあり方が求められてきた存在である。そのため，「変化対応業」ともいわれており[4]，**食品スーパーがどのように変化に対応していくべきなのかを理解することは，他の小売業のイノベーションの検討にも役立つと考えている。**

とりわけ，デジタル化やインターネットが急速に発展し，消費者の購買行動のあり方も変わりつつあり，デジタル化の次の余波は「食品業界に来る」とい

う予想もある（奥谷・岩井 2018）。そうなると，最も影響を受けるのは食料品を中心に取り扱っている食品スーパーである。

　では，実際，読者の方々は，食品スーパーの地道な努力と市場対応をどのくらいご存知だろうか。たとえば，地産地消を意識して，地場の野菜や地元のオーガニック食品を積極的に取り入れ，地域密着型の品揃えを充実させている。鮮魚売り場では，午前中は鮮魚を，午後からは刺身に加工し，夕方にはお寿司を提供するなど，加工度を高めることで来店客のニーズにあわせる時間帯別の商品を提供している。店舗内の惣菜やイート・インのスペースを増やし，充実させている。さらに，店内で働くパートタイマーを多く抱え，彼・彼女たちのやる気を高め，そのやる気を売り場づくりに発揮してもらう工夫などである。こういった日々の努力は，常に変化する市場のニーズに対応するためである。常に工夫し続けることで，売り場の鮮度を高め，店舗内での滞留時間を延ばし，買物点数を増やす工夫をしている。他の食品スーパーやコンビニエンス・ストア，ドラッグ・ストアと競争しながら，持続（漸近）的な成長を続けてきた業態である。しかし，わが国は少子高齢化に見舞われており，1人当たりの消費量も市場全体としての消費量も減少傾向にあり，厳しい状態が続いている。

2　本書の狙いと構成

◈消費者視点の重要性

　こういった状況において，**食品スーパーが今後，目指すべき方向性を消費者の視点で検討することが本書の目的である**。変化の激しい時代だからこそ，売り手やチャネルの視点でも，技術的な視点でもなく，購買の主体である「消費者の視点」で議論することが重要なのである。小売業，製造業をはじめ，多くの業界は，最終消費者であるわれわれのために存在している。**消費者が小売業（とくに食品スーパー）をどのように認識しているのか，消費者が求めている価値は何か**，という点を通じて，**小売やチャネル，モバイルのあり方も含めて理解することで，市場を切り開くような革新的な店舗づくりを目指すことが可能になる**と考えている。

　本書では，食品スーパーの競争力の源泉としてのブランド力を検証した後，消費者が思い描く「業態」を明らかにしていく。そのアプローチ方法として，

序　章　小売イノベーションを消費者視点でとらえる　　**3**

消費者が頭の中で描いている購買行動パターンとしての「スクリプト」と呼ばれる認知構造体の概念を用いる。その後，さらに，スクリプトを買い物行動，店舗内行動，売り場行動などの階層構造で捉え直し，その階層ごとの革新の方向性（仮説）を検討する。さらにその方向性（仮説）に沿った先端事例として，「まいばすけっと」，「サンシャイン・チェーン」，「阪急オアシス」，「北野エース」などの取り組みを分析したうえで，デジタル時代のモバイル・マーケティングの特徴を考察して，理論的・実務的インプリケーションを導出していく。

❖本書の構成

本書の構成は以下のとおりである。

まず第1部では，食品スーパーのブランド力，および，食品スーパーという業態を消費者がどのように理解しているのかを明らかにする。第1章で小売業の現状を統計データで示しつつ，食品スーパーの状況について概観する。食品スーパーが置かれた厳しい状況を打破するための1つの視点にブランドがある。そこで，ブランド研究を検討の土台におきながら，競争力のある食品スーパーとは何か，という点を明らかにするために，食品スーパー利用者への調査・分析を通じて，理解を深めていく。その後，第2章では，革新の方向性を検討するために，食品スーパーという「業態」を起点にテーマを深めていく。これまでの伝統的な流通研究において，業態という概念がうまく定義されていないことを指摘しながら，消費者が頭の中で描いている購買行動パターンの「スクリプト」という概念を用いて，消費者の業態認識を定義していく。続く第3章で，実際のデータを分析することで，消費者が食品スーパーをどのように認識し，コンビニエンス・ストアとどのように異なっているのかを示し，実務的なインプリケーションにつないでいく。

第2部では，第1部で議論したスクリプトの概念を用いながら，食品スーパーの革新性について議論する。第4章では，第3章で明らかになったスクリプトの構造をさらに分解し，買い物行動，店舗内行動，売り場行動といった3つの階層構造で捉え直すことで，議論の土台をつくる。小売の価値に関する先行研究を確認しながら，スクリプトの階層ごとに，その価値を高める革新の方向性について仮説的視点を導出する。続く第5章から第8章までは，それぞれの先端事例を研究する。第5章では，買い物行動の革新的な事例としての「まい

「ばすけっと」を，第6章と第7章では，店舗内行動の革新的な事例としての「サンシャイン・チェーン」と「阪急オアシス」を，第8章では，売り場行動の革新的な事例としての「北野エース」を取り上げながら，データ分析を通じて方向性の優位性を示す。これらの小売企業の事例を紹介しながら，最後に実務に役立つ要素を整理していく。

　第3部では，上記のスクリプト概念と事例研究から得られた知見をもとにしながら，第9章で消費者行動の変化とオムニ・チャネルの特徴をふまえ，第10章でモバイル・マーケティングについて検討していく。

　終章では，本書の全体を総括しながら最新の「KitChen & Market」の事例を取り上げ，オムニ・チャネル時代の食品スーパーの革新性とアプリ対応についてまとめていく。

　本書は大きく3部構成に分けているが，読者の興味があるところから読み進めてもらっても構わない。小売業（とくに食品スーパー）の置かれている状況を理解しながら，ストーリーを持って読み進める場合は第1部から，革新的で具体的な事例を知りたい場合は第2部から，オムニ・チャネルやモバイル・マーケティングの特徴を知りたい場合は第3部から読めるように構成している。さらに，重要な部分は**ゴシック**で示しているので，忙しいビジネスパーソンはその部分を中心に読み進められるように配慮した。

❖ 本書の特徴

　本書の特徴は，大きく2つある。第1に，量的なデータ分析を通じた検証と，質的な事例研究の両方を用いる「ミクスド・メソッド」としての方法論的な特徴である。主に，**現状の市場構造（食品スーパーのブランド力，業態認識）を仮説検証型の実証分析を通じて理解する。**その結果をふまえつつ，**将来的な予測を検討するために仮説的な視点を持って先端事例を分析する。**消費者視点で新しい食品スーパーのあり方を検討していこうとする場合において，複合的な方法でこのテーマに肉薄する。

　第2に，デジタルの進歩やスマートフォンの普及に伴う，オムニ・チャネル時代への食品スーパーの対応を検討するという点である。ネットかリアルか，という選択肢ではなく，**ネットもリアルもうまく活用できてこそ，本当の意味での変化対応業であろう。**そのために，消費者の購買行動の変化を検討しながら，小

売は顧客にどのような価値を提供していくのか，という点を含めて議論する。デジタル化やインターネットの進歩によって新しいデバイスやサービスが出てきたとしても，**小売が提供する価値そのものは大きく変わらない**と考える。マーケティングにおいて，**価値を検討しない研究は，技術の変化や進歩に振り回されるだけに終わってしまう。小売の価値を前提にした議論だからこそ，食品スーパーを含めた小売が勝ち（価値）残っていくためのヒントになる**と考える。

　本書が想定している読者は，消費者行動や小売マーケティング，流通論，チャネル論に関わる研究者だけにとどまらず，ビジネススクールの社会人大学生や一般の大学院生，ネット販売の脅威にさらされている小売の実務に携わる方々にもぜひ読んでいただきたい。商学部や経営学部等に所属する学生にも，理解できるように，**できるだけ専門用語を控え，わかりやすく図表にし，分析結果や難しい解説は脚注や付表にまわした**つもりである（第1章や第3章のいくつかの専門的な分析は外せなかったため，その箇所は結論だけ理解してもらえれば十分である）。

　読者の方々には，リアルの店舗を持つ小売業の現状をイメージしながら，どうすればリアルの店舗が勝ち残れるのか，インターネットやモバイルをどのように活用すれば，消費者の価値につながるのか，という点を，本書を通じて一緒に考えてみてほしい。それが未来の小売のあり方につながると考えている。

　なお，本書では，「顧客」「来店客」「消費者」を使い分けている。顧客という用語を使う場合は，対象となる小売店舗で，購買経験がありそうな場面を想定する。来店客という用語を使う場合は，購買経験があるかどうかはわからないが店舗内で購買行動をしている場面を想定する。それ以外の消費や購買全般に関する場合は，「消費者」と記載する。

注

1　PwCが行った「トータル・リテール・サーベイ2017」の結果を参照。調査は，日本を含む世界29の国と地域の2万4000人以上のオンライン購買者を対象に実施したものである（https://www.pwc.com/jp/ja/press-room/total-retail170710.html：2018年7月19日アクセス）。

2　さらに，アマゾンの高いキャッシュフローを生み出すビジネス・モデルは，食品スーパーが高度成長期に拡大した際のキャッシュフロー構造と類似している。アマゾンは60日弱の手形で仕入れ，20日以内で販売し現金化することで商品の現金回収期間と支払い期間との差から生じるキャッシュフローが増えることになる。同様に，1960年代以降，日本において手形で仕入れ，現金で売るスーパーが急成長した財務上の理由もまた，この回転差資金の効果によるものである

という（矢作敏行「商いの精神と『仕組み』革新(4)──プラットフォームビジネス：アマゾンとローソン」『経営志林』2016 年，第 53 巻 2 号，73-89 頁）。

3 田中（2017）や，小久保重信（2018）「月刊アマゾン 第 24 回──『シッピング・ウィズ・アマゾン』を開始，物流インフラの拡充が止まらない！」『ダイアモンド・チェーンストア』2018 年 4 月 1 日号，36 頁を参照。

4 これは，アパレル分野で約 2 兆円の売上を持つ（ユニクロを含む）ファーストリテイリングの成長戦略においても同様であり，柳井氏は「何十年も成長し続ける業界なんてありえないでしょう。だったら，その時点，時点に合わせて，自分たちの業界や業態をかえていかなければならない」と語る（ファーストリテイリング・ウェブサイト（http://www.fastretailing.com/jp/ir/financial/summary.html：2018 年 7 月 19 日アクセス），および，月泉（2012）を参照。

第 **1** 部

食品スーパーの
ブランド力と業態認識
——実証研究——

食品スーパーの競争力の源泉
―― ブランド力の測定 ――

1 小売業界と食品スーパーを取り巻く現状

　これまで，わが国では百貨店をはじめ，総合量販店，食品スーパー，コンビニエンス・ストア，ホームセンター，ドラッグ・ストア，ユニクロやヤマダ電機に代表される専門店チェーンなど，さまざまな業態が生まれてきた（業態については，後ほど定義する）。とくに，コンビニエンス・ストアを中心とした情報システムの進展によって単品管理が可能となり，多くの小売企業は売れ筋を中心とした品揃えによる効率化を通じて，売上を伸ばしてきたが，近年の小売業の状況は厳しさを増している。

　商業統計の2007年度と2014年度のデータを比較すると，1事業所当たりの売り場面積や販売額は増加しているものの，小売業全体の売り場面積，および，年間販売額は減少している。これは，規模の大きな事業者に売上が集約されつつあることを示している。また，ネット販売やカタログ販売などの無店舗販売も増加傾向にあることから，中小小売業にとっては厳しい時代にあるといえる。とくに食品スーパーは従業員規模が99人未満の事業所が9割と，小規模な企業が多く存在しており，2014年度の事業所数は1万4768件であり，2007年度と比較して約3000件ほど減少している。他のコンビニエンス・ストアやドラッグ・ストアなども食料品を充実させており，かなり激しい競争環境にあることが理解できる。

　こういった状況において，各店舗の最大のリスクは売れ残りだろう。とくに

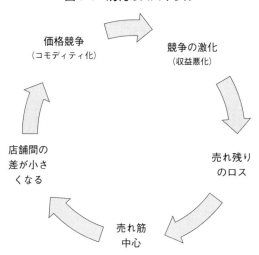

図1-1 消耗のスパイラル

生鮮食品を扱う食品スーパーは，売れ残るとロスが大きい。そのリスクを避けるために，多くの店舗は「売れ筋を中心に品揃えする」傾向に向かう。そうなると，業態内の各店舗の品揃えは類似したものとなってしまい，結果的に店舗間の違いが小さくなる（Moon 2010）。差がなくなるとはいわないものの，**店舗間にあまり差（違い）がないと消費者に認識されてしまうことで，結局，消費者の店舗選択は「価格の安さ」が基準となり，業態内の各店舗は，ますますコモディティ化の方向**[1]**に進んでしまう**。その結果，多くの食品スーパーは「1円でも安く買いたい」という消費者に訴求するために，低価格を武器に自店への集客を促そうと拍車がかかり，小売企業の収益は，悪化していく[2]（図1-1）。

追い打ちをかけるように，日本の人口全体が2008年をピークに減少傾向に入ったことで[3]，今後，消費額（および消費量）が大きく減少していくことになる。2016年の年間出生数も100万人の大台を割り込み，97万6979人にとどまった。さらに未来予測によれば，2020年には女性の2人に1人が50歳以上になり，2022年には団塊世代が75歳に突入し，「ひとり暮らし社会」が本格化し始める。2024年には3人に1人が65歳以上の「超・高齢者大国」になり，2035年には男性の3人に1人，女性の5人に1人が生涯未婚になると予想されている（河合2017）（表1-1）。急速な少子高齢化，単身世帯の増大といった

表1-1　日本の人口動態予測

年	人口動態予測
2020 年	女性の 2 人に 1 人が 50 歳以上
2022 年	団塊世代が 75 歳に突入し，「ひとり暮らし社会」が本格化
2024 年	3 人に 1 人が 65 歳以上の「超・高齢者大国」
2035 年	男性の 3 人に 1 人，女性の 5 人に 1 人が生涯未婚

（出所）　河合（2017）をもとに作成。

　人口動態の変化は，新規顧客の獲得が難しくなることを意味しており，原材料の高騰や消費税の増税なども影響し，わが国の食品スーパーを取り巻く環境は，厳しい状況にある。

2　食品スーパーがとるべき戦略

　この厳しい状況においても，活気のある食品スーパーは存在する。

　たとえば，北九州市に本社を置き，日本一視察が多いといわれている「ハローデイ」では「食を通じて幸せをつなぎたい，笑顔を通じて心をつなぎたい」というコンセプトの下，楽しさと活気ある売り場づくりとサービスを目指している[4]。埼玉県川越市に本社を置く「ヤオコー」は，自社を「豊かで楽しい食生活提案型スーパーマーケット」と位置づけ，調理実演を通じた試食やレシピの提供，および多い店で 400 品目の惣菜を揃えている。自分たちの業態（何屋になるのか）を検討した結果，行き着いたのが大手に負けないシーンづくり，すなわちミール・ソリューション（メニューや調理方法の提案による食事の課題解決）の提供を通じた他チェーンとの差別化を図ることであった[5]。

　こういった活気のある食品スーパーは，従来のように，品質の良いものを「大量」に仕入れて，できるだけ安く，「より多くの消費者」に販売するというビジネス・モデルだけではない。少子高齢化と人口減少時代においては新規顧客を増やすのが難しくなってきている。そのため，**これからの食品スーパーが目指すべきは，既存顧客の維持・拡大を通じたファンの育成にある**と考える。つまり，**来店客 1 人ひとりを大切にしながら，来店客 1 人当たりの来店頻度を高め，購買金額を増やすための戦略（購買単価，もしくは，買物点数を高める施策）が非**

12　第 1 部　食品スーパーのブランド力と業態認識

常に重要となる。

　では，食品スーパーの競合は何だろうか。食事という視点でとらえると他の外食や惣菜・弁当屋などの代替品も競合に入ってくるだろう。ただし，議論の幅を代替品にまで拡大してしまうと焦点がぶれるため，本書では業態の「内と外」までにとどめる。

　業態「内」の競合とは当然のことながら，同業者の食品スーパーである。業態「外」の（業態を超えた）直接の競合相手は，食品スーパーと最も併用されるコンビニエンス・ストア[6]やドラッグ・ストアである。とくに，コンビニエンス・ストア業界全体の売上高は好調に推移しており，来店客数および客単価，いずれも増加傾向[7]にある。コンビニエンス・ストアは，プライベート・ブランド（以降PB）を充実させることによって品揃えを強化するだけにとどまらず，生鮮食品や日用雑貨品を充実させている。女性客層の拡大を目指すことで，食品スーパーに対抗[8]している。とくに近年，「淹れたてコーヒー」を含むカウンター商材，弁当・調理麺・惣菜等の中食，デザート等が好調に推移している[9]。そのため，食品スーパーは，コンビニエンス・ストアを意識しながら[10]，他の食品スーパーと異なる革新性を検討する必要がある。

　とりわけ，店舗数が10店を超えるような食品スーパーの大手チェーンは他店と対抗するために，積極的に既存店の改装を行っている[11]。大手チェーンにおいても，今後，どういった方向性で店舗をリニューアルしていくべきなのか，売り場をどのように刷新していくべきか，ネット販売への対応や対抗はどうすべきか，コンビニエンス・ストアとどう対抗すべきか，といった**将来の店舗づくりについて検討を深めなければ，勝ち残れない時期**に来ている。

　こういった厳しい競争環境において，既存顧客との関係を構築し，継続して利用してもらうためには，食品スーパーが消費者に選んでもらえるブランド力が必要である。そこで，次の第3節からは，食品スーパーの「競争力の源泉としてのブランド力（ブランド・エクイティ）」を把握する。食品スーパーの競争力の源泉とそこで得られる価値は何か，という点を理解することが，食品スーパーが勝ち残るための1つの戦略の基礎になりうる。

第1章　食品スーパーの競争力の源泉　　13

3 食品スーパーのブランド力

　上述したように食品スーパーを取り巻く環境は厳しい。こういった状況において，リアル店舗はその存在価値が問われている。**リアル店舗を持つ小売企業が，今後も勝ち残っていくためには，ブランドを１つの競争優位性の源泉とし，顧客のロイヤルティを得て適正な利益を確保することが重要となる。**本書では，小売企業の競争力の源泉として形成されているブランド力を「リテール・ブランド・エクイティ」（e.g. Ailawadi and Keller 2004；Hartman and Spiro 2005）と設定し，議論を進める。こういったブランド・エクイティがどのような要素で構成され，それが顧客のロイヤルティにどのように影響するのかを理解することは小売業にとって，非常に重要なテーマである（cf. Grewal *et al.* 2004）。

　とくに本章では，食品スーパーのブランド・エクイティに焦点をあてる。その理由は，第１節でも示したように，食品スーパーが「消耗のスパイラル」に置かれているためである。追い打ちをかけるように，コンビニエンス・ストアやドラッグ・ストアも積極的に生鮮食品を扱いだしており，業態間の競争も激化している。このような状況の中でもいくつかの小売企業は店内でのショッピング経験を高めたり，PB の開発に注力したりすることで，従来の価格競争に陥らないポジションで競争優位性を確保しようとしている。このように食品スーパーにおいても，より長期的な視野に立ち，ブランド力を高めていくことで自社の位置づけを明確にしていくことが急務である。

　そこでここでは，主に消費者が小売店のサービスや売り場，企業の方針などの小売マーケティングの戦略的要素をどの程度，認知しているのか，その認知がリテール・ブランド・エクイティの形成やロイヤルティにどのように影響するのか，ストア・タイプの違いによってこれらの構造がどのように異なるのかを議論していく。

　次の節では，リテール・ブランド・エクイティの先行研究を通じて構成要素を抽出していく。

4 消費者ベースのリテール・ブランド・エクイティ

この節では，リテール・ブランド・エクイティと類似した概念のストア・イメージの研究の概略について述べた後，リテール・ブランド・エクイティの2つの視点について述べる。

❖ストア・イメージ

ストア・イメージとは，その名のとおり，店舗のイメージのことである。

これまで，店舗に関するブランド研究の多くはストア・イメージを中心になされてきており[12]，小売企業の競争力の源泉としてのブランド力（リテール・ブランド・エクイティ）についての研究はあまり多くない（e.g., Davies 1992；Kent 2003）。確かに，ストア・イメージを理解することは，（店舗選択，満足度，ロイヤルティ，ポジショニングなどの）消費者行動や店舗の評価につながるため，小売研究における重要なテーマである。しかし，ストア・イメージの研究の課題は，なぜそのイメージがロイヤルティにつながるのか，そのイメージを高めるために「どのように小売のマーケティング活動を実践すれば良いのか」という点まで踏み込んで議論していない点である（cf. Hartman and Spiro 2005）。そのため，ストア・イメージの視点を含めながら，**現場レベルで実践できる構成要素を含めたリテール・ブランド・エクイティの研究が重要になる。**

❖リテール・ブランド・エクイティ

数は少ないものの，リテール・ブランド・エクイティ研究も近年，徐々に進んできている。その研究の流れは2つあり，1つは，「企業資産の視点」[13]であり，もう1つは，「消費者の認識論をベースとする研究」（以下「消費者視点」と呼ぶ）[14]である（図1-2，なお詳細は付表1-1参照）。

企業の資産としての視点は，Aaker（1991）に従うものであり，リテール・ブランド・エクイティは，主に「認知」「連想」「知覚品質」「ロイヤルティ」で構成されるとするものである（e.g., Pappu and Quester 2006）。

それに対して，消費者視点の研究はKeller（1993）に従うものであり，消費者は「ブランド認知」と「ブランド・イメージ」の両方を記憶の連想ネットワ

第1章　食品スーパーの競争力の源泉　15

図1-2　リテール・ブランド・エクイティ研究の2つの視点

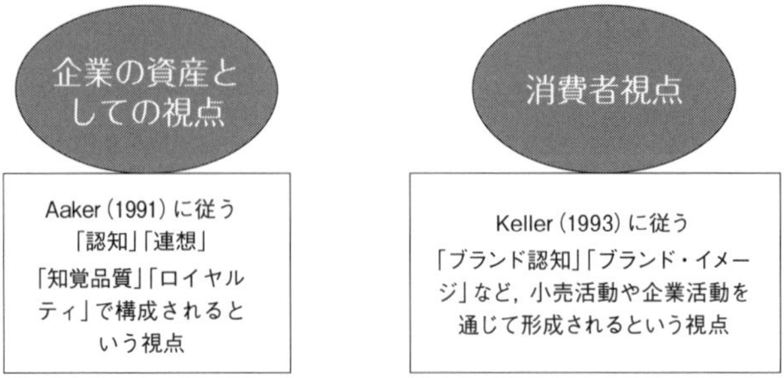

企業の資産と
しての視点

Aaker (1991) に従う
「認知」「連想」
「知覚品質」「ロイヤル
ティ」で構成されると
いう視点

消費者視点

Keller (1993) に従う
「ブランド認知」「ブランド・イメー
ジ」など，小売活動や企業活動を
通じて形成されるという視点

ーク知識として保有しているとする。Keller（2003）によれば，消費者視点の
リテール・ブランド・エクイティは，「競合の小売企業よりも，自社のマーケ
ティング活動に対して消費者がより好ましい反応を示すもの」で，人々の心の
中にある強くてユニークな特徴として連想される小売企業のイメージこそがブ
ランド・エクイティの基礎となる。そのため，こういった小売企業の特徴のあ
るイメージの連想を開発していくことが重要になる（cf. Ailawadi and Keller
2004）。とりわけ，食品スーパーにおけるブランド・エクイティを高める要素
は，消費者が店舗で経験するさまざまなサービス，商品，価格，プロモーショ
ンなどの小売マーケティング活動や，企業としての活動やメッセージである
（cf. Allaway *et al.* 2011）。

　言い換えれば，消費者が受け入れて，連想している小売マーケティング活動
や企業活動の印象の強さが競争優位性の源泉となる。このような強さの源泉に
なる小売のマーケティング活動や企業活動を，本書では「エクイティ・ドライ
バー」と呼ぶことにする。この活動の結果，その小売企業に対して消費者が
「記憶の中に包括的に保持しているもの」がリテール・ブランド・エクイティ
である。**このリテール・ブランド・エクイティは目には見えないが価値として存
在しているものであり，それがロイヤルティや購買行動にプラスに影響すること
で競争優位性の維持につながる**と考えられる。本書では主に，消費者視点をベ
ースにしたブランド・エクイティを議論していく。

　さらに，企業の社会的責任（corporate social responsibility: CSR）は，メーカ
ーだけでなく小売業においても重要性が増しており，店舗活動を通じて醸成さ
れるイメージだけでなく，小売企業が発信する「情報の信憑性」や「地域との

接点・コミュニティ」などの方針や取り組みも，消費者の購買行動に影響する[15]。そのため，本書ではこういった企業の活動も議論の対象に含める。これらの点をふまえ，本書におけるリテール・ブランド・エクイティは，「**店舗活動および企業活動を通じて形成され，消費者との関係性を維持する要素を保持し，継続的な購買につながるもの**」であると定義する。

　しかしながら，いまだリテール・ブランド・エクイティを構成するエクイティ・ドライバーを包括的に捉えた上で，どの要因が，どの程度，消費者の行動に影響するのかという点については十分に明確にされていない。そこで次節で，エクイティ・ドライバーについて整理する。それをふまえた上で，リテール・ブランド・エクイティの構造仮説を構築し，その構造のどの要因が消費者行動に影響するのかを確認していく。

5　リテール・ブランド・エクイティの構造仮説モデル

❖小売企業の競争力の源泉となる活動──エクイティ・ドライバー

　食品スーパーにおける消費者視点のリテール・ブランド・エクイティを検討するためには，消費者がその小売企業に対してどのようなイメージや連想を抱いており，それがロイヤルティや利益につながるのか，あるいは他店との効果的な競争手段になっているのか，という点について調べる必要がある（cf. Allaway *et al.* 2011）。

　表1-2は，ストア・イメージの先行研究や消費者視点のエクイティ・ドライバーについて整理したものである。これらのドライバーは，企業活動と店舗活動の2つに分けられる。企業活動には，情報開示や評判，地域コミュニティに対する方針が含まれており，店舗活動は，（必要な商品を仕入れて販売する）マーチャンダイジング活動[16]，店舗施設，サービスやサポートに大きく分類できる。マーチャンダイジング活動には，商品の品揃えや商品（の品質）などが含まれる。店舗施設には，ストア・デザイン（雰囲気やレイアウト），ロケーション（利便性）が含まれる。サービスやサポートには，従業員のサービス（店員の対応，顧客維持の努力など）やコスト・パフォーマンス（value for money/price），プロモーション（イベント，クーポン，顧客維持プログラムなどの販売促進）などが含まれる。そのため，本章のエクイティ・ドライバーの測定項目も，

第1章　食品スーパーの競争力の源泉　　17

表1-2 エクイティ・ドライバーの整理

著者	マーチャンダイジング活動		店舗施設		サービス/サポート			企業
	製品	品揃え	ストア・デザイン	ロケーション	サービス	コスト・パフォーマンス	プロモーション	評判
	製品の品質	品揃え/セレクション	雰囲気/レイアウト	利便性	店員の努力/顧客維持努力	金銭に対する価値/価格	イベント/クーポン/ロイヤルティプログラム	評判/コミュニティ
Fisk (1961)		*			*	*		
Lindquist (1974)	*		*	*	*	*		
James et al. (1976)	*	*	*		*	*	*	
Mazursky and Jacoby (1986)	*	*		*	*	*		
Barich and Srinivasan (1993)	*	*						
Teas (1993)	*	*	*		*	*	*	
Chowdhury et al. (1998)	*	*	*	*	*	*		
Birtwistle et al. (1999)	*	*	*		*	*		*
Gomez et al. (2004)	*							
Morschett et al. (2005)		*			*	*		
Ailawadi and Keller (2004)	*	*	*	*			*	
Pan and Zinkhan (2006)	*				*	*		
Swoboda et al. (2007 : 2009)		*	*	*	*	*	*	
Jinfeng and Zhilong (2009)								*
Allaway et al. (2011)	*	*	*	*	*	*		*

(出所) Swoboda et al. (2007) を参考に作成。

図1-3 リテール・ブランド・エクイティ構造仮説モデル

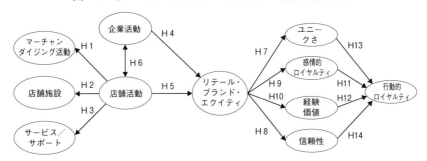

（注）H1, H2などの表記は，要因間の関係（仮説）を意味する。この関係が存在するのかという点をデータで証明していく。

これらの要素を可能な限り幅広く収集したうえで，因子の構成を試みる。

　企業が発信する社会貢献や方針は，個々の店舗にも反映されることが多いため，企業活動と店舗活動は相互に強く関連しながら，リテール・ブランド・エクイティを高めていくことになるだろう。そのため本章の仮説モデルは，店舗活動にマーチャンダイジング活動（H1），店舗施設（H2），サービスやサポート（H3）を含み，企業活動からエクイティへのパス（H4），店舗活動からエクイティへのパス（H5）とともに，企業活動と店舗活動に双方向の関連性を設定する（H6）。

❖エクイティの構成要素

　いくつかの先行研究や日本の食品スーパーが置かれている状況をふまえ[17]，ユニークさ：弁別性（差別化）と想起のしやすさ（H7），信頼性（推奨意向を含む）（H8），感情的ロイヤルティ（H9）をエクイティの中核的な構成要素に設定した。

　なお，欧米よりも日本の食品スーパーのフロア・スペースは小さいものの，近年，（本書で紹介するサンシャインや阪急オアシスなども含めた）いくつかの食品スーパーは，売り場のライブ感や提案型メニュー，対面販売などを積極的に取り入れ，売り場を楽しく演出することで，義務的な買い物から「楽しいショッピングの場」へと消費のモードを変えることで業績を伸ばしている。これは，モノを買う場そのものに価値があり，買い物の経験も消費者の印象に残るとい

第1章　食品スーパーの競争力の源泉　　19

うことを意味している。視覚，触覚，嗅覚，聴覚，味覚，といった五感に訴えられるほど，そこで経験した快楽的な感情とともに記憶に残る（Tuan 1977；Pine II and Gilmore 1999）。とくに店舗の場合，実際に利用しないと評価できないことから，店舗内での体験や経験を通じた経験価値もエクイティの形成要因の1つになると考える（H10）。

　最後に，リテール・ブランド・エクイティの構成要素と行動的ロイヤルティとの関連を検討する。行動的ロイヤルティは効果的な小売マーケティング活動の結果として，「高単価品の購入」「買物点数」「買物機会（来店頻度）」を設定した。行動的ロイヤルティは感情的ロイヤルティの結果として形成されるモデル（Oliver 1999）を仮定した（H11）。経験価値が高いほど行動的ロイヤルティに正の影響があることがわかってきていることから（Brakus *et al.* 2009；岡山・髙橋 2013），経験価値から行動的ロイヤルティのパスも設定する（H12）。強く・好ましく・ユニークな存在であること（Keller 1993），および，信頼性の高さは，リテール・ブランド・エクイティの競争優位性につながることから（岡山 2010），ユニークさからのパス（H13），信頼性からのパス（H14）も設定する。

　以上を整理すると，小売企業のマーケティング活動を通じて消費者に認知されている要素がエクイティ・ドライバーであり，エクイティは「包括的な記憶の集合体」で，他企業との違いや経験価値，信頼性，感情的ロイヤルティの要素によって構成される。そこで，これらのエクイティを構成する要素は行動的ロイヤルティに正の影響を与え，それが競争優位性の維持に貢献しているというモデルを設定し，検証していく（図1-3）。ただし，モデル自体が複雑になることから，分析は，リテール・ブランド・エクイティまでの構造と，エクイティからロイヤルティへの構造に分けて実施する。

6　測定項目と分析データ

　エクイティ・ドライバーに関する項目は，関連するいくつかの先行研究から収集し[18]，分析に用いた項目は，尺度開発の手順に沿って設定している（詳細は注にて解説）[19]。

　店舗活動イメージの測定項目は，付表1-2に示す「サービス」から「常連客への対応」までの10因子66項目を用いる。企業活動イメージの測定項目は付

表 1-3　本章で対象とする食品スーパー

大手スーパー（28 社）
いなげや, エコス, オーケー（OK ストア）, カスミ, サミット, ベルク, マルエツ, ヤオコー, ヨークベニマル, ヨークマート, 三和（sanwa）, 東急ストア, 万代, マックスバリュ, サンディ, ピーコックストア, バロー, ベイシア, タイヨー, マルキョウ, マルショク, ハートフレンド（フレスコ）, ライフコーポレーション（ライフ）, オークワ, マルナカ, 山陽マルナカ, サンリブ, ヤマナカ

ローカル・スーパー（16 社）
コモディイイダ, とりせん, フレッセイ, マミーマート, ワイズマート, 相鉄ローゼン, 富士シティオ, コノミヤ, さとう, マルアイ, マルハチ, 玉出, 光洋（コーヨー）, グルメシティ, アオキスーパー, フィールコーポレーション

個性的なスーパー（14 社）
オオゼキ, クイーンズ伊勢丹, 成城石井, 北野エース, いかりスーパー, コープこうべ, マツゲン, 関西スーパー, 近商ストア, 阪急オアシス, マツモト, ハローデイ, サンシャイン, フレスタ

表 1-3 に示す「地域貢献」と「コミュニケーションの透明性」の 2 因子 15 項目を用いる。なお，分析には因子ごとに測定した項目を合計したスコアを使用する。

　リテール・ブランド・エクイティの構成要素は，主に海外の先行研究を参考に設定した[20]。行動的ロイヤルティは適当な測定項目がなかったため，オリジナルで設定した（それぞれ，付表 1-4〜1-8）。

　分析に用いたデータは，株式会社マクロミルのハウスホールドパネルに対して，2012 年 9 月 24 日から 9 月 26 日の間に行ったスクリーニングを伴うインターネット調査のデータである。対象者条件は「この 1 年以内に食品スーパーを利用している女性（既婚）」で，かつ，特定の食品スーパーを「最も好き」と回答した人を割り付けていった。調査エリアは関東 1 都 6 県，関西 2 府 4 県，愛知，広島，高知，九州 7 県とし，回収数は 3118 サンプルであったが，不明瞭な回答がいくつか確認されたため，それらのサンプルを削除し，3062 サンプルを分析に用いた[21]。

　最終的には，食品スーパーを大きく 3 つのグループに分類した（「大手スーパー」「ローカル・スーパー」「個性的なスーパー」）。「大手スーパー」は，複数の都道府県に展開をしており，売上高が 1000 億円以上のスーパーと定義した。「ローカル・スーパー」は，首都圏・関西圏・愛知のエリアにおける大手スーパー

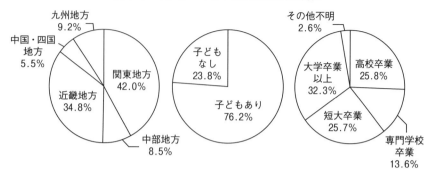

図1-4 インターネット調査回答者の属性

以外の上位1・2社の食品スーパーとして定義した。「個性的なスーパー」は，特徴的な店舗を展開している小売企業であり，とくに新聞や雑誌で取り上げられる機会が多い企業を中心に選択した。表1-3が本章における対象企業である。

回答者の属性について概要を示す（図1-4）。

居住地は，関東地方：42.0％，中部地方：8.5％，近畿地方：34.8％，中国・四国地方：5.5％，九州地方：9.2％である。子どもの有無は，子どもなし：23.8％，子どもあり：76.2％である。最終学歴は，高校卒業：25.8％，専門学校卒業：13.6％，短大卒業：25.7％，大学卒業以上：32.3％，その他不明：2.6％である。世帯年収は700万円台以上が28.0％，400万円台から600万円台が39.4％，答えたくないと300万円台までを含めて32.6％を占めていた。

7 リテール・ブランド・エクイティの構造──分析結果

❖全体傾向

リテール・ブランド・エクイティの構造仮説にもとづき，構造方程式モデルにて検証を行った。分析にはIBM SPSS社のAmos21.0を用いた。分析結果を図1-5に示す[22]。この図の「パス（矢印）」（→）に記載されている係数は，影響力の強さを示している。係数は1.00から-1.00までの値をとり，1.00が最も影響力が強く，0.00が最も影響力が弱い。係数を標準化しているため，異なる要素同士で係数の強さが比較できる。「双方向の矢印」（↔）は相互に影

響し合う関係を示している。この係数の強さは、パス（矢印）と同様の見方である。*** などの記号は統計的な指標であり、→や↔の関係に、統計的な意味があるのかどうかを確認したものである。*** の数が多いほど統計的な信頼度が高いと判断して良い。

　この分析結果から、リテール・ブランド・エクイティは店舗活動、および、企業活動の両方から形成されること、エクイティの構成要素はユニークさ、信頼性、感情的ロイヤルティ、経験価値であることが確認できた（図1-5）。

　図1-6は、エクイティの構成要素と行動的ロイヤルティの関連を検証したものである[23]。図の見方は、図1-5と同様である。この分析の結果、ユニークさ、信頼性それぞれから行動的ロイヤルティへのパス（矢印）は統計的に有意な関係ではなかったが、感情的ロイヤルティ、および、経験価値から行動的ロイヤルティへのパス（矢印）が有意であることが確認できた。

　この分析結果による検証を通じて、大きく3つの点が明らかになった。

　第1に、**店舗活動と企業活動は相互に補完しあいながらリテール・ブランド・エクイティを構築している**点である。ただし、店舗活動からエクイティへの係数は0.55であり、企業活動の0.34を上回ることから、リテール・ブランド・エクイティには店舗活動の方が強く影響する。

　第2に、セルフサービスが主体である食品スーパーにおいても、**店舗施設やマーチャンダイジング活動よりも、サービスやサポートの方が強くリテール・ブランド・エクイティに影響する**ことである。具体的には、「サービス／サポート（標準化係数0.97）」における「常連客への対応（0.85）」「サービス（0.85）」などがリテール・ブランド・エクイティに強い影響を与えるという点である。ここでいうサービスとは、付表1-2で測定項目を確認すると「店員の親しみやすさ、心地良いやりとり」などのことを意味している。他にも、「店舗施設（0.94）」における「BGM（0.69）」「ストア・デザイン（0.68）」、「マーチャンダイジング（0.85）」における「商品の品質（0.71）」「PB商品への信頼（0.71）」なども影響を与えている。

　一方で、「店舗施設」における「ロケーション（0.35）」のスコアは低く、**「単に」アクセスしやすい、行きやすいというだけでは食品スーパーのリテール・ブランド・エクイティにあまり影響しない**ようである。

　第3に、行動的ロイヤルティは、感情的ロイヤルティ、および、経験価値の

第1章　食品スーパーの競争力の源泉　　23

図 1-5　リテール・ブランド

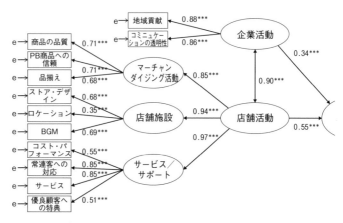

$n = 3062s$, $\chi^2 = 5481.465$, $p = 0.000$ (n.s.)
GFI = 0.875, CFI = 0.917, RMSEA = 0.071, SRMR = 0.0530
Hoelter (0.05) = 213 (＜3062s)

(注)　各パス係数および共分散係数の有意水準は，以下のとおり。***　1
　　　差なし。指標の見方は注 22 を参照。

影響を強く受ける。これは，**店舗との感情的なつながりを作り出すことや，店舗内での購買体験や経験が，行動（買物機会や購買単価，買物点数）に強く影響する**ということである。とりわけ，行動的ロイヤルティの「高単価品の購入（0.64）」や「買物点数の増加（0.70）」が高まりやすい傾向にある。

❖ **ストア・タイプ別の傾向**

　次にストア・タイプ別の傾向を確認する。表 1-4 はストア・タイプ（大手スーパー，ローカル・スーパー，個性的なスーパー）ごとにグループ分けしたデータ（多母集団）で，同様の分析結果を示したものである[24]。
　ストア・タイプ間での違いは表 1-4 の右の列のアミカケの箇所をみてほしい。

・エクイティの構造（標準化係数）

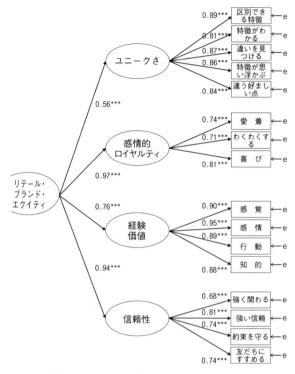

％リスク水準，** 5％リスク水準，* 10％リスク水準，n.s. 有意

　これは，タイプ間の違いを統計的（t値による差の検定）に確認したもので，企業活動からリテール・ブランド・エクイティへのパスは，大手スーパー（標準化係数 0.463）とローカル・スーパー（0.543）の方が，個性的なスーパー（-0.026: n.s. 有意差なし）より強い影響がある（このタイプ間の違いの表の見方は，表1-4の注1に示す）。とくに大手スーパーでは，企業活動と店舗活動の共分散（0.901）が他のタイプよりも強く影響していることから，大手スーパーでは企業活動と店舗活動の連動がエクイティの形成に良い効果を及ぼしていると考えられる。ローカル・スーパーの場合，個性的なスーパーよりもマーチャンダイジング活動全般がエクイティの形成に影響するようである。

　一方で，個性的なスーパーは他のタイプよりも，店舗活動がリテール・ブラ

第1章　食品スーパーの競争力の源泉　　25

図1-6　リテール・ブランド・エクイティと行動的ロイヤルティの関係（標準化係数）

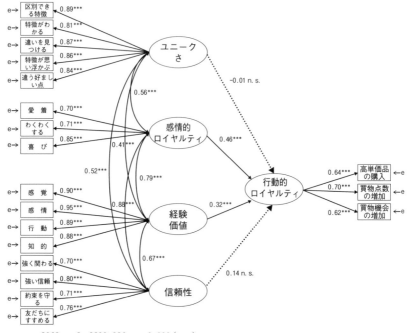

$n = 3062$s, $\chi^2 = 3299.836$, $p = 0.000$ (n.s.)
GFI $= 0.886$, CFI $= 0.927$, RMSEA $= 0.085$, SRMR $= 0.0464$
Hoelter $(0.05) = 160$ (<3062s)

（注）数値の見方は図1-5と同じ。指標の見方は注23を参照。

ンド・エクイティに強く影響している（0.922）。とくに「PB商品への信頼（0.776）」、「コスト・パフォーマンス（0.633）」などの影響が強い傾向にある。

　エクイティを構成する要素はストア・タイプ間でそれほど大きな差はないものの、ローカル・スーパーは、個性的なスーパーより感情的ロイヤルティが行動的ロイヤルティに影響する傾向にあり、大手スーパーや個性的なスーパーは、ローカル・スーパーより経験価値が行動的ロイヤルティに強く影響する。とりわけ、個性的なスーパーは大手スーパーやローカル・スーパーよりも「高単価品の購入（0.749）」が高まる傾向にある。

　これらの点から、ストア・タイプによってエクイティ・ドライバーの強さや行動的ロイヤルティに影響するエクイティ要素が異なることがわかり、消費者

表1-4 ストア・タイプ別の傾向（標準化係数）

	ストア・タイプ			タイプ間の差の検定
	大手スーパー n=1429	ローカル・スーパー n=812	個性的なスーパー n=821	
	a	b	c	結果
（図1-5のストア・タイプ別のモデル指標）CFI 0.910, GFI 0.854, RMSEA 0.043, SRMR 0.0518				
企業活動→リテール・ブランド・エクイティ	(0.463) ***	(0.543) ***	-0.026 n.s.	ab＞c
企業活動イメージ →コミュニケーションの透明性	0.848 ***	0.877 ***	0.882 ***	c＞b
→地域貢献	0.860 -	0.897 -	0.871 -	-
店舗活動→リテール・ブランド・エクイティ	0.414 ***	0.350 ***	(0.922) ***	c＞ab
→マーチャンダイジング活動	0.871 ***	(0.894) ***	0.815 ***	b＞c
→商品の品質	0.702 -	0.720 -	0.686 -	-
→PB商品への信頼	0.653 ***	0.691 ***	(0.776) ***	c＞ab
→品揃え	0.636 ***	0.714 ***	0.679 ***	n.s.
→店舗施設	0.943 ***	0.930 ***	0.936 ***	n.s.
→ストア・デザイン	0.661 ***	0.718 ***	0.705 ***	n.s.
→ロケーション	0.330 -	0.427 -	0.343 -	-
→BGM	0.675 ***	0.683 ***	0.714 ***	n.s.
→サービス／サポート	0.965 -	0.995 -	0.959 -	-
→コスト・パフォーマンス	0.527 ***	0.575 ***	(0.633) ***	c＞ab
→常連客への対応	0.837 -	0.855 -	0.856 -	-
→サービス	0.841 ***	0.854 ***	0.840 ***	n.s.
→優良顧客への特典	0.504 ***	0.479 ***	0.551 ***	n.s.
共分散（企業活動↔店舗活動）	(0.901) ***	0.891 ***	0.897 ***	a＞bc
リテール・ブランド・エクイティ→ユニークさ	0.561 -	0.540 -	0.556 -	-
→区別できる特徴	0.822 ***	0.836 ***	0.861 ***	n.s.
→特徴がわかる	0.845 ***	0.857 ***	(0.870) ***	c＞a
→違いを見つける	0.862 ***	0.883 ***	0.868 ***	n.s.
→特徴が思い浮かぶ	0.797 ***	0.783 ***	0.848 ***	n.s.
→違う好ましい点	0.857 -	0.918 -	0.902 -	-
リテール・ブランド・エクイティ→信頼性	0.943 ***	0.960 ***	0.935 ***	n.s.
→強く関わる	0.648 -	0.738 -	0.701 -	-
→強い信頼	0.802 ***	0.820 ***	0.789 ***	n.s.
→約束を守る	0.703 ***	0.768 ***	0.754 ***	n.s.
→友だちにすすめる	0.708 ***	0.764 ***	0.771 ***	n.s.

第1章 食品スーパーの競争力の源泉

		ストア・タイプ						タイプ間の差の検定
		大手スーパー n=1429		ローカル・スーパー n=812		個性的なスーパー n=821		
		a		b		c		結果
リテール・ブランド・エクイティ→経験価値		0.723	***	0.743	***	0.810	***	n. s.
経験価値	→感覚	0.914	***	0.890	***	0.877	***	n. s.
	→感情	0.952	***	0.952	***	0.940	***	n. s.
	→行動	0.879	***	0.919	***	0.878	***	n. s.
	→知的	0.878	–	0.885	–	0.869	–	–
リテール・ブランド・エクイティ→感情的ロイヤルティ		0.965	***	0.991	***	0.952	***	n. s.
感情的ロイヤルティ	→愛着	0.724	–	0.752	–	0.738	–	–
	→わくわく	0.697	***	0.695	***	0.730	***	n. s.
	→喜び	0.802	***	0.810	***	0.833	***	n. s.
（図1-6のストア・タイプ別のモデル指標）CFI 0.924, GFI 0.876, RMSEA 0.050, SRMR 0.0532								
感情的ロイヤルティ→行動的ロイヤルティ		0.434	***	(0.911)	***	0.402	***	b > c
経験価値→行動的ロイヤルティ		(0.342)	***	0.159	**	(0.321)	***	ac > b
ユニークさ→行動的ロイヤルティ		0.026	n. s.	-0.071	n. s.	-0.005	n. s.	n. s.
信頼性→行動的ロイヤルティ		0.128	n. s.	-0.137	n. s.	0.199	***	n. s.
行動的ロイヤルティ	→高単価品の購入	0.592	***	0.570	***	(0.749)	***	c > ab
	→買物点数の増加	0.672	***	0.729	***	0.734	***	n. s.
	→買物機会の増加	0.619	–	0.672	–	0.605	–	–

(注) 1. 各パス係数および共分散係数の有意水準は，以下のとおり。
　　　*** 1％リスク水準，** 5％リスク水準，* 10％リスク水準，n. s. 有意差なし，－固定母数。差の検定は，大手スーパーをa，ローカル・スーパーをb，個性的なスーパーをc，と表記し，有意差（5％リスク水準）のあったタイプ間を示す。たとえば，ab＞cとは，大手スーパーとローカル・スーパーの係数が個性的なスーパーの係数よりも，（統計的有意差をもって）大きいと示しているものである。
　　　2. 図1-6の共分散の係数，およびリテール・ブランド・エクイティの構成要素の係数は省略する。

はストア・タイプによる小売マーケティング戦略の違いを認識しながら，個々の店舗を利用していることが理解できる。とくに**大手スーパーやローカル・スーパーは，企業の姿勢や活動を積極的に伝えることで，そのブランド力を高めることが可能になり，ローカル・スーパーは，マーチャンダイジング活動で優位性を発揮していくことによって消費者との感情的なロイヤルティを高め，購買につなげることが可能である。一方で，個性的なスーパーは，積極的な店舗活動（と**

くに PB の信頼性やコスト・パフォーマンス）を中心に強化することが経験価値を高め，高単価品の購入につながるのである。

8　本章のまとめ

　本章では，食品スーパーが置かれている厳しい現状を概観し，この現状に対応するためには既存顧客との関係を維持し，継続して利用してもらうファンの育成が必要であることを示した。その1つの方法は，食品スーパーが消費者に選んでもらえるようにブランド力を高めることである。

　そこで，本章では，小売のブランド力の源泉となるリテール・ブランド・エクイティの構造を明らかにしてきた。エクイティの形成に影響を与える要素（エクイティ・ドライバー）は，小売企業が日々展開しているマーケティング活動（企業活動や小売活動）を，消費者がどのように認知しているのかという点と関係している。まず，企業活動および店舗活動において，企業側が操作できる領域を，できるかぎり網羅的に整理した。次に，こういった活動の結果，消費者が記憶の中に小売企業の存在をどのように保持しているのかという点をエクイティの構成要素として確認してきた。その上で，これらの構成要素が行動的ロイヤルティとしての競争優位性の維持に役立つのか，という点を検証した。

　その結果，**リテール・ブランド・エクイティは，企業活動と店舗活動の両方を通じて形成されており，エクイティを構成する要素のうち行動的ロイヤルティにつながるのは，感情的ロイヤルティと経験価値**であった。このように，小売企業におけるブランドの議論が重要であることを示すとともに，日々のマーケティング活動がエクイティの形成に影響すること，エクイティの構成要素を高めることが競争優位性につながることを明らかにしてきた。さらに，ストア・タイプ（大手スーパー，ローカル・スーパー，個性的なスーパー）で注力する点が異なることも明らかになった。

　これらの分析を通じた実務へのインプリケーションは，次のとおりである。

　一般的に食品スーパーの多くはセルフサービスということもあり，商品の品質や品揃え，店舗設備（ハード）面の充実に注目されがちである。しかし，今回の分析を通じて，**リテール・ブランド・エクイティにはサービスやサポートの方が，より強く関連している**ことが明らかになった。そのため，**来店客に対す**

る接点や対応といった「場の設計」こそが消費者視点のリテール・ブランド・エクイティの構築，および，自店を利用し続けてもらうための施策として非常に重要であると考える。

　近年，こういった接点構築のあり方に注力する食品スーパーも増えてきている。たとえば，店舗内空間の演出やそこでの来店客との会話を通じて食品スーパーでの買い物を義務感から楽しいショッピングの場に変えようとするサンシャインの取り組み（第6章参照），先進的なアメリカの「ウェッグマンズ」（Wegmans）や「トレーダー・ジョーズ」（TRADER JOE'S）などの食品スーパーのように，ハートフルな接客や親しみを感じるサービス対応による顧客との関係づくりなどである（e. g., 東・清水・髙橋 2014）。

　とくに，激しい価格競争に陥っている場合，利益を確保するために人件費を削る店舗は多い。しかし低価格で販売しながらも，高収益を上げている上記の「トレーダー・ジョーズ」や「コストコ」（COSTCO）などは，人件費をカットするどころか，従業員への投資を積極的に行っている。その理由は，人員を削ることによって，発注・管理ミス，陳列ミスが増大してしまい，逆にストア・オペレーションが悪くなり，業績が悪化してしまうためである（cf. Ton 2011, 邦訳）。むしろ，多様な仕事をこなせるように研修・訓練することで多能工的な働きをするようになり，生産性が大きく高まる。ただし，その場合は，ある程度 SKU を絞り込むことが前提となる。SKU の多さはストア・オペレーションの煩雑さを招くためである（Ton 2011, 邦訳）。

　なお，上記の結果は，あくまでも食品スーパーが「現在の土俵で戦う」という前提での分析であり，現状の取り組みの延長線上だけでは，成長の限界がある。そこで，消費者がそもそも食品スーパーという業態をどのように認識しているのか，という点に立ち返り，続く第2章からこれまでの流通研究における業態の認識をふまえ，消費者行動論の視点で小売のイノベーションへのアプローチを試みる。

注──────

1　コモディティ化とは，ある商品カテゴリーにおける競合企業間で製品やサービスの違いが価格以外にはないと顧客が考えている状態をいう（楠木・阿久津 2006）。

2　一般社団法人新日本スーパーマーケット協会の『2017年版スーパーマーケット白書』を参照。会員企業への経営動向調査の結果によれば，販売価格 DI は 2016年9月に過去最低となり，価

格競争が激化していることをうかがわせている（DI：Diffusion Index の算出方法は，回答構成比（％）に，かなり改善＋0.5，やや改善＋0.25，変わらない±0，やや悪化－0.25，かなり悪化－0.5の点数を乗じて算出している。すべての企業が「変わらない」と回答した場合，DI は「0」としている）。

3　総務省「国勢調査」（http://www.soumu.go.jp/johotsusintokei/whitepaper/ja/h28/html/nc111110.html）によると，総人口は 2008 年をピークに減少に転じ，2015 年の国勢調査の結果で，総人口（年齢不詳人口を除く）は 1 億 2520 万人となっている。2010 年からの 5 年間で約 200 万人の総人口が減少したことになる。

4　ハローデイのホームページ（http://www.halloday.co.jp/30.html）を参照。

5　ヤオコーのホームページ（http://www.yaoko-net.com/place/index.html）を参照。

6　『2016 年版スーパーマーケット白書』一般社団法人新日本スーパーマーケット協会，68 頁より引用。

7　「コンビニエンスストア統計調査月報（2015 年 1 月から 12 月）」を参照。

8　「コンビニ売場膨張，客層拡大，スーパーに対抗」『日経流通新聞』2012 年 10 月 10 日 3 面，「セブン-イレブン，非日配の 4 割，全店共通に」『日経流通新聞』2012 年 10 月 17 日 5 面，「ローソン，生鮮強化へ専用 8 段棚」『日経流通新聞』2012 年 11 月 14 日 11 面，「まいばすけっと，コンビニの隙間つく」『日経流通新聞』2012 年 2 月 29 日 5 面などを参照。

9　「コンビニエンスストア統計調査月報（2015 年 1 月から 12 月）」を参照。

10　他にも，日配品を置くドラッグ・ストアの存在など，食品をめぐる業態間の競争はますます激しくなってきている。

11　店舗数が 10 店舗を超えるような食品スーパーの大手チェーンは他店との対抗を意識して，積極的に既存店の改装を行い，惣菜比率を高めることで来店客を確保しようとしている。一方で，店舗数が少ない零細食品スーパーにおいては，ますます厳しい状況に追い込まれている（「平成27 年 スーパーマーケット年次統計調査報告書」一般社団法人日本スーパーマーケット協会・オール日本スーパーマーケット協会・一般社団法人新日本スーパーマーケット協会を参照，http://www.super.or.jp/wp-content/uploads/2015/10/H27nenji-tokei.pdf：2016 年 2 月 26 日アクセス）。

12　たとえば，Martineau（1958），武居（1992），村山（1994），金（2006）などである。そのストア・イメージの研究も時代とともに少しずつ変化してきている（Hartman and Spiro 2005）。Martineau（1958）によって紹介されたストア・イメージは消費者の心理に形成される「小売店舗のパーソナリティ」であり，そのイメージを形成するものとしては，価格や品質といった小売の機能的な側面に焦点があてられていた。その後，いくつかの特徴や属性が組み合わされて構成されていると考えられるようになり，ストア・イメージは店舗に対する「包括的な印象」や「総合的な印象」としての研究へと進んできた。

13　Pappu and Quester 2006；Jinfeng and Zhilong 2009；Gil-Saura et al. 2013 などの研究が該当する。

14　たとえば，Ailawadi and Keller 2004；Hartman and Spiro 2005；Swoboda et al. 2007, 2009；Allaway et al. 2011 などの研究である。

15　「サステナブル社会の実現に向けた効果的な CSR 活動と企業ブランドの構築──生活者が評価する CSR 活動とは？」（2013 年 12 月 11 日，おおさか ATC グリーンエコプラザ）という講演セミナーで，筆者は大手小売企業のコミュニティ活動や組織統治（ガバナンス）の透明性といった CSR 活動が製品選好度に影響することを分析によって明らかにした。

16　消費者が求める商品を，適切な量だけ，適切なタイミング，適切な価格で仕入れ，提供する一連のサイクルのこと。

17　先行研究から以下の検討をふまえて要素を決定した。まず，Swoboda et al.（2007；2009）では，「好ましさ」「差別化」「信頼性」「コミットメント」「推奨意向」の 5 つを消費者視点のリテ

第 1 章　食品スーパーの競争力の源泉　　31

ール・ブランド・エクイティの構成要素として設定している。さらに，Allaway *et al.*（2011）では，「感情的ロイヤルティ」と「熱狂」（fanaticism）が生成される因子として設定されている。これらの先行研究にもとづき，構成要素を検討していった。

　　まず，わが国の食品スーパーはオーバーストア状態にあるため，消費者は一般的に2つから3つの店舗を状況や事情に合わせて併用している。そのため，「どんな状況にあってもこの店から他にスイッチしない」といった項目で構成されている Allaway *et al.*（2011）の「熱狂」や「コミットメント」（Swoboda *et al.* 2007；2009）は除外した。さらに，Allaway *et al.*（2011）に従い，「この店は最も好きな店である」と回答した店舗についてデータを収集することを前提としたことから，Swoboda *et al.*（2007；2009）の「好ましさ」は構成要素からは除外した。

18　企業活動におけるイメージ要素は Beristain and Zorrilla（2011），Guenzi *et al.*（2009），Ailawadi *et al.*（2011）にもとづき，店舗活動におけるイメージ要素は，Keller and Aaker（1992），Hawes *et al.*（1993），Reynolds and Beatty（1999），Chaudhuri and Holbrook（2001），Baker *et al.*（2002），Homburg *et al.*（2002），Erdem and Swait（2004），Kumar（2010），Allaway *et al.*（2011），Ailawadi *et al.*（2011）から収集した。

19　尺度開発の手順を以下に簡単に述べる。ネイティブや第三者の協力をふまえ，慎重に尺度を日本語に翻訳し，妥当性を確認するためのプリテストを経た後，本調査で回収したデータに対して，天井効果，フロア効果，内容妥当性を確認した。内容妥当性は，探索的因子分析にて共通性の低い項目，因子負荷量が低い項目を除外し，最後に内部一貫性（信頼性）をクロンバック α にて確認した。

20　ユニークさは，Sujan and Bettman（1989），Yoo *et al.*（2000），Keller（1993）を，感情的ロイヤルティは Allaway *et al.*（2011），Kumar（2010），Chaudhuri and Holbrook（2001），経験価値は Brakus *et al.*（2009），信頼性は Allaway *et al.*（2011），Sirohi *et al.*（1998）を参考に設定した。

21　調査エリアの選定は売上ランキングにもとづいて設定している。具体的には，「日本の小売業1000社ランキング」『チェーンストアエイジ』2011年9月15日号，53-95頁の食品スーパーの売上ランキング100位以内（売上高範囲は4800億円から350億円まで）の出店エリアをつぶさに確認したところ，主に首都圏，関西圏，中部地方を中心に展開していたため，このエリアの食品スーパーを主な調査対象エリアとした。なお，2011年当時に吸収合併された食品スーパーやこのエリアで極端に店舗数が少ないスーパーは対象から除いた。

22　主な適合度指標には一般的な GFI，CFI，RMSEA を用いた。GFI が 0.90 以上，CFI が 0.95 以上，RMSEA と SRMR（Standardized RMR）が 0.05 未満で非常にあてはまりがよく，0.10 未満の場合は他の適合度指標を検討の上で採用という基準とした（cf. 豊田 2007）。なお，標本数が大きい場合，χ^2 検定が棄却されやすいことから棄却の基準として Hoelter（0.05）の値を参考にした。この値が標本数を下回る場合，χ^2 検定が棄却されても問題ないとする（豊田 2007）。

　　分析の結果，χ^2 値は 5481.465，自由度は 337，$p=0.000$，GFI は 0.875，CFI は 0.917，RMSEA は 0.071，SRMR は 0.0530，Hoelter（0.05）は 213（＜3062 サンプル）となった。χ^2値は有意とならなかったが Hoelter の値が標本数を下回っていたため，χ^2 検定が棄却されても問題ない。いずれの指標ともやや基準値には満たないものの，合成変数を用いていること，および，変数の多さや構造の複雑さを考えても十分な適合度を示していること，すべてのパスが有意（1％リスク未満）となっていることから，ここでは，このモデルを採用する。

23　分析の結果，χ^2 値は 3299.836，自由度は 143，$p=0.000$，GFI は 0.886，CFI は 0.927，RMSEA は 0.085，SRMR は 0.0464，Hoelter（0.05）は 160（＜3062 サンプル）となった。

24　適合度指標は，エクイティまでの構造は，CFI 0.910，GFI 0.854，RMSEA 0.043，SRMR 0.0518，エクイティ要素から行動的ロイヤルティへの構造は，CFI 0.924，GFI 0.876，RMSEA 0.050，SRMR 0.0532 である。

付表1-1 主なリテール・ブランド・エクイティ研究

視 点	著 者	目 的	分析に用いた変数	統計手法	対 象
消費者視点	Swoboda *et al.* (2007)	強いリテール・ブランドの構築におけるサービス品質の関連性(影響)の解明	エクイティ・ドライバー(サービス,コスト・パフォーマンス,広告,品揃え,店舗デザイン)	構造方程式モデル(多母集団,SEM)	食品スーパー,アパレル,ホームセンター,家電量販店,家具店
	Swoboda *et al.* (2009)	関与がリテール・ブランド・エクイティ属性に与える知覚的な影響	構成要素(好ましさ,差別性,信頼性,コミットメント,推奨意向)		
	Allaway *et al.* (2011)	食品スーパーにおけるエクイティ・ドライバーの解明とリテール・ブランド・エクイティの測定	エクイティ・ドライバー(サービス・レベル,製品の品質と品揃え,顧客特典,顧客維持努力,価格,レイアウト,ロケーション,コミュニティ関与) 形成される因子(感情的ロイヤルティ,熱狂性)	因子分析	食品スーパー(全国チェーン,地域チェーン,特徴的なチェーン)
企業資産の視点	Pappu and Quester (2006)	リテール・ブランド・エクイティの測定と次元の解明	認知,連想,知覚品質,ロイヤルティ	構造方程式モデル(SEM)	百貨店,専門店
	Jinfeng and Zhilong (2009)	リテール・ブランド・エクイティにおけるストア・イメージ次元と,その影響度を示すこと	エクイティ構成要素(認知,連想,知覚品質,ロイヤルティ)		ハイパーマーケット
	Gil-Saura *et al.* (2013)	ストア・エクイティの形成と特性を定義する変数の設定	4つのエクイティ・ドライバー(知覚価値,信頼性,認知度,ストア・イメージ) エクイティが影響を与える変数:顧客満足とロイヤルティ	因子分析,回帰(PLS)分析	カルフール,ZARA,IKEA

(出所) Swoboda *et al.*(2007)を参考に作成。

付表 1-2　店舗活動におけるイメージの測定項目と信頼性係数（クロンバックのα）

水　準	因　子	測定項目		信頼性係数
店舗活動におけるイメージ	サービス	店員は私に対して礼儀正しい 店員は親しみやすい 私は店員と心地良いやりとりをした 親切な店員がいる 店員は笑顔で対応してくれる 店員は私のことを考えてくれる 役に立つ店員がいる 店員は正直だという印象を持った 私を助けてくれるのに十分な数の店員がいる 店員は知識豊富である サービスに重点を置いている 店員は高い商品知識を持っている 私が店に入ったとき，店員は私に礼儀正しく挨拶してくれる サービスにおおむね満足している	店員は私に最良のものを提案して，適切な商品を選ぶ手助けをしてくれる 店員は商品の特徴をとてもよく説明してくれる 顧客にサービスするための十分な店員が店内にいる 店員は代わりの商品をうまく示してくれる 店員はスピーディに対応してくれる 店員は身なりが良く，きちんとしているように見える 必要なときにいつでも手助けが得られる この店は顧客を維持することを本当に大切にしている	0.967
	PB 商品への信頼	PB 商品の主張は信じられる PB 商品は全体的に商品の品質が良い PB 商品は正直である PB 商品は全体的に優れている	PB は約束を守る PB は頼りになる PB は信頼できる PB 商品は私が望むものを与えてくれる	0.973
	品揃え	商品カテゴリー内の取り扱い品目の種類は多い 商品カテゴリーの数は多い 商品の選択肢が豊富である 商品の品揃えが豊富だ 多くの商品カテゴリーで品揃えがとても良い	品揃えが良い 他店にはない品揃えがある 私が探している商品を提供してくれる	0.931
	コスト・パフォーマンス	私は提示された価格／品質の比率に満足している コスト・パフォーマンスの良い商品を提供している 商品は経済的である 他の店と比較して，お金を節約することができる	値段の割に良いものを販売している 私はこの店が取り扱う商品の一般的な価格水準に満足している	0.925
	ストア・デザイン	店内のそれぞれの売り場は見つけやすい 通路の幅はカートの操作がしやすい 店内は感じの良いレイアウトである	商品を探しやすい 店内は移動しやすい 必要なものが簡単に見つけられる	0.902

付表 1-2 のつづき

ロケーション	私は店の場所に満足している 行きやすい場所にある	便利な場所にある	0.949
商品の品質	商品は高品質である 高い品質の商品を取り扱っている	商品の品質は非常に高い 商品にとても満足している	0.900
優良顧客への特典	ひいきのお客様のために，顧客割引を提供する ここで買い続けた場合に，顧客に特別な何かを提供してくれる	ひいきのお客様のために，特典を提供している	0.877
BGM	BGM は適切だ BGM は買い物の邪魔にならない	BGM は心地よい	0.910
常連客への対応	店側は，常連客を維持するために，さまざまな改善努力をしている 店側は，私を顧客としてつなぎとめておくための努力をしており，うれしく思う	店側は，お店への愛着を高めてもらうために努力している	0.923

（注）　測定項目は，因子負荷量（各因子に対する影響力）が最も大きいものから順に，左上から右下に並べている。

付表 1-3　企業活動におけるイメージの測定項目と信頼性係数（クロンバックのα）

水　準	因　子	測定項目	信頼性係数
企業活動イメージ	地域貢献	この小売企業は，消費者の健康および福祉に関心がある この小売企業は，社会に対して強く関わっている この小売企業は，倫理／正直さをもっている この小売企業は，環境に配慮している企業である この小売企業は，多くの経験を持つ企業である この小売企業は，地域の文化／慣習に適応している この小売企業は，地域社会に関心を持っていると思う この小売企業は，環境に優しい方針を持っていると思う この小売企業は，将来性のある企業である	0.949
	（コミュニケーションの）透明性	この小売企業の情報提供は，私にここで買いたいと思わせてくれる この小売企業の情報提供は，徹底している この小売企業のコミュニケーションは，透明性が高い この小売企業は，店員を公正に扱っていると思う この小売企業の販売価格は，適正だ この小売企業は，商品を手ごろな値段で提供している	0.949

（注）　測定項目は，因子負荷量（各因子に対する影響力）が最も大きいものから順に，上位に並べている。

第 1 章　食品スーパーの競争力の源泉　　35

付表1-4　ユニークさに関する測定項目

	測定項目	参考文献
区別できる特徴	この店は，他の食品スーパーと区別できる特徴（目立つ点）を持っている	Sujan and Bettman（1989）
特徴がわかる	この店が，どのような特徴を持つ食品スーパーか，わかっている	cf. Yoo *et al.*（2000）
違いを見つける	この店と他の競合店舗との違いを，すぐに見つけ出せる	Yoo *et al.*（2000）
特徴が思い浮かぶ	この店について，すぐにいくつかの特徴が思い浮かぶ	Yoo *et al.*（2000）
違う好ましい点	この店は，他の食品スーパーと違う好ましい点をもっている	cf. Keller（1993）

付表1-5　感情的ロイヤルティに関する測定項目

	測定項目	参考文献
愛　着	この店に対して愛着や親しみを抱いている	cf. Allaway *et al.*（2011）
わくわく	この店はわくわくする	cf. Kumar（2010）
喜　び	この店は私に喜びを与えてくれる	Chaudhuri and Holbrook（2001）

付表1-6　経験価値に関する測定項目

	測定項目	参考文献と利用方法
感　覚	この店は私の感覚やセンスに訴えるものがある（R） この店の感覚やセンスは興味深いと思う この店は私の五感に強い印象を与える	Brakus *et al.*（2009）をもとに日本の文脈に合わせて設定。 感覚から知的までのスコアは各項目のスコアを合計して分析に使用。
感　情	私の感情や気持ちを引き起こさせてくれるお店である 私は，この店に感情的に強く惹かれるものを持っている（R） この店は感情に訴えるものがある店である	
行　動	この店での経験は，何か身体に残るものがある この店は体験できることが多い（R） 私はこの店のことを考えると，いろいろなことが思い浮かぶ	
知　的	この店は，私の好奇心を刺激してくれる（R） この店は，私の悩みや問題を解決したいという気持ちを刺激する 私の身体はこの店にうまくなじんでいる	

（注）（R）は元の尺度では反対の意味（ネガティブな意味）の測定項目として用いられていたもの。これを本章ではポジティブな意味に置き換えて使用している。

付表 1-7　信頼性に関する測定項目

測定項目		参考文献
強く関わる	私は，この店に強く関わっている	Allaway *et al.*（2011）
強い信頼	私は，この店に対して強い信頼を寄せている	
約束を守る	この店は約束を守る	
友だちにすすめる	私は，この店に行くように友だちにすすめる	Sirohi *et al.*（1998）

付表 1-8　行動的ロイヤルティに関する測定項目

測定項目		参考文献
高単価品の購入	同じジャンルの商品でも，他の店より，単価の高い商品（1つ当たりの価値が高い商品）を買ってしまう	オリジナル
買物点数の増加	この店で買い物すると，つい，買物点数が増えてしまう	
買物機会の増加	他の店よりも，この店で買い物する機会が増えている	

消費者視点の業態認識
── 業態を行動パターンの類似性で定義する ──

1 従来の流通研究における業態の研究

◈業種と業態

　近年，食品スーパー，コンビニエンス・ストア，ドラッグ・ストアなどの，業態の垣根があいまいになりつつある。生鮮食品を積極的に取り扱い，スーパーマーケットに近づくコンビニエンス・ストアやドラッグ・ストア，営業時間を延長し，コンビニエンス・ストアに対抗するスーパーマーケット，医薬部外品の取り扱いの規制緩和によってドラッグ・ストア以外でも薬を積極的に扱うことが可能となり，ドラッグ・ストアの特徴がうすれつつある。このように，業態という枠組みを越えようとする動きが活発化している。

　では，そもそも業態とはいったい何であろうか。

　業種（および業種店）が「何を」取り扱うかという側面からの分類であるのに対し，業態および業態店とは "type of operation for selling"（『食品商業』2017年9月号参照）と呼ばれるもので，立地，品揃え，価格などの組み合わせによる小売ミックス戦略にもとづいて商品を「いかに（どのように）」取り扱うかという側面からの分類である，というのが最も一般的な理解である（矢作1996；石原1999）。たとえば，鮮魚店，青果店，精肉店，家具店，文具店，電器店などのように，「店」や「屋」が付き，何が取り扱われているのか容易に想像がつくのが業種店といわれており，こういった商品をいかに取り扱うかという側面からの分類が「業態店」であるといわれている（cf. 石原1999；2000）。

図 2-1 業種と業態

業種: 「何を」取り扱うか　鮮魚店, 青果店, 精肉店など

業態: 「いかに (どのように)」取り扱うか　食品スーパー, コンビニエンス・ストアなど

　もう少しわかりやすく説明すると, 消費者が生鮮食品を購入しようと考えた際, レトルト食品や惣菜なども一緒に買おうと思うのは自然なことだろう。食料品を買いに行って, ついでにクーラーや自動車を買おうとは思わない。消費者がある程度の範囲の中で関連性を持ってイメージされる購買の幅（領域）と, 売り手側が取り扱える技術の範囲の中で成立することが必要である。それが1つの領域としての業種を形づくる[1]（cf. 石原 1999, 2009b）。業態と業種は近い意味合いをもっており, 業態は業種に準じて商品構成の広さと狭さを目安に, 一応の区分が可能となる。しかし, 主な取り扱い商品が似ている業種であっても, 対象顧客や価格設定が異なれば, 取り扱い方は違ってくる（cf. 矢作 1996）。つまり, 食品スーパーとコンビニエンス・ストアは食品を扱うという意味では同じ業種であるが, 売り方が異なるという意味で業態は異なるということである。

❖業態研究の限界

　これまで, さまざまな小売の業態研究が行われてきており, 業態の繁栄と衰退について議論されてきた（業態の研究は大きく分けて, 小売業態研究[2]と小売流通革新研究[3]がある。詳細は注にて解説)。

　しかし, 衰退していった業態に含まれている小売企業や店舗がすべて消滅してしまったわけではなく, いくつかは環境に適応し, 存続し続けている。そのため, 現在の市場には多様なタイプの店舗や業態が併存しており, 区分しきれないものの方が多い。その意味で, 存在するすべての店舗をこの視点で分類するには限界がある。

また，業態を分類する方法においても限界がある。それは，まったく同一の店舗というものが存在しないのである。たとえ同じチェーンストアであっても土地の面積が異なれば，当然，店のレイアウトや売り場のサイズも異なる。それによって品揃えや取り扱うカテゴリーは少しずつ異なるし，日々の仕入と販売を通じたマーチャンダイジング活動によって，店舗は常に変化している。

　つまり，企業側の戦略や，それぞれの店舗を利用する消費者行動の影響も受けながら，時間の経過とともに店舗は変化していく。そのため，業態を不変の同一性としては捉えきれないし（cf. 田村 2008），業態という概念を「流通サービスの束」や「小売ミックス」といった抽象的な変数とその関係によって統計処理して説明しようとしても，日々絶えず変化しているため，その組合せの数はあまりに多様で，従来の統計的手法によるアプローチでは限界がある（cf. 石井 2012）。

　そのため，こういった**伝統的な流通研究における業態の定義をひもといても，その定義は統一的な了解を得ているわけではない**（cf. 近藤 1998；田村 2008）。結局，これまでの流通研究における業態とは，「集合現象」（石井 2009a），「認識論的な存在」（田村 2008），「抽象的な諸仮説の集合」（向山 2009）といった「認識論的な捉え方」にとどまっており，**流通研究において業態ほどあいまいで多様な解釈がなされてきた概念はめずらしい**。

　言い換えれば，業態が認識論として捉えられてきたということは，店舗の捉え方そのものが多様に解釈できるということでもある。たとえば，食品スーパーという業態は「いかに」取り扱うかという視点で定義されるものである。これを業種として見れば「食料品専門店」であり，売り方で見れば「セルフサービス」，経営形態として見れば「チェーンストア」である。どの側面で切り取るのかによって，その定義は当然のことながら異なる。結局のところ，これまで議論されてきた業態という概念は，店舗を分類する 1 つの軸でしかなく，その議論も小売ミックスや取り扱い技術などの「商業者の視点」からのものが中心で，店舗展開における戦略コンセプトとして業態を捉えようとする傾向が強いものである。そもそも店舗は消費者のために存在しているにもかかわらず，この議論の中に，**消費者の受容や拒絶といった消費者反応や消費者ニーズといった視点が欠落している**ことの方が大きな課題である（Alderson 1965；白石 1993）。

　近年になって，ようやく消費者との接点を考慮しようとする試みが進みつつ

40　　第 1 部　食品スーパーのブランド力と業態認識

あるものの（e.g. 向山 2009）[4]、いまだ消費者視点による業態論というものは存在していない。また近年、小売企業においてもメーカーにおいても消費者の購買行動（購買前、店舗内行動、購買後から再購買までの一連の行動）を理解し、購買動機、店舗内行動、店舗デザイン、品揃え、販売促進の5つの領域において知見を得ることで、店舗の売上増加やリテール・ブランド・エクイティの強化を目的とする「ショッパー・マーケティング[5]」の研究が注目されつつある（e.g. Shankar 2011；Shankar *et al.* 2011）。こういった点からも消費者視点で業態を考えることが重要となるだろう。かつて Alderson（1965）が小売の輪理論に対して「消費者を（業態研究の——引用者注）体系の中に戻す必要がある」と指摘した点を再認識するべきであろう。

❖消費者による店舗認識

では、消費者は店舗をどのように認識しているのであろうか。もしかすると、消費者は業種や業態という区分で店舗を識別していないのかもしれない。とくにわが国では、狭い地域に多数の店舗が密集しており、この環境の中にさまざまなタイプの店舗が混在している。このような複雑な買い物環境の中にあっても、**消費者はタイプの異なる店舗をうまく使い分けている**。結局、消費者にとって、ある店舗が何らかのタイプ（カテゴリー）に分類されている方が、店舗を認識しやすいし（cf. 村山 1994；高嶋 2007）、消費者はその分類にもとづいて、あるいは、比較しながら、新しいタイプの店舗を認識していくのである。

たとえば、「ローソンストア 100[6]」（生鮮食品を扱うローソンの店舗）や「ナチュラルローソン[7]」の例がわかりやすいだろう。消費者はコンビニエンス・ストアというタイプをイメージしながら、このような店舗の違いを理解していく。たとえば、ローソンストア 100 の場合、基本的にはコンビニエンス・ストアだけれども、生鮮食品を中心に扱っている点で「異なる」と認識するであろうし、ナチュラルローソンの場合、店内の雰囲気と添加物の少ない自然派の商品や品揃えが従来品とは違うと理解しているかもしれない。あるいは、違いを十分に理解しないまま、既存のローソンだと認識して利用している消費者もいるだろう。

これらの点から、食品スーパーという業態が「消費者にどのように認識されているのか」、「店舗が消費者から何（の業態）と認識されるのか」という点が

非常に重要になってくる。そう考えれば，**消費者が店舗をどのように認識し，分類しているのか，という点を議論すれば業態は明らかにできる**ともいえる。そこで次節では，消費者視点で業態を考える意味を検討し，第3節で消費者の購買行動パターンのタイプ（スクリプトという概念）で本書における業態を定義していく。

2　消費者視点で業態を考える意味

　食品スーパーの例ではないが，消費者にとって大きな変化を与えた百貨店の登場について，少し触れていこう。

　「百貨店」は流通研究において代表的な業態の1つとして扱われ，部門別管理による経営手法がその特徴として取り上げられることが多い。しかし本書が注目する点は異なる。それは，ブシコー夫妻が始めた「ボン・マルシェ[8]」にさかのぼる。このボン・マルシェは，ショーケースによるディスプレイと定価販売を通じて，商品を魅せた。消費者に「あるべき姿」や「なりたい姿」の理想と，それを購入することで達成できるという目標を提示することによって，消費者の中流階級意識を常に教育し続けてきたのである（cf. 鹿島 1991）。重要な点は，**ボン・マルシェが，それまでの店舗とは異なる魅せ（見せ）方を行うことで，消費者に「目指すべき姿と目標」を提案してきた**ことである。つまり，百貨店という業態の登場は，消費者のライフスタイルを変える「新しく創られた価値」であったと考えられ，流通研究の側面だけでなく，消費者視点においても大きな意味があったと考えられる。

　このような革新的な小売業者が登場し，成長していくことは，新しい流通サービスの価値が創造され（cf. 矢作 1994），それが消費者に受け入れられたということである。新しい業態が，市場で生成・維持・発展していくためには，それらを受け入れ，好む，ある一定の消費者群が存在しなければ成立しない（cf. 白石 1993）。こういった**新しい価値を創り出し，それを受容する消費者が存在することで，「新しさ」が知覚・認識され，新しい業態になっていくのである**[9]。これまでの業態研究では，この消費者の受容を明確にしないまま議論がなされてきた（白石 1993）。

　そこで，本書では，消費者に価値として受容される食品スーパー（という業

42　　第1部　食品スーパーのブランド力と業態認識

態）の革新の方向性を検討していく。その結果，従来の競争から抜け出すことが可能になると考える。なお，本書のユニークな点は，伝統的な流通研究ではなく，消費者の視点で業態に切り込んでいく点である。とりわけ，消費者の認知や行動パターンに沿った業態開発こそが業態を業態として成立させうることから（江原 1989），消費者の行動パターン認識を手がかりに，業態にアプローチしていく。

3　消費者の行動パターン認識としてのスクリプト

※消費者のスクリプトによる買い物行動の把握

　われわれ消費者は，コンビニエンス・ストアでも，食品スーパーでも自然と買い物の仕方を知っている。どのように買い物をスタートし，店舗内でどのように振る舞い，買い回ればよいのか，という「買い方」を理解している。たとえば，図 2-2 に示したコンビニエンス・ストアを例にすると，「身支度をして出かける」「店に入る」「雑誌を眺める」「ドリンクを手に取る」「惣菜・パンを手に取る」「レジで精算する」「店を出て帰る」といった行動パターンである。

　このように，消費者が買い物の仕方や店舗内での振る舞い方を「パターン」として認識していることを消費者行動論では「スクリプト」（script）と呼ぶ（髙橋・新倉 2012）。このスクリプトとは，消費者のマインドに展開される 1 つのシナリオや台本のようなものである。「もし…なら，そのときは…」（if...,then ...）などの，時間軸に沿って展開される状況と，そこでの行為の因果関係の連鎖から構成され，目的を達成する手順についての「一体化された知識構造のネットワーク」である[10]。

　消費者は，買い物行動を通じて得られた経験や行動パターンをスクリプトとして認識している。

　たとえば，見知らぬ土地に出かけ，買い物が必要になった場合，普段から利用している店舗と同じチェーンの店舗を見かけて安心した経験はないだろうか。ここにもスクリプトが関係している。仮に，あなたが見知らぬ土地にあるそのチェーンの店舗に入り，買い物をしたときに，普段から利用している店舗と売り場の位置が異なっていたり，陳列の仕方や品揃えの幅や深さ，レジのサービス対応などが異なっていたりする場合，戸惑いを感じるだろう。これは普段か

図2-2 コンビニエンス・ストアにおける購買行動スクリプトの例

（出所）新倉・髙橋（2013）をもとに加筆修正。

ら利用している店舗のスクリプトをその店舗に適応しようとしているためであり，既存知識にもとづく行動パターンからズレた部分に不安や戸惑いを感じるのである。そのズレた部分を体験していくことで，消費者はそのチェーンの流通サービスの認識を修正したり，業態の認識を修正したりしながら，学習していくのである。

このように消費者は，日々の生活の中での経験や行動を通じて，店舗の利用の仕方，支払い方，買い方などの行動パターンの知識を貯えていく[11]（佐伯1990；Peter and Olson 2010）。スクリプトは，これまでの経験と共通した状況や，ある特定の状況に繰り返し出会うことでパターンを深めていく。また，異なる状況において共通する行動パターンを見出そうとすることでも創り上げられていく（cf. Shank 1982, 邦訳；Shoemaker 1996）。

スクリプトの構造は，時間的に推移する行動の要素から構成される。さらに，それぞれの要素は，より小さな行為や出来事の連鎖によって構造化されている（cf. 深田・仲本 2008）。スクリプトに含まれている個々の行為はあらかじめ予測されるため，消費者はその場面に出くわしてもスムーズに行動することができる（cf. 改田 2000）。

消費者がスクリプトを通じて店舗を認識する利点は，ある流通サービスで習得したスクリプトを，類似したサービスを利用するときに「適用」したり，次の展開の「予想」や新しい状況に「適応」したりすることが可能になることである（cf. Shoemaker 1996；Peter and Olson 2010）。

先ほどのローソンストア100やナチュラルローソンの事例を考えれば，このことが理解できるであろう。基本的に「ローソンはコンビニエンス・ストアである」と認識していることで，消費者はコンビニエンス・ストアに特有の行動パターンを認識している。その行動パターンをふまえたとき，通常のローソンのスクリプトにはないローソンストア100の「生鮮食品を中心とした，多くの商品が100円で購入できる」という買い物行動を体験していくことにより，

「通常（既存）のローソン」と同じコンビニエンス・ストアではあるが，生鮮食品が充実した安くて買いやすいタイプのローソンの店であると認識するであろう。また，ナチュラルローソンの場合，通常のローソンとは雰囲気と品揃えが違うことを理解し，通常のローソンとは異なるシーンで利用したいと考えるだろう。

　このように，消費者は通常のローソンの店舗内での行動パターンを「コンビニエンス・ストアらしさ」の前提（手本）にしながら，従来のそれとは異なる点を理解していくことが可能になるのである。

　このように，さまざまな店舗の利用を通じて習得したスクリプトによって，**消費者は「類似の行動パターンをもつ店舗群をひとまとまりのタイプとして認識している」**と考えられるのである（cf.佐伯1990；髙橋・新倉2012）。これを本書では「消費者視点の業態」として定義する。

※スクリプトを通じた業態認識──仮説の設定

　上述した点を整理する。まず，業態は非常にあいまいな概念である。同じチェーンストアでもサイズが異なれば完全な同一店舗というものは存在しないし，日々の仕入と販売によって品揃えや取り扱うカテゴリーは常に変化しているため，業態という存在を明確に捉えるのは難しい。それでも，消費者はさまざまなタイプの店舗をうまく使い分けている。その使い分けが可能であるのは，店舗の利用経験を通じて得た，行動パターンとしてのスクリプトの知識のおかげである。

　とはいえ，スクリプトは知識の集合体であるため，その知識構造には個人差がある（cf. Lakshmi-Ratan and Iyer 1988）。さらに，店舗を使い分けているということは，店のタイプに応じたスクリプトを保有していると考えるのが自然である。この点をふまえ，ここでは，食品スーパーと競合関係にあるコンビニエンス・ストアを比較していく。

　コンビニエンス・ストアの革新性は小売業務のみならず，商品開発・商品供給，取引関係などの組織間関係全般におよんでおり，他との差異を求めて開発されてきた業態である。食品スーパーの差別化の源泉が野菜や果物などの生鮮食品やその店内加工であるのに対し，コンビニエンス・ストアは「素材」というよりも，惣菜や弁当などの「おかず」「食事」という高付加価値商品の販売

や，直ちに使用する商品を購入する「消費の即時化」を競争差別化の手段としてきた（矢作 1994）。そのため，コンビニエンス・ストアは即時性の高い商品を中心とした提供が消費者に受容され急成長してきたことが 1 つの特徴である。また，一般的にコンビニエンス・ストアの店舗サイズは食品スーパーに比べて小さいことから，食品スーパーとは店舗内行動も異なるはずである。店舗サイズの違いは，行動パターンの違いとして立ち現れると考える。この点を考慮すれば，**コンビニエンス・ストアは食品スーパーとは異なった進化をしており，同一の消費者内でも異なるスクリプト（行動パターン）を持っていると考えられる**[12]。そこで以下の仮説を設定し，食品スーパーとコンビニエンス・ストアの違いを確認していく。

〈仮説 1 ：食品スーパーとコンビニエンス・ストアのスクリプトには差がある〉

　次に，消費者の知識や経験による違いを確認する。上述したように，初めて利用する店舗と，普段使い慣れた店舗とでは，その行動の仕方が異なる。消費者は繰り返し店舗を利用することで，より多くの情報を，より完全に得ることが可能になる。その結果，より良い行動をするようになり，最適な決定を行うことができる（cf. Hutchinson and Eisenstein 2008）。さらに，初心者だと努力を必要とする多くの情報処理でも，何度も店舗を利用したことがあり，店舗についてよく知っている「熟練者」（expertise）ならば，それを自然（自動的）に行うことができる（cf. Hutchinson and Eisenstein 2008）。つまり，よく開発されたスクリプトを持った消費者は行動がコントロールできていることから，あまり意識しなくても，「買い物をするという行動」ができるため，その能力の多くを「何を買うか」に集中させることができる（Peter and Olson 2010）。これらの点から，**利用頻度が高まればスクリプトの構造も強化されていく**と考えられる。

　なお，買い物の主な動機は，消費者が抱える問題を解決することである（Shankar 2011）。食品スーパーとは「『普段の生活』を支える『おかず屋』＝内食提供業」が基本であり[13]，より良い食事のための「食材の購買」が主な目的である。そのため，利用頻度の高さと直結する購買行動（たとえば野菜，肉，魚といった生鮮 3 品への立ち寄り）が充実すると考えられる（仮説 2a）。

　さらに，スクリプトが目的達成のための行動であることを考えれば，**来店動**

機が異なれば店舗内行動パターンも異なると考えられる。具体的には，おかず
を決める際に，価格（チラシの特売）を見てから考える，あるいは，作りたい
料理や献立を先に決める，冷蔵庫にある在庫から考える，などの買い物の動機
の違いによって来店目的や店内での購買行動も異なると考えられる（仮説2b）。
そこで，来店「前」の行動に着目して，その行動パターンの違いでスクリプト
構造の違いを確認する。逆にパターン間で大きな違いがなければ，食品スーパ
ーのスクリプトは頑強であるといえる。

〈仮説2a：利用頻度とスクリプト構造の豊富さは正の関係にある〉
〈仮説2b：来店前の行動パターンの違いによって，スクリプト構造は異なる〉

　第3章では，上記の仮説を同一消費者の業態間での違いや，同一の業態内
（食品スーパー）の個人差による違いを通じて明らかにすることで，食品スーパ
ーの業態認識を明らかにしていく。

注————
1　買い手と売り手のそれぞれの臨界点が売買集中の原理の作用範囲となり，品揃えされるもので
　ある（cf. 石原1999；2009b）。
2　小売業態研究とは，価格水準，品揃えの幅，買回品，利益（マージン）率などの抽象的・汎用
　的な変数を通じて，主な業態が変化していく様子に関する議論である（cf. 石原2009b）。この視
　点で議論されてきた業態のあり方とは，業態には複数の企業グループが含まれ，そのグループを
　分析単位とし，そこでの抜本的（radical）な革新を通じた歴史的な展開や，業態革新に共通する
　点を議論の対象としている。代表的な枠組みとしては，M.P.マクネアの「小売の輪の理論」（低
　価格・ローコストで参入してきた企業がトレーディング・アップによって高価格・高コストへと
　進み，また次の企業が低価格・ローコストで参入してくるサイクルを指す），O.ニールセンの
　「真空地帯理論」（小売の輪理論の発展系であり，小売業の進展や市場変化に伴い，既存の小売業
　態ではカバーできない「真空地帯」が生まれ，そこを埋める形で新たな小売業態が出現するとい
　う考え方），S.C.ホランダーの「アコーディオン理論」（総合的な広い商品を品揃えしている小
　売業と専門的な狭い商品を品揃えしている小売業とが交互に出現することによって小売業革新が
　進展するという考え方）などがある。その議論の特徴として，①抜本的な業態革新は新規参入者
　によってもたらされること，②業態の集合を形成・維持しながら，価格・サービス水準を上にシ
　フトさせていくことに焦点を当てたものである（高嶋2007）。
3　小売流通革新研究は，個々の「企業」を分析対象にし，新しい業態の成立には「技術革新が不
　可欠である」という視点に立ち，漸進的革新を含めた技術革新をめぐる企業の行動に焦点を当て，
　業態の成立と技術革新の関係を明らかにする研究である。とくに，個々の企業における差別化や
　漸進的なプロセス革新を通じて，業態が多様に拡散することを受け入れるものである（高嶋
　2007）。なお，注2で示した小売業態研究は業態を「小売ミックス要素の束」として定義しよう
　とするものであり，小売流通革新研究は業態を「技術の束」として定義しようとするものである

第2章　消費者視点の業態認識　　47

（坂川 2011）。

4 ある企業が想定する業態を「Format」（フォーマット）と定義し，企業がその Format にもとづき，具現化する場としての店舗は「Formula」（フォーミュラ）と定義されている（cf. 田村 2008；向山 2009；坂川 2011）。この Formula は国や地域文化の違いに適応していくものであり，国や地域文化が異なれば，その Formula が抽象化された Format の認識も当然異なるため，Formula の議論は消費者の認識と大きく関連するものである。

5 Shankar（2011）の Shopping Cycle や Shankar et al.（2011, p. 31）で示されているショッパー・マーケティング分析フレームの Shopper Behavior（Shopper Cycle Stages）は，サイクル（cycle）という用語でまとめており，Store Navigation といった店内行動に関する視点も含まれているものの，一連の行動パターンを消費者の「認知的側面」で議論していない点に限界がある。ある業態の店舗選択から店舗内行動のパターンを消費者がどのように認識しており，他の業態との差異があるのかという点を知識構造で理解できれば，その認識（知覚）を利用した新業態認識に転用することが可能になると考える。

6 「ローソンストア100」は生鮮食品，惣菜，日用品など日常生活に必要な商品をほぼ全品100円（税込108円）で販売しており，スーパーの幅広い品揃え，コンビニエンス・ストアの利便性と効率的な仕組み，100円均一ショップのわかりやすさの3業態の利点を徹底的に追求した店舗である（ローソンストア100ホームページ，http://store100.lawson.co.jp/about/store100/ 参照）。

7 プレミアム感とくつろぎの演出をテーマに，温かみのある店内イメージとロハス・キッチンと呼ばれる自宅の自然な雰囲気を演出したカウンター，イート・イン・コーナーやバリアフリーへの配慮など，居心地のよい快適な買い物の時間を過ごせる空間を提供することで，すべての人にナチュラルに利用してもらえる店舗の実現を目指している（ナチュラルローソン ホームページ，http://natural.lawson.co.jp/concept/index05.html 参照）。

8 この店名の「ボン・マルシェは大安売りを意味する。マルシェは市場のことである。安く大量に売る時代が来る。そのために大きな建物が作られる」（海野 2003 より引用）。

9 新しい小売業態の出現に伴って，小売業態競争はまず異業態間（たとえば，百貨店対スーパー）を軸に展開され，そこで新しい業態が勝利を収めると，次に同業態間競争に焦点が移行する。小売企業は同業態間競争においても競争差別化を目指すことで，それが次の新しい小売業態を生み出すきっかけとなる（cf. 矢作 1996）。とりわけ，小売業における企業差別化は顧客によって「新しい」と知覚されたときに，新しい業態として認知されることとなる。換言すれば，新しい業態を生み出す革新性の要素（属性）が，その業態を選好する顧客（グループ）によって，まず知覚されることが必要である（白石 1993）。

10 この定義は，Schank and Abelson 1977；Barsalou and Sewell 1985；青木 1993；川崎 1995；Shoemaker 1996；棚橋 1997；Peter and Olson 2010；新倉 2012a；Solomon 2013 などの研究を参照している。

11 消費者は購買に関するスクリプトを日々の生活で習得する。多様な価格の支払い方（たとえば，現金の支払い方，クレジット・カードの使い方，ローンの組み方など）を知っており，さまざまな店舗の利用の仕方（たとえば，ディスカウント・ストア，百貨店，専門店，インターネット販売，カタログ販売など）を知っており，店員との交渉の仕方を知っている（Peter and Olson 2010）。

12 食品スーパーは，消費者を店内の奥の方へ，また，方向性をもって誘導していくワンウェイ・コントロールによって，消費者の買物点数を高める店舗レイアウトを設計している。それが買物行動にも当然影響する。ただし本章の議論はあくまでもこういった店舗レイアウトを経験することで消費者は「どのような行動パターンをとることが食品スーパーなのか」という消費者の持つ「行動の記憶」について検討するものであり，小売業（売り手側）の意図を議論しているわけではないことを付記しておく。

48　第1部　食品スーパーのブランド力と業態認識

13 オール日本スーパーマーケット協会によれば,「スーパーマーケット（食品スーパー）とは,家庭内で食べる食を中心にして総合的にワン・ストップ・ショッピングできるように品揃えしている店」であると定義している（http://www.ajs.gr.jp/company/company01.html より引用）。

業態認識主体としてのスクリプト
──食品スーパーとコンビニエンス・ストアの違いを探る──

1 スクリプトの確認

　第2章で定義した食品スーパーやコンビニエンス・ストアのスクリプトが存在するのかどうかの確認を行うために，データを収集し，分析していく。まず，スクリプトの存在を確認するために定性インタビュー調査[1]を行った。

　次に，具体的な行動リストを作成するために，プリテスト（本調査のための事前調査）[2]を実施した。スクリプトに関する主な質問項目は，「あなたが，食品スーパーに行こうと決めて，買い物に出かけ，自宅に帰ってくるまでについてお伺いします。あなたが，食品スーパーに行こうと思ったときから，実際に店に行って買い物を済ませて出てきて，帰宅するまでに，具体的にどのような行動をとりますか。ふだんの利用状況を思い出しながら，できるだけ具体的に，時間の流れに沿って，お答えください。（あなたが，最もよくおこなう行動パターンでお答えいただければ結構です）」と示した。回答は，自由回答欄を用意し，それを矢印（→）でつなぐことで時間の流れを示し，そこに1つずつ行動を記入させた。コーディングの結果，全体の3％に満たない行動は本調査のリスト（選択肢）から除外した。

　本調査は，この行動リストを含めて行った。なお，データ収集のための調査は，第1章のリテール・ブランド・エクイティの調査と同時に行い，回収した（回答者属性や調査時期は第1章を参照）。その測定データを用い，スクリプトを確認するためのデータ分析を行った。主な分析方法は，ネットワーク分析にお

50　　第1部　食品スーパーのブランド力と業態認識

ける「アトリビューション分析」（要因分析）を利用する。

　ネットワーク分析とは，さまざまな対象における構成要素間の関係構造を探る研究方法である（鈴木 2009）。1998 年頃から計算機やインターネットの爆発的な発展と重なったこともあって，データの精度や規模も向上しつつあり，多様な分野で急速に研究が進んできている（増田・今野 2010）。その中で，**アトリビューション分析は実務において，主にインターネット上の特定サイトへの流入経路の分析や，サイト内の行動履歴から回遊の仕方を解析する際に用いられる分析である。**

　本書でこのアトリビューション分析を用いる理由は，従来の統計的手法を用いてデータを単純に集計してしまうと，ダイナミックな行動経路（行動の動態性）が表現できなくなってしまうためである。スクリプトの先行研究においても集計結果を中心としたものが多く，行動パターンの個人差（違い）を把握できないことに限界があった（Lakshmi-Ratan and Iyer 1988）。しかし，本書の目的は，食品スーパーという業態を「どのような行動パターンとして認知しているのか」という点を明らかにすることである。そのため，行動パターンの構造について知ろうとしたときに，その構成要素について知るだけでは十分に把握したことにはならないし，構成要素間のつながり方（パターン）が異なれば，全体構造の持つ意味も異なる可能性もある（cf. 鈴木 2009）。このような場合，構成要素間の関係構造を知ることが重要になる（鈴木 2009）。とりわけ，**アトリビューション分析の特徴は，行動パターンを俯瞰的かつ網羅的に「見える化（可視化）」できることであり，統計的手法を用いた従来の研究結果では把握しきれなかったスクリプトの流れ（フロー）を理解することが可能となる。**そのため，本章では統計的手法による集計レベルでの議論ではなく，この分析を応用し，消費者が保持するスクリプト構造の特徴を確認しつつ，業態間の違いを確認するために利用していく。

　なお，今回のスクリプトのデータの特徴には，「行動」という順番があるため，この行動順を有向性（方向性があるもの）と設定し，スタート（起点）となるノード（構成要素[3]）とそれをつなぐパス（矢印）で行動の順番を示す（図3-1 を参照）。さらに，その直前のノードを頂点に，それに続く複数の行動を「枝」として変換した上で，その枝の重みを行列（隣接行列）に置き直し，その重み（ウェイト）にもとづき，それぞれの枝をパーセントで集計する[4]。行動

第3章　業態認識主体としてのスクリプト　　51

図 3-1 ネットワーク構造のしくみ

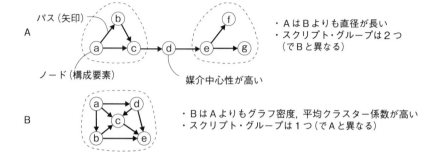

表 3-1 ネットワーク構造を把握する指標

		指　標	測　定	解　釈
密　度	直　径		最も長いネットワーク構造の値	この数値が長いほど，スクリプトとしての行動パターン認識が長い構造であることを示す
	グラフ密度		ネットワーク構造の密度の高さ	この数値が高いほど，ネットワークの密度が高いことを示す（最小値は0で，最大値は1）
	平均クラスター係数		ネットワーク内の関係の強さ	この数値が高いほど，ネットワーク内の関係が強いこと，多様な関係があることを示す（最小値は0で，最大値は1）
中心性	媒介中心性		ネットワーク内で重要なノードを示す	このスコアが大きいほどスクリプトにおいて多くの消費者が「取る行動」を示す（最小値は0で，最大値は1）
		スクリプト・グループ	ネットワークを関連の強いグループに分ける	このグループ数が異なるほど，構造も異なることを示す
		モジュラリティ（Q）	上記のグループの当てはまりの良さ	グループ内の矢印（パス）が多く，グループ間の矢印（パス）が少ないほど，スコアが大きくなる（分類ができている）
類似性	相関係数		異なるネットワークの構造の比較	食品スーパーとコンビニエンス・ストアの構造が似ているかどうかを示す（最小値は0で，最大値は1）

の流れには逆方向もありうるため，その重みも加算する。スクリプトのパターンを見える化し，その構造を把握するために「Gephi 0.8.2」というソフトを用い，構造が似ているかどうかの確認には，統計ソフトの「R（ver. 2.15.2）」を用いる[5]。

一般的に，ネットワーク構造の特徴を把握する場合，「密度」と「中心性」がよく用いられる（鈴木 2009）。密度に関する指標は「直径」「グラフ密度」「平均クラスター係数」を，中心性の指標は「媒介中心性」を用いる（表3-1）。

直径とは，グラフに含まれるすべてのノード（構成要素）とパス（矢印）の中で，最も長いネットワーク構造の距離の値（距離行列の成分の最大値）のことである。これが長いほど，スクリプトとして認識している行動パターンが長くなる（ネットワーク構造のしくみを示した図 3-1 の場合，B よりも A の方が直径が長い）。

グラフ密度とは，グラフにおいて張ることのできるすべてのパス（矢印）の数に対する実際のパスの数の比率である[6]。このグラフ密度は，すべてのノード間にパスのある完全グラフ（complete graph）で最大値の 1 を取り，パスがまったく存在しない空グラフ（empty graph）で最小値の 0 を取る。この係数は異なるグラフ間での比較に用いることができる。

平均クラスター係数とは，グラフ内の三角形（3 つのノードが 3 つのパスでつながっている形）をネットワークの最も小さい基本構造であるとした場合，ネットワーク全体に占めるこの三角形の割合を数えることで，ネットワーク構造の密度を把握するものである[7]（図 3-1 の場合，A よりも B の方が密度，平均クラスター係数が高い）。

媒介中心性とは，ネットワークの連続性を維持するために必要なノードを明確にする指標である。標準化された値の場合，最小で 0，最大で 1 までの範囲となり，スコアが大きいほどスクリプトにおいて多くの消費者が「取る行動」を示す（図 3-1 の場合，A の ⓓ が最も媒介中心性の高いノードである）。

媒介中心性を確認した後，食品スーパーとコンビニエンス・ストアのスクリプト構造を比較するために，スクリプト内のグループ[8]を抽出し，その当てはまりの良さ（モジュラリティ〔Q〕）を確認することで，パターンの違いを確認する（図 3-1 の場合，A は 2 グループ，B は 1 グループとなり，A と B は異なるパターンであると考えられる）。

あわせて，食品スーパーとコンビニエンス・ストアのそれぞれのスクリプト
の類似性を確認するために，相関係数を計算し，2つのスクリプトを比較する。

2 スクリプトの構成要素——分析結果

　本章の目的はスクリプトという行動パターンを通じた業態認識にある。定性
インタビュー調査の結果によると，食品スーパーとコンビニエンス・ストアで
は目的の重要度が異なっていた。そこで，店舗に向かう前の行動も含めたスク
リプトを検討する。なお，行動リストの中で出現率が3％に満たなかった「そ
の他の売り場に行く」，「その他の行動をする」を除外して検証に用いた。全
3062サンプルの行動データは図3-2のとおりである。

　それぞれのノードから伸びるパスの先側のパーセントは，そのノードから次
のノードに進む割合である。細かなパスを表示すると見えづらくなり，可視化
するという目的を阻害するため，ウェイト値が全体の5％に満たないパスは除
外し，表示する閾値を10％で区切った[9]。行動は一方方向であるだけではなく，
逆方向のパスもありうるが，本書では大まかな構造を理解してもらうために，
パーセントの大きい数値のパス（矢印）のみ残す（詳細な分析は髙橋2014を参
照）。

　対比するコンビニエンス・ストアのスクリプトの行動リストは，2012年5
月17日に大学生18名に実施したプリテストの結果をふまえつつ，今回の食品
スーパーと類似の売り場がある場合，それをコーナーと置き換え，設定した。
さらに，食品スーパーのスクリプト数に合わせ，可能なかぎり，比較できるよ
うに配慮した。本調査の結果，食品スーパーの利用者（スクリプト回答者）の
中でコンビニエンス・ストア利用者は98.4％（3014サンプル）であり，セブン
-イレブン，ローソン，ファミリーマートを中心に，「ほぼ毎日」（1.4％），「週
に4〜5日程度」（3.1％），「週に2〜3日程度」（14.7％），「週に1日程度」
（27.0％），「2週間に1日程度」（17.2％），「月に1日程度」（23.6％），「それ未
満」（13.0％）となった。

　コンビニエンス・ストアの行動で回答が3％未満であった「生鮮食品コーナ
ーに行く」，「冷凍食品コーナーに行く」，「店内に設置された端末で溜まったポ
イントを確認する」，「日雑品コーナーに行く」，「化粧品コーナーに行く」，「調

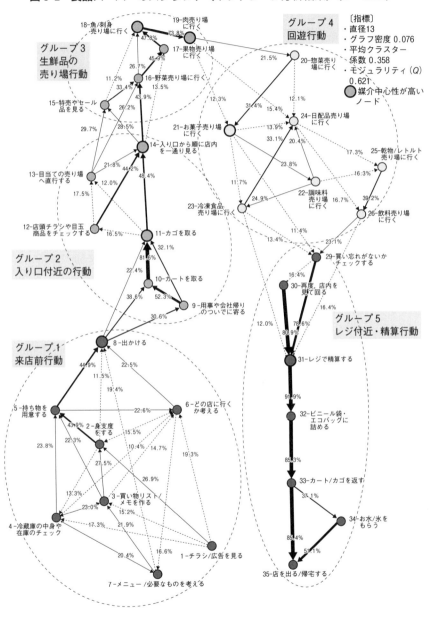

図3-2 食品スーパーのスクリプト（ネットワーク分析結果）（n = 3062）

第3章 業態認識主体としてのスクリプト 55

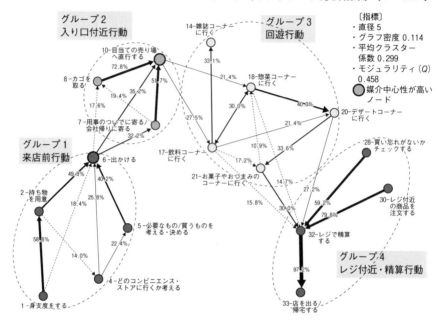

図3-3 コンビニエンス・ストアのスクリプト（ネットワーク分析結果）（n = 3014）

味料コーナーに行く」，「乾物／レトルト商品コーナーに行く」，「医薬品・ビタミン剤のコーナーに行く」，「その他の売り場に行く」，「その他の行動をする」を除外して検証に用いた（図3-3）。

　密度に関する指標を確認したところ，直径は食品スーパーが13，コンビニエンス・ストアは5となり，大きく異なる。グラフ密度は，食品スーパーが0.076，コンビニエンス・ストアは0.114となり，いずれの業態とも0に近いことから，個々のノードから出る有向パスの数はそれほど多様（複雑）ではないことがわかる。とくに食品スーパーのグラフ密度が低いことから，スクリプトとしての行動パターンにまとまりがあるといえる。平均クラスター係数は食品スーパーが0.358，コンビニエンス・ストアは0.299となり，多様性の面では食品スーパーの方がコンビニエンス・ストアよりも個人間で異なるパターンがあるといえる（表3-2）。

　上記の密度に関する指標から次の3点を整理する。まず，直径の指標からは食品スーパーのスクリプトを構成する要素がコンビニエンス・ストアよりも長

表3-2　食品スーパーとコンビニエンス・ストアの行動リスト

食品スーパー		コンビニエンス・ストア	
Id	ノード（構成要素）	Id	ノード（構成要素）
1	チラシ／広告を見る		
2	身支度をする	1	身支度をする（着替え／化粧など）
3	買い物リスト／メモを作る		
4	冷蔵庫の中身や在庫のチェック		
5	持ち物を用意する	2	持ち物を用意（ポイント・カード／財布など）
6	どの店に行くか考える	4	どのコンビニエンス・ストアに行くか考える
7	メニュー／必要なものを考える	5	必要なもの／買うものを考える・決める
8	出かける	6	出かける
9	用事や会社帰りのついでに寄る	7	用事のついでに寄る／会社帰りに寄る
10	カートを取る		
11	カゴを取る	8	カゴを取る
12	店頭チラシや目玉商品をチェックする		
13	目当ての売り場へ直行する	10	目当ての売り場へ直行する
14	入り口から順に店内を一通り見る		
15	特売やセール品を見る		
16	野菜売り場に行く		
17	果物売り場に行く		
18	魚／刺身売り場に行く		
19	肉売り場に行く		
20	惣菜売り場に行く	18	惣菜（弁当やおにぎりなど）コーナーに行く
21	お菓子売り場に行く	21	お菓子やおつまみのコーナーに行く
22	調味料売り場に行く		
23	冷凍食品売り場に行く	20	デザートコーナーに行く
24	日配品売り場に行く	14	雑誌コーナーに行く
25	乾物／レトルト売り場に行く		
26	飲料売り場に行く	17	飲料コーナー（ジュース／ビールなど）に行く
29	買い忘れがないかチェックする	28	買い忘れがないかチェックする
30	再度、店内を見て回る	30	レジ付近の商品（やきとり／おでん／肉まんなど）を注文する
31	レジで精算する	32	レジで精算（ポイント・カードやクレジット・カードを提示）する
32	ビニール袋・エコバッグに詰める		
33	カート／カゴを返す		
34	お水／氷をもらう		
35	店を出る／帰宅する	33	店を出る／帰宅する

いこと，グラフ密度の指標からは食品スーパーの行動パターンの方が流れにまとまりがあること，そして，平均クラスター係数の指標からは食品スーパーの方が，より個人間で異なるパターンを持つことである。

　次に，ネットワーク構造のどのルートを主に通るのかを媒介中心性の指標を

用いて確認する。この媒介中心性のスコアが高い行動（ノード）ほど，スクリプトにおける主な行動となる[10]。

食品スーパーの主な行動（媒介中心性の指標が0.1を超えているもの）は，「出かける」(0.17)，「カゴを取る」(0.21)，「入り口から順に店内を一通り見る」(0.13)，「魚／刺身売り場に行く」(0.24)，「肉売り場に行く」(0.24)，「お菓子売り場に行く」(0.14)，「レジで精算する」(0.11)などである。コンビニエンス・ストアの場合，「出かける」(0.15)，「目当ての売り場へ直行する」(0.18)が主な行動である。

つまり，**食品スーパーの場合，カゴを取り，通路に沿って順番に店内を見て回ること，そして，魚／刺身売り場・肉売り場，お菓子売り場が立ち寄り先として重要な売り場である**。それに対し，**コンビニエンス・ストアの場合，カゴを取るよりも目当ての売り場に直行することが多く，食品スーパーほど一貫した行動パターンではない**。

3　業態間の違い（仮説1）の検証

「食品スーパーとコンビニエンス・ストアとのスクリプトには差がある」という仮説を検証するために，スクリプトのグループを抽出する[11]。その分割の仕方と相関係数による類似性によって，行動パターンの特徴を比較する。グループ分割の当てはまりの良さの指標はモジュラリティ（Q）で確認する。この指標はグループを抽出した結果，各グループ内にパス（矢印）が多く，異なるグループ間でパスが少ないときに，このQの値が大きくなるように定義されるもので，この数値はそのまま業態間の比較に利用することができる。

抽出の結果，食品スーパーは5つのグループ（Qの値は，0.621）に分割され（図3-2の点線の囲み），コンビニエンス・ストアは4つのグループ（Qの値は，0.458）に分割された（図3-3の点線の囲み）。このグループ構成の比較からわかることは，食品スーパーでは，カゴを取って入り口付近の行動，および，生鮮3品（野菜，魚，肉）の売り場行動のグループがあるのに対して，コンビニエンス・ストアにはそれが明確に存在しない点である。

さらに，食品スーパーとコンビニエンス・ストアの相関係数を算出した[12]。この係数は，頂点の種類（ラベル）に関係なく，グラフそのものの「類似度」

を求めることが可能であり，今回のように異なる業態間の関係を比較する場合にも利用できる。この係数の特徴は，さまざまに頂点を入れ替えて得られる2つのグラフの相関係数の最大値を与えてくれるもので，最大で1，最小で0の値となる。分析には閾値でカットしていない隣接行列の素データを用いた。分析の結果，食品スーパーとコンビニエンス・ストアの相関係数は0.179とかなり低く，両者のスクリプト構造の類似性は低いことがわかる[13]。

　上記の結果をふまえて「食品スーパーとコンビニエンス・ストアのスクリプトには差がある」という仮説を検証する。まず，食品スーパーとコンビニエンス・ストアでは抽出されたスクリプト・グループの数が異なること，各グループに含まれるノード数や内容にも差があること，さらに，相関係数が低いことから，食品スーパーとコンビニエンス・ストアの行動パターンの類似性は低く，消費者は両者を異なる業態として認識しているといえ，**「食品スーパーとコンビニエンス・ストアのスクリプトには差がある」という仮説は支持**された。

　この点から，**消費者は明らかにタイプ（業態）の違いを認識しており，その認識にあわせた買い物の仕方やルートがある**ということがわかる。ネット・スーパーにおいても，こういったスクリプトを意識することで，買いやすいサイト設計が可能になる（第3部でふれていく）。

4　利用頻度と来店前行動の違い（仮説2a，仮説2b）による検証

❖利用頻度の違い

　まず，仮説2aの利用頻度の違いによってスクリプトに差があるのかどうかを検証する。利用頻度の違いを分析する場合，対象者の居住エリアにおける店舗立地の影響を排除する必要があるため，コンビニエンス・ストアの利用頻度および食品スーパーの利用頻度の比率を用い，食品スーパーの依存度として区分することで，スクリプト構造の違いを確認する。

　いずれの業態とも，利用頻度を測定していたので，それをもとにしながら[14]，食品スーパーとコンビニエンス・ストアの依存度比率の違いで以下の3つに区分し，先ほどと同様にスクリプト構造を確認した。

低依存度層：食品スーパーの依存度が 0 〜50%以下（$n = 471$，平均 40.4 歳）
中依存度層：食品スーパーの依存度が 51〜75%以下（$n = 660$，平均 40.9 歳）
高依存度層：食品スーパーの依存度が 76%以上（$n = 1929$，平均 43.3 歳）[15]

なお，各依存度層の属性面での特徴は，低依存度層の会社員（事務系）が 17.2%と，他の層に比べて 10%ほど高かったが，世帯年収や子どもの有無に大きな差はなかった。

分析の結果，依存度の違いで食品スーパー全体のスクリプト構造と大きな差はなかったが，立ち寄る売り場やスクリプト・グループに違いが見られた（図 3-4）。媒介中心性の値から，多くの消費者が立ち寄る（と想定される）売り場は，以下となる。

高依存度層ほど，以下の行動が強化されていた。
「11. カゴを取る」
「24. 日配品売り場に行く」
「18. 魚／刺身売り場に行く」

低依存度層ほど「16. 野菜売り場に行く」という行動が強化されていた。

どの層とも「19. 肉売り場に行く」ことが多く，レジ付近の行動には差がなかった。スクリプト・グループ数は低依存度層が 4 グループとなり，中・高依存度層の 5 グループとは異なっていた。さらに，低依存度層は直径も短い傾向で，平均クラスター係数の値も小さくなる傾向にあった。しかし，相関係数を確認したところ，いずれも 0.9 以上であり，コンビニエンス・ストアとの相関係数は 0.17 から 0.18 程度であった（表 3-3）。そのため，依存度の違いでスクリプト構造に大きな差はなく，コンビニエンス・ストアとの類似性も大きな違いはなかった。

これらの点から仮説 2a を検討する。利用頻度（依存度の程度）により基本的なスクリプトの行動パターンは大きく変わらないものの，いくつかのノード（構成要素）は強化される傾向にあった。ただ，変化のないノードもあること

60　第 1 部　食品スーパーのブランド力と業態認識

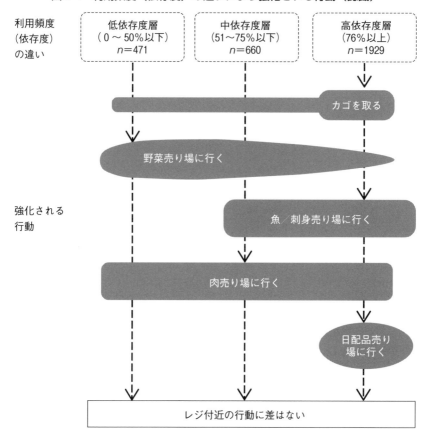

図3-4 利用頻度（依存度）の違いにより強化される行動（認識）

（注）詳細な結果は付表3-1を参照。

から，仮説2aは一部支持となった。

　この結果からわかることは，**食品スーパーの利用頻度（依存度）が高いほど，店舗内で利用する売り場との関係が強くなり，それが店舗での行動と印象を決める**ということである。利用頻度（依存度）が低い層にとっても，野菜売り場を来店の目的にしていることから，鮮度や産地などを強く訴求することで，コンビニエンス・ストアとの差別化を図ることが可能である。さらに，**利用頻度（依存度）を高めるためには，魚や刺身といった鮮魚の売り場（の印象）や日配品**

表3-3 利用頻度（依存度）の違い，およびコンビニエンス・ストアとの相関係数

	CVS (n = 3014)	低依存度層 (n = 471)	中依存度層 (n = 660)	高依存度層 (n = 1929)
CVS	1	0.176	0.172	0.182
低依存度層	0.176	1	0.992	0.990
中依存度層	0.172	0.992	1	0.995
高依存度層	0.182	0.990	0.995	1

売り場を充実させることが有効であろう。モバイル・デバイスやアプリと連携する場合，利用頻度（依存度）に関連する鮮魚売り場の情報などを積極的に伝えることで，消費者の関与を高めることも可能になる。

❖来店前行動の違い

次に仮説2bの「来店前の行動パターンの違いによって，スクリプト構造は異なる」かどうかを検証していく。図3-2を見てもわかるとおり，消費者が食品スーパーに出かける前の行動は多様である。スクリプトが目的達成のための行動であることを考慮に入れると，来店前の行動でその後の行動に違いが生じるといえる。そこで，主な来店前の行動パターンで消費者をいくつかのタイプに分類し，このタイプ間で極端な違いがないとすると，「食品スーパーには固有のスクリプトが存在している」ということになり，その点について検証する。

図3-2の「8. 出かける」までのパスのウェイトや方向をつぶさに確認したところ，主要なタイプとして以下の4つを確認できた。

〈タイプ1：チラシ中心（n = 721人，平均43.2歳）〉
1番目の行動で「1. チラシ／広告を見る」，
2番目の行動で「5. 持ち物を用意する」あるいは「6. どの店に行くか考える」というチラシや広告中心の行動を取り，目玉商品や安さを追求するタイプである。

〈タイプ2：在庫・料理・メニュー（n＝741人，平均39.6歳[16]）〉
　1番目・2番目の行動で，「2．身支度をする」あるいは「3．買い物リスト／メモを作る」「4．冷蔵庫の中身や在庫のチェック」「7．メニュー／必要なものを考える」のいずれかを選んでおり，主に在庫や料理メニューを考えながら買い物をしようとするタイプである。

〈タイプ3：ついでに寄る（n＝49人，平均44.0歳）〉
　1番目の行動で「9．用事や会社帰りのついでに寄る」という，ついでに寄るタイプである。

〈タイプ4：チラシ・在庫・メニュー（n＝541人，平均42.3歳）〉
　1番目の行動で「1．チラシ／広告を見る」，
　2番目の行動で「3．買い物リスト／メモを作る」「4．冷蔵庫の中身や在庫のチェック」「7．メニュー／必要なものを考える」のいずれかの行動をとっており，目玉商品や安さを意識しつつ，在庫や料理メニューの両方を検討した上で行動するタイプである。

　なお，各タイプの属性面での特徴は，タイプ3では会社員（その他）が12.2％と他の層に比べて10ポイントほど高く，さらに，他の層の6割以上が専業主婦であることに比べて，パート・アルバイトが46.9％となっており，外で仕事をする機会が多い様子である。それに伴い，タイプ3の世帯年収は600万円台の割合がやや多くなっているものの，子どもの有無に大きな差はない[17]。これらの来店前の行動パターンの違いで分類し，その違いを確認した（図3-5）。
　タイプ1の特徴は，全体と同様の行動をとるが，とくに多くの消費者が強化される行動（媒介中心性の高いノード）は「15．特売やセール品を見る」，「24．日配品売り場に行く」であった。チラシや広告に沿った行動がより強く現れている。
　タイプ2の特徴は，「14．入り口から順に店内を一通り見る」のノードが強く，他のタイプよりも「21．お菓子売り場に行く」，「26．飲料売り場に行く」の行動がより強い。

図 3-5　来店前の行動パターンの違いにより強化される行動（認識）

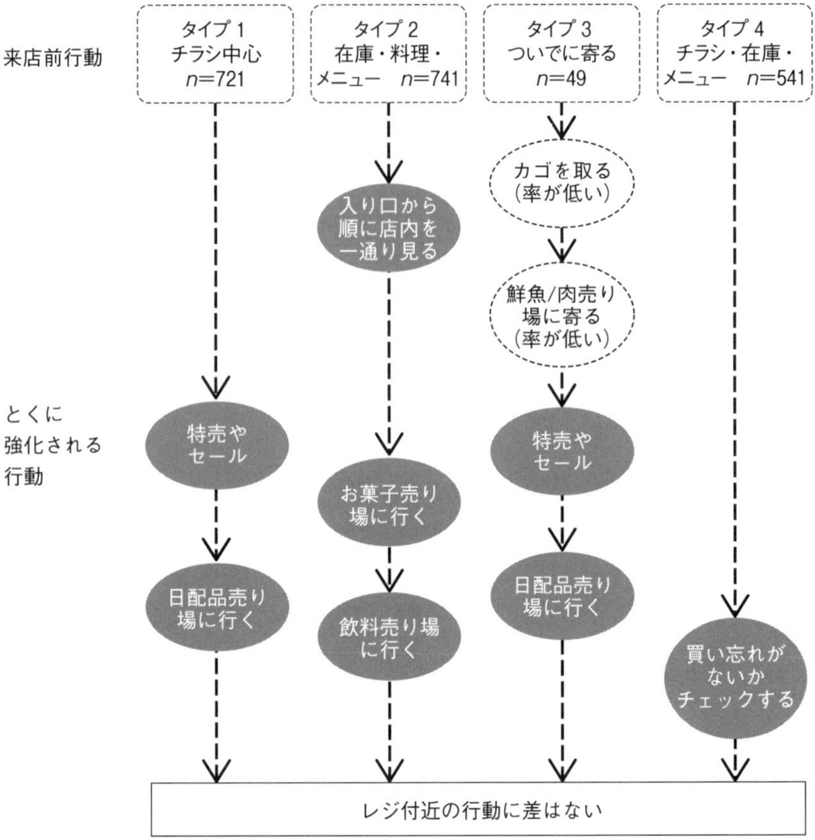

来店前行動

| タイプ 1 チラシ中心 *n*=721 | タイプ 2 在庫・料理・メニュー　*n*=741 | タイプ 3 ついでに寄る *n*=49 | タイプ 4 チラシ・在庫・メニュー　*n*=541 |

タイプ3
カゴを取る（率が低い）

入り口から順に店内を一通り見る

鮮魚/肉売り場に寄る（率が低い）

とくに
強化される
行動

特売やセール

お菓子売り場に行く

特売やセール

日配品売り場に行く

飲料売り場に行く

日配品売り場に行く

買い忘れがないかチェックする

レジ付近の行動に差はない

（注）　詳細な結果は付表 3-1 を参照。

　タイプ 3 の特徴は，カゴを取る比率が極端に低い。野菜売り場には寄るが，魚／刺身売り場や肉売り場に寄る率は低い。媒介中心性が高いノードは「15. 特売やセール品を見る」，「24. 日配品売り場に行く」である。

　タイプ 4 の特徴は，他よりも来店前行動に多くのノードが含まれていることと，「29. 買い忘れがないかチェックする」が高い程度で他のタイプとそれほど大きな違いはない。

　なお，タイプ 3 は「用事や会社帰りのついでに寄る」ことから，来店前行動

表 3-4　来店前の行動パターンの違い，およびコンビニエンス・ストアとの相関係数

	CVS ($n=3014$)	タイプ 1 ($n=721$) チラシ中心	タイプ 2 ($n=741$) 在庫・料理・ メニュー	タイプ 3 ($n=49$) ついでに寄る	タイプ 4 ($n=541$) チラシ・在庫・ メニュー
CVS	1	0.239	0.155	0.045	0.150
タイプ 1	0.239	1	0.930	0.547	0.896
タイプ 2	0.155	0.930	1	0.533	0.951
タイプ 3	0.045	0.547	0.533	1	0.515
タイプ 4	0.150	0.896	0.951	0.515	1

はない。そのため，ネットワーク直径は 7 と短い。グラフ密度はやや高く，平均クラスター係数はやや低いため，他のタイプに比べると若干行動にまとまりがない。スクリプト・グループ数は 4 で他のタイプのグループ数と異なる行動を示す。逆にタイプ 1・2・4 の間で大きな差はない。若干，タイプ 1 のネットワーク直径，およびグラフ密度が小さいことから，シンプルな買い物行動となっている程度の違いである。

　相関係数を確認したところ，タイプ 1・2・4 間の相関は 0.9 前後と高いもの，タイプ 3 と他のタイプとの相関は 0.5 程度となり，類似性は低い傾向にあった（表 3-4）。コンビニエンス・ストアとの相関係数は，タイプ 1 が他のタイプより高く，タイプ 3 との相関はほとんどない。つまり，チラシを見て来店するタイプ 1 のスクリプトとコンビニエンス・ストアの買い方が若干類似しており，目的を達成するという行動のシャープさが関連していると考えられる。逆に，他の用事のついでに寄るタイプ 3 のようなスクリプトは，コンビニエンス・ストアとは異なる購買行動のモードがあるといえる。

　これらの点から仮説 2b を検討する。スクリプトは目的達成行動であることから，食品スーパーの来店前行動に注目し，パターンの違いで分類し，傾向の違いを確認した。「用事や会社帰りのついでに寄る」というタイプ 3 はその他のタイプとはパターンが異なっていたが，他の 3 つのタイプは立ち寄る売り場やノードの強さはいくつか異なるものの，パターンが類似しており，タイプ間に極端な差はなかった。これらの点から，仮説 2b は（ほんの）一部支持されるにとどまった。

ただし，この結果から，**来店前の行動の違いによって店舗内で立ち寄る売り場（の認識）が異なる**ことが明らかになった。そのため，それぞれに対応すべき施策も見えてくる。タイプ1やタイプ3は，特売セールや日配品などに反応しやすいため，チラシやクーポンなどの販売促進やプロモーションが有効だろう。とくにタイプ3はついでに寄るため，モバイル・デバイスやアプリで効率よく誘導しやすい消費者であり，おトク情報の提供や関連購買を促す施策などが有効だろう。

　タイプ2は，しっかりと冷蔵庫の中身や献立を考えながら来店していると想定されるため，冷蔵庫の中身で作れるレシピ紹介や旬の野菜情報などをアプリで提供することで来店を促すことも有効だろう。タイプ4はチラシと冷蔵庫の中身を確認し，店内でも買い忘れがないかチェックしているため，買い物リストの作成やチェックリストなどの機能をアプリに入れることも来店動機につながると考える。いずれにしても，来店前の行動にあわせた施策が効果的である。

　なお，詳細については終章で改めてまとめて議論する。

5　まとめと今後の課題

　本章は，流通研究において，あいまいなまま議論されてきた業態という概念を，消費者視点で議論することで，明らかにしようとしたものである。とくに店舗は，同じチェーンストアでも店舗面積が1つずつ異なるため，まったく同一の店舗というものは存在しない。さらに，日々のマーチャンダイジング活動で売り場は常に変化している。しかし，このような状況においても消費者はうまく店舗を使い分けている。その使い分けを可能にしているのは店舗の利用経験を通じて得た知識と，それにもとづく行動パターンとしてのスクリプトが関連する。消費者は「類似の行動パターン」をもつ店舗群をひとまとまりのタイプ（＝業態）として認識していると考え，スクリプトによる業態認識をここでは明らかにしてきた。その主な対象フレームに食品スーパーを用い，比較対象にコンビニエンス・ストアを設定した。

　仮説検証の結果，食品スーパーとコンビニエンス・ストアとでは明らかにスクリプトが異なっており，違う業態として消費者に認識されている（仮説1の検証）。とくに，食品スーパーの場合，店舗入り口でカゴを取ることが行動の

起点となり，入り口から順に店内を一通り買い回りながら魚／刺身売り場や肉売り場，お菓子売り場に立ち寄り，レジで精算するという行動が基本的な行動パターンである。コンビニエンス・ストアの場合，カゴを取らずに目当ての売り場に直行し，レジにて精算する。目当ての売り場は，分散しており，一定ではない。

　食品スーパーの基本的なスクリプトは，同じであっても，利用頻度の違いや来店前行動によって，強調される売り場や，立ち寄っていると想定される売り場は異なっていた（仮説2a, bの検証）。

　本章の貢献は，食品スーパーのスクリプトというものが明確に存在すること，そして，その構造をアトリビューション分析によって可視化したことである。スクリプトの構成要素を，従来の統計的手法による単純集計で把握するだけではなく，異なる業態との比較や行動パターンの違いをふまえたアトリビューション分析に踏み込んだ。

　この分析結果を通じた実務へのインプリケーションは次の2点である。

　第1に，**消費者の食品スーパーとコンビニエンス・ストアのスクリプト構造が明らかに異なることから，特徴のあるノードを用いて「業態認識を操作することができる」**という点である。仮に，コンビニエンス・ストア各社が食品スーパーの来店客を取り込みたいのであれば，入り口で買い物カゴを手に取らせ，生鮮3品の売り場を用意し，その売り場に立ち寄らせることができればコンビニエンス・ストアも食品スーパーの認識に近くなり，消費者の行動も入り口から順番に店内を歩かせることは可能になるだろう。実際，ローソンの新業態実験店は入り口付近に買い物カゴを置き，その前に小型の冷蔵ショーケースを設置している。その冷蔵ショーケースには，こだわりのある野菜などを充実させて陳列しており，来店客の半数は入り口でカゴを手にして回遊している。あるいは，表の看板に買い物カゴのマークを付けることで認識をスーパーに近づけることも可能だろう。

　この視点にもとづけば，第5章で取り上げる先端事例の「まいばすけっと」は，店名にバスケットを示しており，利用者の多くが入り口でカゴを手に取って店舗内を回遊している様子から，店舗サイズは小さくても，消費者は食品スーパーとして認識しながら行動していることで受容され，店舗数を増大し続けていることがわかる。

第3章　業態認識主体としてのスクリプト　　67

第2に，分析の結果から，**利用頻度の違いや来店前行動パターンの違いによって立ち寄る売り場が異なる**ことから，ショッパー・マーケティングへの応用が可能になる。ショッパー・マーケティングの目的は店舗の売上増加やブランド・エクイティの強化にあることから，たとえば，ある店舗の利用頻度が高い顧客（ロイヤル・カスタマー）とそれ以外の顧客のスクリプトを比較していくことで，売り場間の関連性や重点化すべき売り場を明らかにすることが可能である。こういった分析を通じて具体的な施策に落とし込むことができるため，カテゴリー・マネジメントにも応用できる。

　今回の結果から，利用頻度（依存度）が低い層は，野菜売り場に立ち寄る行動が強化され，依存度が高くなるほど魚／刺身，日配品売り場に立ち寄る行動が強化されていた。また，来店前行動のパターンが異なると，立ち寄る売り場や特売品やセールへの反応も異なっていた。つまり，**利用頻度や来店前行動と売り場の関連が強いこと，そして，売り場や商品に関する情報提供を工夫することで，自社の店舗に顧客を誘導することが可能である**といえる。とりわけ，食品スーパーの強みは，食や料理・調理に対する造詣の深さである。単純に惣菜を充実させることでコンビニエンス・ストアや他の業態に対抗するのではなく，また単なる「素材提供者」に陥らないためにも，こういった**情報を活用しながら，来店を促す工夫が必要になってくる**。その施策に，モバイル・デバイスやモバイル・アプリを活用することで，他店やコンビニエンス・ストアではなく自社の店舗への意識を高めることが可能となる。モバイル・デバイスやアプリでの対応は，第3部でまとめて議論する。

　なお，本章で実証したスクリプトは，実際の行動履歴ではなく，消費者の認知構造である。そのため，上記のインプリケーションは，「行動履歴にもとづく施策案ではない」という点で限界があることを付記しておく。それでも，消費者の知覚を操作することで，店舗のイメージやポジショニングを変え，来店させることは十分可能であると考えられ，本書のアプローチは大いに意味があると考える。

注
1　スクリプトの存在を確認するために，インタビューを行った。対象は，20代女性1名（未婚），30代女性2名（既婚子どもなし1名，既婚子どもあり1名），40代女性2名（既婚子どもあり）

であり，それぞれ 2012 年 8 月 7 日，8 月 10 日，8 月 25 日にインタビューを実施した。食品スーパーおよびコンビニエンス・ストア，その他の店舗を利用する動機や購買前の行動，店舗内での回遊パターンなどをつぶさに確認したところ，それぞれ購買目的とともに基本的な行動パターンが存在することを確認した。対象者によっては，「行く前にチラシを見て，買うものを決める」「カートを使う」「青果売り場はいつも丹念にチェックする」などの個別の行動があったが，主な行動パターンはほぼ類似していた。食品スーパー間の競争環境を考えた場合，来店前の行動も購買行動に関連するため，来店前行動を含めた測定を試みた。

2 調査の実施は株式会社マクロミルのハウスホールドパネルに対して行った。調査エリアは，関東 1 都 6 県，関西 2 府 4 県および愛知県，高知県を含む，この 1 カ月以内に食品スーパーを利用した経験のある 18 歳から 60 代までの女性を対象とした。調査期間は 2012 年 8 月 30 日から 8 月 31 日である。回収数は 267 サンプルとなった。

3 スクリプトを構成する要素は，共通要素（common element）とも呼ばれているが，ここでは表現を簡略にするために「構成要素」という用語で統一して用いる。

4 有向性で重み（ウェイト）があり，さらに逆方向もありうることから隣接行列は非対称となる。

5 本章のネットワーク分析の理論的な視点とプログラムは，鈴木（2009），増田・今野（2010）にもとづいている。

6 有向性のある本書のスクリプトの場合，ノード数を n とすれば，可能な有向パスの数は最大で $n-1$ であることから，スクリプト構造に含まれる有向パスの数を m とすると密度は
$$密度（density）= m/(n(n-1))$$
で表される。

7 平均クラスター係数（C）は以下の式で表される。

$$平均クラスター係数(C) \equiv \frac{1}{n} \sum_{i=1}^{n} C_i$$

この式の構造は以下の通りである。まず，スクリプト全体のノード数を n とし，各ノードに隣接するノードとの間で引かれているパスの数を k とした場合，$k(k-1)/2$ が，そのノード間でできるクラスター（三角形）の最大値となる。実際のスクリプトのクラスター（三角形）の数を最大値で割った値が C_i となる。スクリプト全体のノードごとに C_i を計算し，それを足しあげ，n で割ったものが平均クラスター係数（C）となる。スクリプト構造が一直線（三角形の存在しない，直線的な行動）の場合，この係数が 0 になり，1 に近いほど，構造に多様性があると判断する。

8 このグループはノード間の関連性の高さでグループ化するもので，ネットワーク分析ではこういったまとまりのことを「コミュニティ」と呼ぶが，本書のノードはスクリプトを構成する行動の要素であり，一般的なネットワーク分析と意味が異なるため，ここでは「スクリプト・グループ」と呼ぶことにする。

9 10% 未満を閾値で除外しているパスが存在すること，および，対象者によってスクリプトの長さが異なることから，あるノードから他のノードへのパスをすべて加算しても完全には 100% にならない。

10 今回，媒介中心性の分析は Gephi にプリセットされている Brandes（2001）のアルゴリズムを用いた。

11 グループを抽出するアルゴリズムは Gephi にプリセットされている fast unfolding 法（Blondel *et al.* 2008）を用いた。

12 統計ソフトの R（ver. 2.15.2）の関数（gscor）を用いて分析した。

13 構造が直線的であるため標準偏差が 0 に近いことから，有意差検定の結果は計算できなかった。ただし，係数の大小で構造の類似性は把握できると考える。

14 「1．ほぼ毎日」を365日に換算，「2．週に4～5日程度」を234日に換算，「3．週に2～3日程度」を130日に換算，「4．週に1日程度」を52日に換算，「5．2週間に1日程度」を24日に換算，「6．月に1日程度」を12日に換算，「7．2カ月に1日程度」を6日に換算，「8．3カ月に1日程度」を4日に換算，「9．半年に1日程度」を2日に換算，「10．1年に1日以下」を1日に換算して比率を計算した。たとえば，食品スーパーが130日，コンビニエンス・ストアが52日の場合，食品スーパーの依存度は130日÷(130日＋52日)＝71.4％とする。コンビニエンス・ストアを利用していない場合は食品スーパーの依存度は100％とした。

15 低依存度層を(*a*)，中依存度層を(*b*)，高依存度層を(*c*)とした場合，分散分析の結果，*a, b* < *c*（有意差あり）となり，高依存度層は他の層よりも，年齢層はやや高い傾向にある。

16 タイプ1を(*a*)，タイプ2を(*b*)，タイプ3を(*c*)，タイプ4を(*d*)とした場合，分散分析の結果，*b* < *a, c, d*（有意差あり）となり，タイプ2の年齢層は若干低い傾向にある。

17 なお，利用頻度（依存度）と来店前の行動タイプとの関連は，低依存度層にタイプ2が47.9％，中依存度層に45.2％存在しており，高依存度層よりも15ポイントほど高く，逆に高依存度層はタイプ1（38.6％）とタイプ4（29.1％）がそれぞれ他の層より10ポイントほど多く存在する傾向にあった。

第 3 章　業態認識主体としてのスクリプト　　71

付表 3-1　依存度の違い，および来店前の行動パターン

Id	ノード	全サンプル (n = 3062) 媒介中心性	スクリプト・グループ	ノード数	低依存層 (n = 471) 0〜50%以下 媒介中心性	スクリプト・グループ	ノード数	中依存層 (n = 660) 51〜75%以下 媒介中心性	スクリプト・グループ	ノード数	高依存層 (n = 1929) 76%以上 媒介中心性	スクリプト・グループ	ノード数
1	チラシ／広告を見る	0.00	0		0.00	0		0.00	0		0.00	0	
2	身支度をする	0.02	0		0.03	0		0.02	0		0.02	0	
3	買い物リスト／メモを作る	0.00	0		0.00	0		0.00	0		0.00	0	
4	冷蔵庫の中身や在庫のチェック	0.00	0	8	0.00	0	8	0.00	0	7	0.00	0	7
5	持ち物を用意する	0.02	0		0.02	0		0.02	0		0.02	0	
6	どの店に行くか考える	0.04	0		0.03	0		0.04	0		0.03	0	
7	メニュー／必要なものを考える	0.01	0		0.02	0		0.01	0		0.02	0	
8	出かける	0.18	0		0.18	0		0.18	1		0.18	1	
9	用事や会社帰りのついでに寄る	0.00	1		0.00	1		0.00	1		0.00	1	
10	カートを取る	0.00	1		0.06	1		0.07	1		0.00	1	
11	カゴを取る	0.22	1	6	0.14	1		0.13	1	7	0.22	1	7
12	店頭チラシや目玉商品をチェックする	0.00	1		0.00	1		0.00	1		0.00	1	
13	目当ての売り場へ直行する	0.09	1		0.07	1	9	0.04	1		0.09	1	
14	入り口から順に店内を一通り見る	0.14	1		0.16	1		0.19	1		0.14	1	
15	特売やセール品を見る	0.09	2		0.01	1		0.00	2		0.09	2	
16	野菜売り場に行く	0.09	2		0.23	2		0.16	2		0.09	2	
17	果物売り場に行く	0.04	2	5	0.00	1		0.09	2	5	0.04	2	5
18	魚／刺身売り場に行く	0.26	2		0.02	2		0.26	2		0.26	2	
19	肉売り場に行く	0.25	2		0.25	2		0.25	2		0.25	2	
20	惣菜売り場に行く	0.00	3		0.00	2		0.00	3		0.00	3	
21	お菓子売り場に行く	0.15	3		0.11	2		0.14	3		0.08	3	
22	調味料売り場に行く	0.00	3		0.02	2	9	0.00	3		0.00	3	
23	冷凍食品売り場に行く	0.04	3	7	0.09	2		0.06	3	7	0.00	3	7
24	日配品売り場に行く	0.08	3		0.09	3		0.08	3		0.16	3	
25	乾物／レトルト売り場に行く	0.00	3		0.01	3		0.00	3		0.00	3	
26	飲料売り場に行く	0.05	3		0.07	3		0.11	3		0.01	3	
29	買い忘れがないかチェックする	0.06	4		0.09	3		0.03	4		0.03	4	
30	再度，店内を見て回る	0.00	4		0.00	3		0.00	4		0.00	4	
31	レジで精算する	0.11	4		0.11	3		0.11	4		0.11	4	
32	ビニール袋・エコバッグに詰める	0.09	4	7	0.09	3	7	0.09	4	7	0.09	4	7
33	カート／カゴを返す	0.06	4		0.06	3		0.06	4		0.02	4	
34	お水／氷をもらう	0.00	4		0.00	3		0.00	4		0.02	4	
35	店を出る／帰宅する	0.00	4		0.00	3		0.00	4		0.00	4	

	全サンプル	低依存層	中依存層	高依存層
スクリプト・グループ数	5	4	5	5
モジュラリティ (Q)	0.621	0.616	0.625	0.624
ネットワーク直径	13	12	13	12
グラフ密度	0.076	0.081	0.075	0.076
平均クラスター係数	0.358	0.358	0.361	0.373

の違いによるスクリプト構造の指標

タイプ1 (n=721) チラシ中心			タイプ2 (n=741) 在庫・料理・メニュー			タイプ3 (n=49) ついでに寄る			タイプ4 (n=541) チラシ・在庫・メニュー		
媒介中心性	スクリプト・グループ	ノード数	媒介中心性	スクリプト・グループ	ノード数	媒介中心性	スクリプト・グループ	ノード数	媒介中心性	スクリプト・グループ	ノード数
0.00	0		0.00	0		—	—		0.00	0	
0.00	0		0.00	0		—	—		0.02	0	
0.01	0		0.00	0		—	—		0.00	0	
0.00	0	7	0.00	0	7	—	—		0.00	0	
0.07	0		0.05	0		—	—		0.02	0	9
0.03	0		0.05	0		—	—		0.02	0	
0.01	0		0.02	0		—	—		0.03	0	
0.18	1		0.18	1		—	—		0.18	0	
0.00	1		0.00	1		0.00	0		0.00	0	
0.00	1		0.08	1		0.01	0		0.00	1	
0.22	1	7	0.12	1	7	0.04	0	4	0.22	1	
0.00	1		0.00	1		—	—		0.00	1	5
0.07	1		0.03	1		—	—		0.09	1	
0.16	1		0.20	1		0.09	1		0.14	1	
0.16	2		0.06	2		0.16	1		0.09	2	
0.09	2		0.10	2		0.11	1		0.09	2	
0.00	2	6	0.06	2		0.00	1	7	0.05	2	5
0.26	2		0.26	2	6	0.01	1		0.26	2	
0.26	2		0.25	2		0.12	1		0.25	2	
0.00	2		0.00	2		0.08	1		0.00	3	
0.05	3		0.15	3		0.05	2		0.10	3	
0.00	3		0.02	3		0.03	2		0.03	3	
0.01	3	6	0.00	3		0.00	2	6	0.00	3	7
0.20	3		0.06	3	6	0.17	2		0.14	3	
0.00	3		0.00	3		0.00	2		0.00	3	
0.01	3		0.10	3		0.04	2		0.05	3	
0.03	4		0.07	4		0.00	3		0.11	4	
0.00	4		0.00	4		0.00	3		0.00	4	
0.11	4		0.11	4		0.12	3		0.11	4	
0.09	4	7	0.09	4	7	0.09	3	7	0.09	4	7
0.06	4		0.06	4		0.05	3		0.02	4	
0.00	4		0.00	4		—	—		0.02	4	
0.00	4		0.00	4		0.00	3		0.00	4	

5		5	4	5
0.639		0.621	0.614	0.617
12		13	7	13
0.065		0.072	0.089	0.080
0.331		0.329	0.308	0.401

第1部のまとめ：実証分析を通じて見えてくる競争力の源泉

　食品スーパーを含め，小売企業を取り巻く環境はますます厳しくなってきている。この状況においても成長を続けている企業は存在する。その競争優位性の源泉の1つがブランド力であることから第1部では，リテール・ブランド・エクイティを測定した。マーケティング研究の1つの役割は，実務の現場に実践可能なインプリケーションを提供することである。そこで，測定には，現場で実践可能な項目を包括的に整理し，その変数間の関係を測定した。

　その結果，明らかになった点は大きく3点ある。

　第1に，店舗活動と企業活動は，互いに補完しあいながら，リテール・ブランド・エクイティを構築している点である。

　第2に，セルフサービスが主体である食品スーパーにおいても，サービスやサポートが，店舗施設やマーチャンダイジング活動よりも強く影響することである。とくに**「常連客への対応」や「店員の親しみやすさ，心地良いやりとり」などが，リテール・ブランド・エクイティに強い影響を与える**という点である。

　第3に，行動的ロイヤルティを高めるためには，感情的ロイヤルティ，および，経験価値が重要になるという点である。

　さらに，関東・関西を中心に幅広いエリアで展開する大手スーパー，特定の地方で活躍している中堅のローカル・スーパー，特徴のある取り組みを行っている個性的なスーパーに分類しながら分析したことで，それぞれの強みが明らかになった。大手スーパーは企業活動と店舗活動の連携が，ローカル・スーパーはマーチャンダイジング活動が，個性的なスーパーはPB商品の信頼性やコスト・パフォーマンスなどが，ブランド・エクイティと行動的ロイヤルティに影響する。これらの分析を通じて，現状の食品スーパーが自社の競争力を作り出すための方向性を示すことができたと考える。

　しかし，上記はあくまでも食品スーパーが「現在の土俵で戦う」という前提での分析である。食品スーパーは市場に対応しながら継続的なイノベーションを続ける変化対応業ではあるが，現状の取り組みの延長線上では，限界がある。

革新の方向性を検討するにしても，そもそも，消費者は食品スーパーという業態をどのように認識しているのか，という点を理解する必要がある。そこで，原点に立ち返り，これまでの流通研究における業態の概念をふまえながら，消費者行動論の視点で業態にアプローチしたのが第2章および第3章である。消費者の行動パターンとしての認知構造体である「スクリプト」に注目し，類似した行動パターンを持つ店舗群のひとまとまりのタイプが業態であると位置づけ，コンビニエンス・ストアを比較対象にしながら，業態を認識してきた。その結果，明らかに**食品スーパーとコンビニエンス・ストアは異なる行動パターンとして認識されている**こと，そして**食品スーパーのスクリプトはコンビニエンス・ストアと比較して，長く，直線的である**ことがわかってきた。**利用頻度や来店前行動で強化される売り場も異なる**ことがわかった。

　食品スーパーに対する消費者のブランド・エクイティ，あるいは，行動パターンとしての業態認識を明らかにすることは実証研究の得意とするところである。しかし，それだけでは，食品スーパーがどこに向かうべきなのか，という革新の方向性について，十分な答えは得られない。

　そこで，第2部では，スクリプトを階層構造に分類し，それぞれの階層に沿った先端事例を取り上げることで，革新の方向性の有無とともに，実務的なインプリケーションを得ることを試みる。

第1部のまとめ：実証分析を通じて見えてくる競争力の源泉　　75

第 **2** 部

食品スーパーの革新性
——事例研究——

第4章

小売の価値をふまえた革新の方向性

1 小売のトレンドとしての新業態

　小売企業は，顧客を獲得するために，さまざまな経営努力によって日々，新しい業態や新フォーマットと呼ばれるタイプの店舗を開発している[1]。

　たとえば，「遊べる本屋」をキーワードに，書籍，雑貨類，CD・DVD類を融合的に陳列して販売する「ヴィレッジヴァンガード」[2]，本を通してライフスタイルを提案する蔦屋書店を中心に，日常を豊かにするモノ・コトを集めた「T-SITE」[3]などの店舗が人気である。書籍や雑貨，CDといったカテゴリーを超えた「テーマ」で売り場がつくられていることが，これらの店舗が提案する価値である。

　外食産業でも，人気シェフがつくる高級料理を立ち飲み価格で提供する「俺のイタリアン」に代表される俺のシリーズ，立ち飲み食いで，最初から（いきなり）ステーキとワインを楽しむスタイルの「いきなり！ステーキ」，餃子の王将が世界進出を視野に入れ，「ジャパニーズカジュアル」をコンセプトに女性が入りやすい店舗づくりを目指した「GYOZA OHSHO」なども話題となっている。

　序章でふれたように，食品スーパーにおいても，グロッサリーとレストランが融合された新しい業態の「グローサラント」が世界的に注目されている。食品スーパーだけでなく，レストランなどの外食産業も厳しい環境にあることから，両者の良い点を融合した業態である。とりわけ，海外でも注目されている

78　第2部　食品スーパーの革新性

「イータリー」(EATALY) は，物販とレストランが融合した複合型の店舗である。日本のグランスタ丸の内店では，イタリア食材を約600アイテム揃え，レストラン80席を含めたイート・インのスペースを約110席用意する。ほかにも，こういった融合を目指した食品スーパーが登場しつつある。たとえば，成城石井（トリエ京王調布店）は，これまで展開してきた飲食事業のノウハウを活かし，取り扱い SKU が約1万1500の大型店舗内に約18坪，42席の飲食スペースを設けた[4]。ヨークベニマルはスーパー内で，できたての商品をイート・インで食べてもらう「スーパーラント」（スーパーとレストランの融合語）をめざす（このグローサラントやスーパーラントは，やり方によっては，ある程度浸透していくと想定される。終章で，改めて検討していく）。

　品揃えやストア・デザインで特徴のある店舗としては，「オーガニック」「ローカル」「ヘルシー」「サステナビリティ」の4つのキーワードをもとにつくられたライフコーポレーションの「ビオラル」(BIO-RAL)[5]，フランス パリ発祥の「Bio c' Bon」（ビオセボン）の日本進出，CO_2の減少と省エネルギーをめざすコープさっぽろの「イイコープ」(ECO・OP) など，さまざまな取り組みが行われている。

　こういった新しい業態の「芽」となる可能性をもつ企業は，同業の中から，あるいは同業以外から，革新的な存在として立ち現れてくる (cf. 中西 1996)。**そして，「新しいスタイルの店」「新業態」「生活提案型の売り場」などの提案価値が，他店よりも優れており，それが消費者に受容されれば，浸透する。**ただし，上述のような取り組みは，店舗空間の演出，売り場づくり，売り方，品揃えなど，価値の次元はさまざまである。単に，「トレンドを作り出すことで集客につなげる」というだけならば，目新しさが話題になり，雑誌で取り上げられ，人が集まるだけで成功といえるかもしれない。**しかし，これを研究としてとらえるならば，こういった小売企業が開発する「新業態」のどのような価値が受容されているのか**[6]**，という点を把握しなければ意味がない。**

　そこで第2部の目的は，小売の価値をふまえた革新の方向性について検討することで，新しい時代に対応した小売業のあり方を模索していくことである[7]。

2 スクリプトの階層構造

　第3章で示したように，食品スーパーとコンビニエンス・ストアは行動パターンの認識が異なっていたことから，異なる業態であると消費者に認識されている。さらに食品スーパーのスクリプトは，5つのサブグループに分類できることから，スクリプトの構造を掘り下げて検討していく。サブグループは，来店前行動，入り口付近の行動，生鮮3品の売り場行動，回遊行動，レジ付近・精算行動に分類されている。そのため，**買い物行動，店舗内行動，売り場行動（と選択行動）の次元に分類することができる**（cf. 新倉・髙橋 2013）。それを大きな次元から順に階層的に捉え直し，主なスクリプトに抽象化してみたのが図4-1である。

　食品スーパーにおける主な買い物行動スクリプトは，「❶冷蔵庫を確認する」「❷身支度をする」「❸出かける」，そして店舗についたら，店舗内行動スクリプトとして，「❹カゴ／カートを取る」「❺入り口から順に店内を一通り見る」などの店舗内での一連の行動体系があり，その後，それぞれの売り場を回遊していく。売り場行動スクリプトとは，「❻特売やセール品を見る」「❼野菜売り場に行く」などの行動体系である。さらに，売り場での選択行動スクリプトとは，果物コーナーであれば，「❽鮮度と値段を見てカゴに入れる」などの細やかな行動体系である[8]。その後，再び，他の売り場を回遊しながら，最終的には「❾レジで精算する」「自分で袋に詰める」などの行動をした後，「❿店舗を出る」「⓫帰宅する」といった買い物行動に戻る。

　なお，この例はあくまでも食品スーパーの「主な」スクリプトを示しただけであり，消費者ごと，あるいは，消費者のタイプごとにその細やかなパターンは異なる（第3章を参照）。すべての売り場に立ち寄る行動パターンの認知要素をもつ消費者もいれば，目当ての商品だけを購入するパターンもある。時間帯や目的でも変わってくる。そのため，図4-1におけるスクリプトのパス（矢印）は，他にも細やかな認知要素が存在する場合は点線で，比較的多くの消費者が連続体としてとらえている行動パターンの認知要素は実線で示している。

　買い物行動スクリプトにひも付きながら店舗内行動スクリプトが構成され，その店舗内行動スクリプトに含まれる1つの認知要素は，ある売り場行動スク

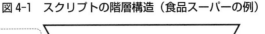

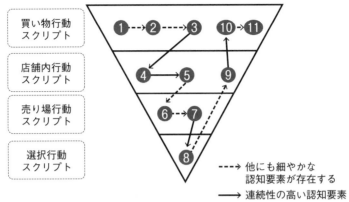

（出所）新倉・髙橋（2013）をもとに加筆修正。

リプトを構成している。そして，そのなかの1つの認知要素が次の選択行動スクリプトを構成している。さらに，そのなかのある認知要素が最終選択肢となり，買い物カゴの中に取り込まれるということになる。それを繰り返しながら，精算を済ませて，帰宅し，購買行動が終了することになる。

では，こういった階層性の「どの水準」（あるいは「どの部分」）に革新性が存在しうるのだろうか。上述したように，革新性として受容されるためには消費者がそこに価値を感じなければならない。そこで，次の節では，消費者が「どのような価値を」買い物行動や小売店舗に感じるのか，またそれを「どのように」伝えていけば良いのかを先行研究や関連分野から援用することで，革新性を整理していくことにする。

3 買い物価値に関する先行研究

小売の先行研究において，買い物客（ショッパー）の視点で小売の価値やイノベーションについて研究したものがいくつか存在する。この先行研究の系譜を，Rintamäki et al.（2006）による顧客価値の整理や，Huré et al.（2017）の買い物価値（shopping value）に関する概要をふまえながら整理しておく。

Rintamäki et al.（2006）によれば，従来のマーケティングにおいて，顧客価

値とは，コストや犠牲[9]などの「投資」に対して得られるベネフィットの大き
さ，または，市場で提供されているモノの価格と交換したベネフィットの大き
さを「値打ち」（worth）に換算したものが価値である，といった関係で議論さ
れてきた[10]。

　そのため，買い物価値の研究も当初の頃は，消費者の投資したコストに対す
るベネフィットの大きさで測定する1次元的な視点が中心であった（Huré *et
al.* 2017）。その後，Babin *et al.*（1994）が実用的（utilitarian）な次元に加え，快
楽的（hedonic）な次元での買い物価値があることを議論した。**実用的な次元と
は，「欲しいものが手に入る」「本当に必要なものが買える」「探しているものが
見つかる」「失望しない」などの，買い物というタスクの達成の側面としてとら
えるものである。快楽的な次元とは，「買い物が楽しい」「興奮する」「良い時間
を過ごす」などの，買い物体験を通じた「喜び」や「楽しみ」を提供する側面で
とらえるものである。**この Babin *et al.*（1994）の研究がきっかけとなり，2つ
の次元が小売研究において広く使われるようになってきた。

　その後，Sweeney and Soutar（2001）や Rintamäki *et al.*（2006）が第3の次
元として社会的な価値（social value）の次元を付加した。これは，**その場（店
舗）で買い物をすることの「ステイタス」や「自尊心」を高める要素など**を含ん
でいる。この社会的価値の次元を付加したことで，Babin *et al.*（1994）の買い
物経験の社会的な側面を豊富にした[11]。

　こういった系譜から，買い物価値には，実用的な次元，快楽的な次元，社会
的な価値の次元が主な構成要素として含まれるようになってきている（表4-1
参照）。なお，先行研究の対象チャネルはリアル店舗だけでなくモバイル・デ
バイスやネット販売も含むが，いずれも単一チャネルでの測定が中心である。

　これらの整理から，**消費者は単に，商品を買うという合理的な目的達成のため
だけに買い物をしているわけではなく，「買い物体験」を通じて，快楽的な価値
や社会的な価値をも求めている**[12]ことがわかる。

　ただし，上記はあくまでも買い物客の「店舗内での買い物」を通じた価値が
中心であり，買い物に出向く部分があまり議論されていない。Davis and
Hodges（2012）が，一般的な購買動機との関係から，買い物に出向く価値と
店舗内での買い物価値の2つのタイプに分けて議論していることから，本書で
は，この視点をより深く議論していくことにする。

表 4-1　買い物価値の次元とキーワードの整理

著　者	買い物価値の次元と，主な測定キーワード		
	実用的な（utilitarian）	快楽的な（hedonic）	社会的な（social）
Babin *et al.* (1994)	**実用的な**（utilitarian） ・この買い物で欲しいものが手に入る（達成できる） ・本当に必要なものが買える ・探しているものが見つかる ・失望しない（他店に行かなくてもよい）	**快楽的な**（hedonic） ・買い物が楽しい ・買い物で現実逃避 ・新商品に興奮する ・良い時間を過ごす ・悩みを忘れさせてくれる　など	
Rahman *et al.* (2016)	**実用的な**（utilitarian） ・この買い物で欲しいものが達成できる ・探しているものが見つかる	**快楽的な**（hedonic） ・買い物が楽しい ・買い物で現実逃避 ・買い経験は冒険的	
Yoo *et al.* (2010)	**実用的な**（utilitarian） ・この買い物で欲しいものが達成できる ・本当に必要なものが買える ・探しているものが見つかる	**快楽的な**（hedonic） ・楽しい，楽しめる ・現実逃避を感じる ・新商品に興奮する ・良い時間を過ごす ・悩みを忘れさせてくれる ・冒険的な感じがする	
Kim and Han (2011), Kim and Oh（2011）	**実用的な**（utilitarian） ・支払った金額よりも値打ちがある ・努力に見合う，有益な（時間を費やす）価値がある ・良い価値を提供する	**快楽的な**（hedonic） ・楽しい ・使いたくさせる ・使用中，リラックスを感じる ・良さを感じさせる	
Chen and Hu (2010)	**機能的な**（functional） ・私にとって便利 ・探しやすい ・リーズナブルな価格で，良いサービス ・一貫している ・目立っている ・支払った金額よりも値打ちがある	**象徴的な**（symbolic） ・より良い方法が感じられる ・人々に良い印象を与える ・喜びを感じる ・アピールできる ・楽しみを与えてくれる ・良い考え方を受け取れる ・良い評判を持つ	
Maghnati and Ling（2013）	**顧客の投資に対する回収** （customer return on investment） ・（モバイルアプリを使うことで）生活がより簡易に過ごせる ・（モバイルアプリを使うことで）生活プランやスケジュールに合っている ・（モバイルアプリの品揃えは）私のニーズに合っている **優れたサービス**（service excellence） ・（モバイルアプリは）優れたサービスだと思う ・（モバイルアプリは）専門的な商品（群）を揃えている	**審美的な価値**（aesthetic value） ・（このモバイルアプリは）審美的なアピールがある ・モバイルアプリのデザインが好きである **陽気な気分になる**（playfulness） ・（モバイルアプリを使うことで）嬉しくなる ・（モバイルアプリを使うことで）幸せを感じる ・（モバイルアプリを使っていると）直面している悩みを忘れさせてくれる	

第 4 章　小売の価値をふまえた革新の方向性　　83

Mathwick *et al.* (2001, 2002)	顧客の投資に対する回収 (customer return on investment) ・効率の良い，経済的な価値 **優れたサービス** (service excellence)	**審美的な価値**（aesthetic value） ・エンターテインメント **陽気な気分になる**（playfulness） ・現実逃避，楽しいもの	
Sweeney and Soutar（2001）	**品質面のパフォーマンス** (quality performance) ・安定した品質，良い製法，品質の基準が受容できる，優れた技能，長く使われる，長く使える **価格／支払う価値がある** (price/value for money) ・リーズナブルな価格，支払う価値がある，価格に対して良い商品，経済的な価値がある	**感情的な**（emotional） ・楽しい，使いたい，使っていてリラックスを感じる，良さを感じる，楽しさを与えてくれる	**社会的な**（social） ・受け入れてくれることを感じさせてくれる ・良い方法が感じられる ・他人に良い印象を与える ・社会的なアピールにつながる
Baker *et al.* （2002）	**商品（群）の知覚品質／知覚価値**（merchandise quality/value perceptions） ・高品質のギフト，高い技量，正当な価格，良い価値，経済的な **支払い価格の知覚** (monetary price perceptions) ・高額な，より多くのお金が必要 **時間／労力コストの知覚** (time/effort cost perceptions) ・買い物努力，時間を犠牲にする，探索コスト	**心理的な知覚コスト** (psychic cost perceptions) ・楽しい（楽しくない）雰囲気 ・快適な（不快な）雰囲気 ・心地よい（よくない）雰囲気	**対人間のサービス知覚品質**（interpersonal service quality perceptions） ・待遇が良い ・個人の気遣い ・質の高いサービス ・迅速なサービス
Rintamäki *et al.* （2006）	**実用的な**（utilitarian） ・節約（ここでの買い物は，節約になる，高額な買い物にならない，他よりも安く購入できる） ・利便性（ワンストップですべて揃う，待ち行列が混乱したり遅かったりしない）	**快楽的な**（hedonic） ・楽しむ（買い物が楽しい，楽しめる，レジャーのように買い回るのが楽しい） ・探究（興味のある商品を見つけるために異なる売り場に行くのが探究的に感じる，新しいアイデアや発見を探している，ショッピング中に試したり，触ったり，探したりしたい）	**社会的な**（social） ・ステイタス（他人に印象を与えたい，友人や知人にこの店での買い物のことを伝えたい，この店の顧客層に属していると感じたい） ・自尊心（ずっと私のスタイルに合う商品を見つけたい，良い買い物をしてスマートショッパーであると感じたい，個人的に重要で楽しいショッピングをしたい）
Diep and Sweeney （2008）	**店舗の価値／実用的な** (store value/utilitarian) ・アクセスしやすい，開店時間，利便性，幅広い品揃え **商品価値／パフォーマンス**（product value/performance） ・受容される品質，商品のパフォーマンス	**店の価値／快楽的な** (store value/hedonic) ・楽しい，興奮する，楽しめる，空想的な経験（ファンタジー） **商品価値／感情的な** (product value/emotional) ・フィーリングや情緒的な状況を創出する	**商品価値／社会的な** (product value/social) ・社会的な自己（の存在・概念）を高めてくれる

	商品価値 / 支払う価値がある（product value – value for money）・短期的なコスト，長期的なコストを低下させるような商品を提供する		
Pihlström and Brush（2008）	金銭的な価値（monetary value）利便性価値（convenience value）	感情的な価値（emotional value）	社会的な価値（social value）
Seo and Lee（2008）	信頼できる（reliable）効率の良い（efficient）	経験的な（experiential）気晴らし的な（diversional）	自己表現（self-expressive）
Gummerus and Pihlström（2011）	金銭的な価値（monetary value）利便性価値（convenience value）パフォーマンスの価値（performance value）	感情的な（emotional）	尊敬（esteem）

（注）　太字（ゴシック体）は視点（次元），それ以外は測定項目のキーワードを示す。
（出所）　Huré *et al.*（2017）にもとづき作成。

　買い物に出向く価値には，5つの次元があり，機能的価値，自己の満足価値，知識習得価値，社会化価値，商取引的価値が存在する（表4-2参照）。

　店舗内買い物価値には6つの次元があり，それぞれ，製品の品質価値，製品の価格価値，品揃え価値，店内サービスの価値，買い物環境価値，買い物効率価値が存在する。

　これらはすべての業態が保有している価値ではなく，「百貨店」とウォルマートのような「大型小売店」とを比較した場合，大型小売店が保有する価値は百貨店に比べて少ない。具体的には，表4-2で＊印が付いている買い物に出向く価値の「機能的価値」「知識習得価値」「社会化価値」，および，店舗内買い物価値の「製品の価格価値」「品揃え価値」「買い物効率価値」のみである。

　食品スーパーは大型小売店と類似の販売形態と商品を扱っていることから，食品スーパーの革新性につながる価値は，上記の＊印「以外」の価値（「自己の満足価値」「商取引的価値」「製品の品質価値」「店内サービスの価値」「買い物環境価値」）を検討することにある。

　まず，「自己の満足価値」はストレスの解放や気分転換などを満たす場としての価値を提供することにつながる。「商取引的価値」とはバーゲン・ハントを通じた興奮や満足感を示しており，価格を刺激に衝動買いを促すような低価格戦略につながるため，本書では除外する。「製品の品質価値」については，

第4章　小売の価値をふまえた革新の方向性　　85

表4-2　買い物を通じた価値タイプと次元，業態別の価値

価値タイプ	価値次元	価値次元の定義	百貨店	大型小売店
買い物に出向く価値	機能的価値 （functional value）	買い物を通じてニーズやウォンツを満たすこと	*	*
	自己の満足価値 （self-gratification value）	ストレスの解放や気分転換など，自己のより良い暮らしのための素質があること	*	−
	知識習得価値 （epistemic value）	好奇心や目新しさなどの知識欲を満たす，新しい流行やファッションに追いつけるような場	*	*
	社会化価値 （socialization value）	友人や家族，販売員や他の顧客との交流を通じて，「より良い買い物経験」ができる場	*	*
	商取引的価値 （transaction value）	バーゲンハントの購買を通じて，心理的な満足感や快楽などを感じられる場	*	
店舗内買い物価値	製品の品質価値 （product quality value）	製品の知覚品質や予想されるパフォーマンス	*	−
	製品の価格価値 （product price value）	製品価格の安さから得られる金銭的節約（の知覚や認識）	*	*
	品揃え価値 （product selection value）	店内の製品／サービスの幅の良さ	*	*
	店内サービスの価値 （in-store service value）	店内での優れた顧客サービス（の知覚や認識）	*	−
	買い物環境価値 （shopping environment value）	視覚的アピール，身体的な有効性（動きやすさ），全体的な快適さに配慮した店内環境づくり	*	−
	買い物効率価値 （shopping efficiency value）	効率良く買い物できる店舗づくり	−	*

（出所）　Davis and Hodges（2012）を修正して引用。

　わが国における食品スーパーの多くはすでに高品質の商品を扱っており，それほど極端な差はない。一方，「店内サービスの価値」は，より良いサービスや顧客対応を徹底することである。第1章で取り上げたリテール・ブランド・エクイティの分析結果でも，このサービス対応の要素を高めることは競争優位性につながるため，重要な視点である[13]。「買い物環境価値」は，視覚や聴覚に訴えかける売り場を提供しながら，快適な店内環境をつくることである。

こういった点を考慮すると，革新の方向性としては，買い物に出向くことで「自己の満足価値」を満たすための気分転換の場としての機能，「店内サービスの価値」「買い物環境価値」といった，五感に訴求するような刺激や徹底したサービス対応の場の提供と，落ち着いて買い物できる雰囲気をつくることである（表4-2で囲った部分）。これらの価値は，店舗内行動スクリプトや売り場行動スクリプトとの関連も深そうである。この点をふまえ，次にビジネス・モデル・イノベーションの視点で，さらに検討を深めていく。

4 ビジネス・モデル・イノベーション論における小売の価値

❖イノベーションとは

革新の方向性について議論する前に，本書で取り扱うイノベーションについてここで簡単に触れておく。一般的に，**イノベーションは「何か新しいものを取り入れる，既存のものを変える」という意味をもつもので，日本ではしばしば「技術革新」として訳される。**

近年，小売業界においても，3つの領域で「技術的」なイノベーションが求められている（cf. Pantano 2014）。この3つとは，①消費者の買い物体験や購買時点の質を高めるような，SNSやモバイル・アプリ[14]などによる「消費者との接点を構築するためのツール」，②消費者の購買意思決定プロセスに至るまでの購買履歴データを蓄積しながら，より効率的な施策によって，消費者との関係を構築するための技術とそのツールの開発，③さまざまな不確実な状況に対応するための技術開発などの領域である。

しかし，本来，イノベーションがもつ意味はもっと幅広いものである。中国語ではイノベーションが「創新」と訳されたりもしており，技術の革新に限定されるものではない（cf. 後藤・武石 2001）。Schumpeter（1934）の提唱においても，新しいものを生産する，あるいは既存のものを新しい方法で生産することを意味している。ただし，**新しければ，あるいは進歩して効率的なシステムが導入されればイノベーションになるというわけではなく，「価値」として消費者（市場）に受け入れられて初めて実現するものであるという点が重要である**[15]。

上記を整理すると，新しい技術や取り組みがいかに優れており，実践的であっても，それが消費者に「価値」として受容されなければ，新しいイノベーシ

ョンにはならない。そのため本書におけるイノベーションは，**「消費者に知覚，認知され，価値として受容されうるもの」**という立ち位置をとる。それが世の中に根づいていくための条件であると考える。なお，**「従来の考え方」**を新しくしようとする内容も議論に含めるため，**本書ではこれ以降，「革新性」という用語を主に用いる**（ただし，先行研究のレビューは「イノベーション」の表現で統一する）。

❈小売のビジネス・モデル・イノベーション

本書では，消費者（顧客）価値の視点で小売のビジネス・モデル・イノベーションについて議論している Sorescu *et al.*（2011）を主に援用する。小売のビジネス・モデル・イノベーションは，単にモノを売るだけでなく「顧客の経験価値を演出する場が必要である」とされる[16]。そして，そのビジネス・モデルのイノベーションには，「店舗タイプ」（format），「活動」（activities），「統制・管理」（retail governance）を含んでいる必要があるという。店舗タイプとは顧客ニーズを満たす「接点の場」としての小売ミックス（品揃えの幅，売り場面積，販売方法など）を設計することであり，活動とは顧客経験を高める実際のマーチャンダイジング活動[17]を指す。統制・管理とは顧客が買い続ける・利用し続けるための仕組みづくり（ネット決済や購入システムなど）である。

その上で，彼らは，小売のイノベーションを「価値適応」（value appropriation）と「価値創造」（value creation）の2つの視点で議論している。価値適応は主に小売のオペレーションや効率性を高める「バック・システム」（田村2008）の視点であるため，終章でバック・システムとしてまとめて議論することとし，本章では，消費者との接点に関わる価値創造について議論を進める。

❈小売の価値創造

小売の価値創造は，「顧客効率」（customer efficiency），「顧客とのつながり」（customer engagement），「顧客有効性」（customer effectiveness）を検討することが必要である。

(1) 顧 客 効 率

顧客効率とは商品の届けやすさの視点であり，従来はロケーション（立地の良

88   第2部　食品スーパーの革新性

さ）でこの価値を満たしてきたが，近年，インターネットの普及や物流の発達
によって代替されうるサービスが登場している。そのため，**店舗においては立
地だけでなく，「より良く，より容易に買い物できるような新しい店舗タイプ」**
が求められている[18]。つまり，「**買い物行動の流れを変える**」ことにより，「**より
効率的に目的の買い物を達成する**」ための買い物や来店行動に対する革新の方向
性が考えられる（革新の方向性――仮説的視点 1 ）。

(2) 顧客とのつながり（エンゲージメント）

**顧客とのつながりとは，店舗が単なる買い物の場にとどまらず，顧客の感情的
関与を高め，いつでも思い出される存在（ブランド）になることである。**単に広
告で顧客の想起を促すだけではなく，他店とは違うユニークな品揃え[19]やタイ
アップ商品などによる多面的（さまざま）な付加価値によって，**顧客の「感情
的な買い物体験を高める仕組み」**である。

通常，食料品の買い物は義務的なものであり，食品スーパーでの買い物を楽
しいと感じている人はそれほど多くない。しかし，近年，その買い物の場を演
出することで，義務感を「ショッピング・モード」に切り替えさせようとする
動きが増えてきている。これは，消費者の食料品を買うという目標達成におけ
るプロセスそのものを楽しませることで（池田・村田 1991），来店者の快楽的
動機や店舗に対する感情的な関与（愛着）を高め（新倉 2005；青木 2011），買物
点数や購買単価の増加を見込もうとする方向性である。

つまり，小売とは，単に，モノの確保・在庫・移動といった機能的側面では
なく，顧客体験を演出するための空間を創り出すことで，従来の存在を超える
（これまでとは異なる存在になる）ことが可能となる（cf. Sorescu *et al.* 2011）。実
際，成功している小売企業は，実用性だけでなく，快楽的な価値も満たそうと
努力している（cf. Levy and Weitz 2009）。

これらの議論をふまえると，従来の価格競争の次元から抜け出すための 1 つ
の方向性のあり方は，消費のプロセスを演出する経験価値の次元にその競争を
移すことであろう（Pine II and Gilmore 1999；青木 2006）。

具体的な商品との出会いの場である小売店を 1 つの「消費体験の場」として
とらえるならば，いわば魅せ方（見せ方）が大切になってくる。これまで売り
場づくりといえば，品揃えの幅，売り場面積，販売方法などの抽象的な小売ミ

ックスの視点ばかりであった。しかし，店舗には，雰囲気，陳列の仕方や商品の見せ方といった「具体的な形状や大きさ，堅さ，色などをもった『ブツ』」（石原2009a，6頁）として実際の店舗を彩る，モノのあり方や見せ方としての「物象性」（石原2009a）が重要になってくる。

　感覚マーケティングの分野においても，商品の魅せ方やパッケージ・デザインが重要であることが指摘されている。とくに食品の場合，購入するまで味を確認できないことや，商品の視覚的な特性は購入を促すだけでなく，購入した後の消費者の味覚評価にも影響するという。たとえば，青果売り場で商品が新鮮に見えるように水を吹きかけることがある。これは，（水をかけるほど野菜は傷みやすくなるにもかかわらず）「おいしそう」と思わせることが鮮度の訴求に効果的であることを小売企業が知っているためである（Krishna 2013，邦訳）。

　こういった商品の魅せ方や魅力ある売り場づくりは，「イケア」（IKEA）の商品展示においても活用されている。イケアでは，まず入り口でイメージカラーの黄色と青のショッピング・バッグを手に持たせる。すると消費者は買い物モードになった状態で店内に入る。店内の通路は曲がりくねっており，まっすぐな通路はほとんどなく，あったとしても短い。その通路には，いたるところに雰囲気やタイプの違うインテリアの実例（ルームセット）が展示されている。これは，曲がり角を有効に活用することで，インテリアの実例に出会う機会を高めるためである。来店客にルームセットを丸ごと買ってもらうことを狙っているのではなく，魅力的な背景の中に商品を置くことで，消費を刺激することを意図している。ルームセットに置かれたテーブルを買うことはできなくても，テーブルの上に置かれた手頃な価格の花瓶なら買えるとイメージしてもらうための効果的な販促ツールである。イケアは，利用シーンや使っているときのイメージ，文脈を想起させることが消費者の気持ちを高め，「衝動買い」につながることを知っており，魅力を高める工夫を常に行っているのである（Kristoffersson 2014，邦訳）。

　このように，**従来の食品スーパーでの「義務的な買い物」を見直し，売り場の演出をはかり，「店舗内での買い物自体の楽しさ（ショッピング）」を演出するという買い物体験にもとづく革新の方向性が考えられる（革新の方向性──仮説的視点2）。**そのためには，他店とは異なる快楽的価値や経験価値を醸成する「ストア・デザイン」やストレスを感じさせない落ち着いた空間が重要になっ

90　　第2部　食品スーパーの革新性

てきている（Schmitt 1999；2003；Ailawadi and Keller 2004）。

　実際，こういったストア・デザインによって低価格競争から抜け出そうとする食品スーパーが増加しつつある。たとえば，本書で取り上げる高知県の株式会社サンシャインとの業務提携を経て，近年，関西で質の高いスーパーを積極的に展開している阪急オアシスなどがある。こういった動きはアメリカの方が先行しており，「ナゲット・マーケット」（Nugget Markets）や「ホールフーズ・マーケット」（Whole Foods Market）などの食品スーパーはオーガニック食材や地産地消の品揃えだけでなく，店内の雰囲気づくりにもこだわり，積極的に売り場を演出しようと試みている。

(3)　顧客有効性

　顧客有効性とは，「徹底した品揃え対応」である。顧客の潜在的なニーズを満たす商品を最大限，見つけ出せるように対応することで顧客の目的達成を向上させる価値である。単に品揃えを深くするのではなく，徹底した顧客へのサポート対応とロングテール的な対応が求められている[20]。

　業態とは，消費者の関与が高まるほど「売り場単位で判断される」ものであり，また「品揃えのパターンから識別され得る小売店舗のタイプである」（上原 1999）という意見もある。従来の「品揃え」の程度を超える徹底した品揃えによって顧客の知覚を変え，消費者の目標達成やこだわりに徹底的に対応していくことで，同質化に向かう競争を回避する1つの方向性になると考えられる（cf. 池田・村田 1991；余田 2004；延岡 2006）。

　しかし品揃えとは，単に商業者が膨大な種類の商品を「平坦に集める」というものではない。品揃えとは，消費者が1度の購買で買いたいと思う関連商品をより良く，より容易にするための売買の集中を実現させることを意味する（cf. 石原 2000）。

　EDLP（エブリデイ・ロー・プライス）などの低価格戦略を展開する小売企業の場合，ある程度の売れ筋に品目を絞り込み，仕入れにおけるバイイング・パワーを高めようとするが，消費者がカテゴリーに対して豊富な知識やこだわりがある「スナック菓子」や「レトルト食品」「日雑品」，購買関与が高い「調味料」などにおいてまで選択肢の幅を狭めてしまうと，その選択肢の少なさが消費者の不満につながる（cf. 高橋・德山 2012）。同様に，欠品の多さや品質の悪

第4章　小売の価値をふまえた革新の方向性　　**91**

さも消費者の比較検討の選択肢を狭めてしまう。そのため、「もしかしたらもっと良い商品を入手できたかもしれない」という機会損失のリスクを高めることとなり、売り場に対する不満は高まる。逆に、品目が無駄に多すぎても選択の困難性によって不満が高まってしまう。

つまり、多様な商品であふれかえっている世の中の現状において、商業者に求められている点は、もっと積極的に需要をとらえ、それに照らして必要な品揃え物を形成することである（石原 1999b）。言い換えれば、どのようなテーマ性をもって商品を集めてくるかといった「売り場（カテゴリー）の編集力」なのである。

これらの点からいうと、**従来の食品スーパーにおける品揃えを見直し、ある特定の売り場において、一般的な品揃えよりも幅と深さを大胆に拡充することにより、消費者にインパクトを与え、「売り場行動の流れを変える」ことにより、「選ぶ楽しさ」を演出する革新の方向性がある（革新の方向性──仮説的視点3）。**

こだわりの強いカテゴリーにおいて、特徴的で高品質な品揃えを行う食品スーパーには、首都圏の「成城石井」や「紀ノ国屋」、関西圏の「いかりスーパー」などが知られているが、グロッサリー商品をバラエティ豊かに揃え、それを演出することで近年、店舗数を拡大させている株式会社エースの「北野エース」の売り場にもその革新を見ることができる。

買い物行動、店舗内行動、売り場行動を操作していくことで、買物機会の増加、買い物カゴに入るアイテム数の増大、1アイテム当たりの単価向上が期待できるのであれば、そこに1つの競争優位性があるということであり、それが新しい革新の方向性になると考えられる。

5　スクリプトの階層構造にもとづく革新の方向性──仮説

ここまでの議論を整理する。本章では、食品スーパーの革新性を検討するにあたり、消費者の行動パターンの認知構造体であるスクリプトの概念を用いて議論を進めてきた。まず、消費者の買い物価値について整理した。**消費者は単に実用性を満たすだけでなく、自らの生活スタイルに合う買い物をしたり、サービスを受けたりしたい。そのためには、実用性に加え、快楽性や社会性といった**

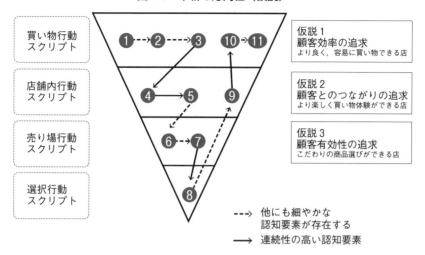

図 4-2 革新の方向性（仮説）

価値が求められている。この点をふまえ，革新の方向性を議論するために，ビジネス・モデル・イノベーションを援用し，スクリプトの階層（水準）ごとに，消費者が購買行動を通じて得られる価値について整理してきた（図4-2参照）。

　まず，**買い物行動スクリプトにおける革新性は，顧客効率を重視したロケーション（立地の良さ）とともに，より良く，より容易に買い物できるような新しい店舗タイプの存在がありうる**，という点である。

　店舗内行動スクリプトにおける革新性は，小売は単なる買い物の場ではなく，感情的な買い物体験を高める場を設計していくことである。そのためには，ワクワクする空間やストレスを感じさせない落ち着いた雰囲気の中で，五感が刺激され，顧客と店員（あるいは顧客同士が）交流できるような店舗づくりによって顧客に「感情的なつながり」をもってもらえるような存在（ブランド）になることである。

　売り場行動スクリプトにおける革新性は，顧客有効性を高めるような「徹底した品揃え」や「顧客対応」である。

　では，こういった買い物行動におけるそれぞれの価値を消費者に認識してもらうためには，どのように価値を操作していけばいいのだろうか。この点を検討するために，次の第5章からは先端事例を取り上げて検討していく。

第4章　小売の価値をふまえた革新の方向性　　93

注───

1 一方で，消費者に受容されず消えていく事例が多いのも事実である。

2 ヴィレッジヴァンガードのホームページ，事業内容を参照（http://www.village-v.co.jp/comp any/overview/：2016 年 6 月 4 日アクセス）。

3 『HIRAKATA T-SITE──枚方から始まる新しい百貨店のカタチ』（パンフレット）を参照。

4 「グローサラントの成果と課題──成城石井」『食品商業』2017 年 12 月号を参照。

5 『販売革新』2016 年 8 月号を参照。

6 消費者に受容されるためには，明確な目標と，それを現場で「実践できる」だけの具体的なビジネス・モデルをもつことが重要となる（cf. Sorescu *et al.* 2011）。

7 EDLP（エブリデイ・ロー・プライス）タイプや低価格を追求する小売企業（たとえば，オーケーストア）もいくつか登場しつつあるが，ここでは従来の流通研究における業態革新の側面とは異なる視点で検討すること，および価格競争を回避することが同質化する市場から抜け出す方向性であると考えることから，低価格路線以外の方向性を前提とする。

8 第 3 章で行ったインタビューを参考にしている。

9 ここで示すようなコストや犠牲とは，商品の価格だけでなく，その商品を獲得するために要した手間，移動費用，うまく使えなかったときのリスク，メンテナンスなども含まれる（Ravald and Grönroos 1996）。

10 Zeithaml 1988, Butz and Goodstein 1996, Ravald and Grönroos 1996, Anderson and Narus 1998 など。

11 これらの次元以外にも，Lin *et al.*（2005）や Ruiz *et al.*（2008）は，買い物価値の下位次元として，独自性のあるサービスや売り方を通じた価値があることを主張した。

12 たとえば，Holbrook and Hirschman（1982），Davis and Hodges（2012）など。

13 さらにいうならば，食品スーパーの場合，製品の品質価値にそれほど差がなくても，サービス提供の差で価値は変わってくる。具体的には，魚を鮮魚のまま売るのではなく，時間帯に応じて加工度を高め，刺身やフライ，寿司にすることで商品の価値向上につながる。これは加工度というサービス価値の提供でもある。

14 たとえば，店舗での滞在時間を短縮できるように事前に比較や検討ができるアパレル用のアプリなどである。

15 後藤・武石（2001），武石・青島（2001），Pantano（2014）より。

16 小売のビジネス・モデルを検討する場合，小売とは「他社が作った製品を販売すること」であり，また「最終消費者との接点を持つ」という前提を置いた上で議論している。

17 ここで示すマーチャンダイジング活動は,，仕入・発注・管理・陳列といった日常の業務にとどまらず，店舗デザインやディスプレイ，製品ミックス，価格政策，コミュニケーション，サプライチェーンまでの幅広い業務を含む。

18 Sorescu *et al.*（2011）では，店舗内店舗（store within store）や自動購入システム（automated selling）などのことを示している。

19 Sorescu *et al.*（2011）では，たとえばウォルマートが取り組んでいるサステナブル商品（フェアトレードや生産者を保護する適正な取引）を取り扱っていることを指している。

20 この視点は，顧客とともに作り上げること（customer co-creation）が前提となっている。

買い物行動スクリプトの革新性
―― 事例：まいばすけっと ――

はじめに

　第4章では，消費者の食品スーパーに対するスクリプト構造を階層で分類することで，買い物行動，店舗内行動，売り場行動に分けて革新の方向性を検討した。第5章から第8章までは，それぞれの方向性（仮説）にあてはまる先端事例を取り上げ，「実践的な要素として何が必要なのか」を検討することで，実務的インプリケーションを導出していく。

　ただし**事例を抽出する場合，単にユニークさを狙ったベンチャー・ビジネス的なものではなく，ある程度の規模で確立された売り方のスタイルが必要である**と判断した。そこで，事例を取り上げる前提条件として，日本チェーンストア協会の入会資格規定である「チェーンストアを営む小売業法人であって，11店舗以上または年商10億円以上」の条件を満たす小売企業をいくつか取り上げてみた。その候補の中から，その企業の成長性に加え，ある程度の情報が確保できることを条件に，雑誌やメディアで自社の取り組みを公開している企業に絞り込んだ。

　この条件をふまえ，

　仮説1　顧客効率の追求：より良く，容易に買い物できる店（買い物行動スクリプトの革新的事例）には「**まいばすけっと**」，

　仮説2　店舗内経験の追求：より楽しく買い物体験ができる店（店舗内行動スクリプトの革新的事例）には「**サンシャイン**」と「**阪急オアシス**」，

　仮説3　顧客有効性の追求：こだわりの商品選びができる店（売り場行動スク

リプトの革新的事例）には「**北野エース**」
を取り上げ，それぞれの取り組みを概観していくことで，革新の方向性を検討
していく。

1 まいばすけっとの概要

　買い物行動スクリプトにおける革新性には，顧客効率を重視したロケーショ
ン（立地の良さ）に加え，「より良く，より容易に買い物できるような新しい店
舗タイプの存在」が該当することを先に示した。

　この小売タイプの先端事例として，イオングループのミニスーパー「まいば
すけっと」が該当すると考えられる。まいばすけっとは，「都市型小型スーパ
ー」と呼ばれている小売タイプで，2005 年 12 月に横浜市に 1 号店を出店した
後，2011 年にイオングループから分社化，2014 年には 450 店舗を展開し，そ
の時点で黒字に転じた。出店している地域は，東京 23 区と横浜市，川崎市，
北海道札幌市に集中（限定）したドミナント戦略であり，この数年で急速に店
舗数を伸ばしており[1]，2017 年 2 月時点で 637 店舗を展開している[2]。

　その後，まいばすけっとに追随する形で，2009 年には，（同じくイオングル
ープと資本関係にある[3]）マルエツが類似の店舗「マルエツプチ」を出店し，
2017 年 2 月時点で 67 店となっている。ほかにも，「成城石井 SELECT」や東
急ストアの「フードステーション」，「イトーヨーカドー食品館」，ユニーの
「mini ピアゴ」（生鮮コンビニのミニスーパー）など，多くの小売企業が都市型
小型スーパーを模索しつつある。この状況において，**まいばすけっとは，都市
型小型スーパーとして，他社を大きくリードしており，立地の良さと利便性の高
さで消費者に受容されている先端事例である。**

　その成功の背景には都心部の人口変化も関連する。人口減少が進む国内にあ
っても，東京都の人口は地方からの流入が続いており，2010 年から 2020 年に
かけて 1.4%の増加が，23 区では 2.3%の増加が予想されている。しかし，都
心部では，自宅近くで主な食品を購入したくても，食品スーパーが近くにない
場合が多い。また，高齢者などの買い物弱者も多い。こういったニーズを背景
に，**まいばすけっとはこれまで食品スーパーが出店してこなかった場所にも積極
的に出店している。**

96　　第 2 部　食品スーパーの革新性

　たとえば，自動車修理工場やレンタルビデオ店，コンビニエンス・ストアが退店した跡地など，1等立地でない2等・3等立地でも出店してきた。たとえ，入り口が狭く，奥が広い物件であっても出店する[4]。店舗面積は平均45坪と，コンビニエンス・ストアと同程度の大きさであり，**食品スーパーの約半分の面積しかないものの，1人当たりの買物点数は10点前後**と[5]，一般的な食品スーパーと変わらない。ただし，コンビニエンス・ストアのように24時間営業はせず，6時から24時までの営業時間内でとどめている。商圏は半径300 mから500 m圏内を想定しており，幅広い年齢層が利用している。

2　まいばすけっとの売り場づくり

　「**近い，安い，きれい，フレンドリィ**」をコンセプトとした**店舗づくり**で，ネーミングのとおり，「バスケット」（買い物カゴ）を前提にしていることから，店舗入り口横に買い物カゴを設置している[6]。壁面に冷蔵ケース・冷凍ケースを配置し，入り口付近に，生鮮3品，日配，加工品などを中心に揃える。売り場の構成比もこれらのカテゴリーが多くを占めており，冷凍食品，飲料などの

食品で売上の95%を占めている[7]。

　品揃えの特徴は，**イオングループのPB商品（トップバリュ）を併用しながら，売れ筋の2000品目を中心としたGMS（総合スーパー）並みのEDLPを実現している**。たとえば，おにぎりは1個64円，オーストラリア産サーロイン・ステーキ約300グラムを370円で[8]，弁当は299円から399円を中心に，アルコール類もコンビニエンス・ストアより安く品揃えしている。8％の消費税を税込表記にしていることも，利用者にとってわかりやすい。また，カテゴリーごとに賞味期限や消費期限がせまった商品の割引率が決まっており，30％値引きをしている商品が必ずある。

　基本的な品揃えは1アイテム1SKUに絞っており，販売方法も，少量パック，ばら売りを中心にしている。たとえば，きゅうりなども1本からの購入が可能であるため，非常に便利である。このように売れ筋の商品を低価格で，少量パックやばら売りにすることで，**必要なものを必要なだけ購入できる**。結果的に，**他のコンビニエンス・ストアや食品スーパーよりもバスケット合計額で低額に抑えられるため，主婦や単身者から支持されている**[9]。

　利用者に人気の高い冷凍食品や加工食品以外にも，日配品，洗剤や掃除用品，文房具などの生活用品も多少扱うことで，利用者のニーズに沿った品揃えを行う[10]。ただし，コンビニエンス・ストアのような，銀行等の振込や宅配便の荷物の配送・受け取りなどの細やかなサービスには対応せず，従業員は小売業本来の接客業務を中心に行っている。

3　売り場を支える仕組み

　上述したように，**従業員の仕事は，店舗運営に関連するレジ・陳列・清掃といった基本的な接客サービスを中心とした，シンプルなオペレーションに絞り込んでいる**。自動発注により，**作業の省力化も図る**[11]。正社員は店長のみで（1人の店長が複数の店舗を管理することも多い），あとはパートタイマーが主体的に運営する[12]。バックヤードを持たず，**商品はすべて（店舗外でパックにした）アウトパックで対応し，店舗も（以前その店舗を使用していた業者が残した設備などの）居抜き物件を再利用するため，出店コストを3000万円前後で済ませる**。

　生鮮の品質管理は，イオングループで勤務した経験のある店長が担当してお

表5-1　まいばすけっとのビジネス・モデル

コンセプト「近い，安い，きれい，フレンドリィ」			
都市型小型スーパー（ミニスーパー）	店舗施設／ストア・デザイン	マーチャンダイジング	サービス／サポート
フロント・システム	・2等・3等の立地，ドミナント戦略 ・店舗面積は，平均45坪（コンビニ・サイズ） ・商圏は半径300mから500m圏内 ・6時から24時までの営業（24時間営業はしない）	・生鮮・日配・冷凍食品，加工品が売上の中心 ・イオングループのPB（トップバリュ）を品揃え ・売れ筋商品を中心に2000SKUを揃える ・EDLPで，コンビニより安い価格 ・基本的には1アイテム1SKUに絞る ・少量パック，ばら売りが中心	・多様なサービスはカットし，店舗運営と接客に注力
バック・システム／組織体制	・バックヤードを持たない	・生鮮は，納品後に検品して品質の悪いものは即返品するオペレーションを徹底	・ローコスト・オペレーションの徹底（作業内容はレジ・陳列・清掃が中心）
	・居抜きで，出店コストを抑える ・イオングループの物流網，ドミナント戦略による効率化，作業量の平準化		

り，納品後に検品して**品質の悪いものは即返品する**といったオペレーションが徹底されているため，鮮度の良いものが売られている。

物流網はイオングループのインフラを使い，（一定の地域に集中的に出店する）ドミナント戦略によって効率性を重視している。また，あえて繁盛店をつくらないことで，作業量を平準化する。

これらの取り組みを整理したものが表5-1である。この取り組みによって，小商圏型の店舗の競争が激化している近年においても，まいばすけっとの既存店の売上は好調である。

消費者にとっては，安くて便利であり，自宅やオフィスのすぐ近くで売れ筋の商品が買えることから「冷蔵庫」の役割を担う。このまいばすけっと事業の開発理由について，イオンの岡田元也社長は，「どうして都心にはコンビニエンス・ストアしかないのか？　どうして都心のスーパーマーケットの値段は高いのか？」という素朴な疑問が発端になったという。「都心には富裕層しか住

んでいないのか？　そうでないならば，お客さまは生活にとても不便されているはずだと考え，まいばすけっとを開発した。するとお客さまから大きく支持を受け，あっという間に 450 を超える店数になった」[13]とコメントしている。この消費者の「**不便を解消する（コンビニよりも，食品スーパーよりも安く便利な）**」ビジネス・モデルが，まいばすけっととして具現化されたのである。

　来店客層は，地元客が多く，20 代から 30 代の男女，年配者から主婦層までと幅広い客層が利用している。**目的買いが中心で，棚の前であまり悩む様子もなく，購入・買い物にかける時間は短い。**

　これを，消費者のスクリプトの視点で考えれば，コンビニエンス・ストアほどの気軽さはないが，食品スーパーよりも近くにあり，必要な食材を中心に，比較的安く，簡単に買い回りできる。また，「ばすけっと」という名前を店名に示したことで，バスケット（カゴ）を利用する食品スーパーとしての印象が強く働き，消費者は食品スーパーのスクリプトを用いながら，店内を行動することになる。つまり，一般の食品スーパーよりも自宅から近い場所にありながら，売れ筋に品揃えを絞っているため，必要なものが気軽にすぐ買える。これはコンビニエンス・ストアの即時性ニーズと競合するものだが，**売れ筋で質の良い生鮮食品を，安く容易に購入できるという点で，消費者に受容されている**（この場合，買い物行動スクリプトだけでなく，スクリプトの階層全体がコンパクトになる）。

　この事例から学ぶべき点は，**より良く，より容易に（効率的に）目的達成したいという買い物ニーズへの対応が 1 つの価値であり，その価値にもとづく店舗が存在しうる**ということである。

　次の第 6 章と第 7 章では，顧客とのつながりの追求――より楽しく買い物体験ができる店としての「サンシャイン」と「阪急オアシス」を，分析することで，店舗内行動スクリプトの革新的事例としてのあり方を探っていく。

注

1　「小型スーパー『まいばすけっと』，コンビニの間隙突く――イオン，都市部で出店加速。」『日経流通新聞』2012 年 2 月 29 日 5 面掲載。

2　イオン株式会社ホームページ 財務・業績情報（https://www.aeon.info/ir/finance/capex.html：2017 年 10 月 6 日アクセス）を参照。

3　「マルエツ・カスミなど 3 社が統合――イオンと丸紅が株保有」『日本経済新聞電子版』2014

年 10 月 31 日（http://www.nikkei.com/article/DGXLASFL31HCU_R31C14A0000000/：2018 年 8 月 8 日アクセス）。

4 注 1 に同じ。

5 「イオンの小型スーパー『まいばすけっと』──都心の空白 安値で埋める」『日経流通新聞』2013 年 1 月 21 日 1 面掲載。なお，一般的な食品スーパーの 1 人当たり平均買物点数は，全体では平均 10.0 点で，中央値も 10.0 点となっており，まいばすけっとと大差ない。食品スーパーの売り場面積別にみると，800m^{2}未満の店舗では平均 8.9 点，1600m^2 以上の店舗では平均 10.7 点と売り場面積が大きいほど 1 人当たり平均買物点数も多くなっている。立地環境別にみると，駅ビル・地下街で 7.6 点と最も少なく，郊外ショッピングセンター，郊外独立店舗で 10.8 点，10.9 点と多い（『平成 26 年 スーパーマーケット年次統計調査報告書』より引用）。

6 店舗の入り口周辺のスペースが狭い場合，店内入ってすぐの辺りに買い物カゴを設置している。

7 「小型スーパー『まいばすけっと』コンビニの間隙突く──イオン，都市部で出店加速。」『日経流通新聞』2012 年 2 月 29 日 5 面掲載，および「イオンの小型スーパー『まいばすけっと』──都心の空白 安値で埋める」『日経流通新聞』2013 年 1 月 21 日 1 面掲載。

8 『月刊激流』2017 年 7 月号を参照。

9 「イオンの小型スーパー『まいばすけっと』──都心の空白 安値で埋める」『日経流通新聞』2013 年 1 月 21 日 1 面掲載。

10 注 8 に同じ。

11 「まいばすけっと──イオンの都市シフトを牽引 1000 店舗体制に向け出店拡大」『DIAMOND Chain Store』2016 年 2 月号。

12 注 11 に同じ。

13 「まいばすけっと 最新の売場と事業モデルに迫る！黒字化を果たしたイオンの切り札 17 年 2 月期，1000 店舗の勢力に」『Chain Store Age』2014 年 6 月号より引用（なお，この雑誌の引用元は 2014 年 4 月 1 日「イオン入社歓迎の集い」挨拶よりと記載）。

第6章

店舗内行動スクリプトの革新性①
── 事例：サンシャインチェーン ──

はじめに

　近年，大手食品スーパーの多くは，リニューアルと同時に快適な店舗空間を演出する傾向にあるが，本章で紹介するサンシャインは，大手が取り組む以前から売り場空間の演出に注力してきた企業である。そのため，事例の取り組みとしてはやや古いものの，都心部では阪急オアシスがこのサンシャインと提携しながら，高質食品専門館（この用語は7章で説明する）を展開しており，成長を続けている。そこで本章ではサンシャインを，次章では阪急オアシスの取り組みを分析することで，ストア・デザインとそこでの価値の演出に対する知見を深めていくことにする。

　なお，この事例は，サンシャイン本部の方々[1]へのインタビューにもとづきながら，同社ホームページ，および，雑誌や新聞などに掲載された記事で補完したものである。以下，とくに断りがないものはすべて，インタビューにもとづいたものである。

1　サンシャインの概要と取り巻く背景

　サンシャインが本社を置く高知県の人口は 2005 年頃の 80 万人をピークに年々減少している。高知県の県民所得は全国ワースト 2 と低く[2]，失業率も高い。さらに景気の低迷が消費者の低価格志向を促したことで食品スーパーの経営を圧迫してきており，2002 年から 2008 年の 6 年間で高知県下の食品スーパ

ーは40店舗が閉店に追い込まれるという状況にあった。このような状況にあってサンシャインは「食はファッション」であるとし，「楽しさ」と「本物志向」の実現によって「高質スーパー」に生まれ変わり業績を伸ばし続けている。

　この高質スーパーの推進と毎年全国から多くの見学者を受け入れることが評価され，農林水産省後援による「第29回食品産業優良企業等表彰式」における食品流通部門で牧野正幸会長（当時）が農林水産大臣賞を受賞し（財団法人食品産業センター，財団法人食品流通機構改善促進機構共催），日本セルフ・サービス協会（現全国スーパーマーケット協会）の第2回「ベスト店長大賞」の1人にサンシャイン「カルディア店」の店長が選ばれている[3]。

　とりわけ，購買意欲を高めるストア・デザインをどのように実践しているのか，それが消費者（顧客）にどのような価値を提供しているのかという点を検討するために，本章ではSchmitt（2003）の5つの経験価値[4]（五感に訴えかける感覚的経験価値としての「SENSE」，経験を通じて発生するポジティブな気分や楽しさといった情緒的な経験価値の「FEEL」，顧客の創造力を引き出し知性に訴えかける「THINK」，新しい体験や相互作用を通じてライフスタイルを提案する「ACT」，コミュニティや準拠集団，文化との関わりとしての「RELATE」）の枠組みと，その5つの経験の価値接点を構築するための顧客インターフェイス，全体的な顧客との接点を管理する顧客経験マネジメントの枠組みに沿って確認していく。

2　サンシャインの方針

　サンは太陽，シャインは輝くという意味であり，万物を愛し，暖め，育む太陽のような存在，つまり，その地域社会になくてはならない「お買い物広場」を目指して，サンシャインは四国一円にチェーン店の展開を図り，本部直営店を核として豊かな地域社会創造のために邁進するという方針をとっている[5]。このサンシャインという名前は「高知主婦の店」という創業時の商号から新時代のイメージに対応するために，コーポレート・アイデンティティの一環として1986年に商号変更を行ったものである。

　「食はファッション」であり，「リッチでいい雰囲気の中で楽しくショッピングしたい」という消費者の価値観に応えるため，地域密着型の「アミューズメント，アメニティー，ストーリー性を演出した癒しの空間づくり」を基本コンセプトに

「鮮度，旬，本物のおいしさ，割安感」と「地産地消，安全・安心，健康（ヘルシー）」を追求し，「確かな品質，価値ある商品」をその価値よりも安く，納得のいく価格で販売する店舗づくりを展開する。これを「高質スーパー」と定義しており，業績を伸ばしている店舗はすべてこの方針で展開している。

　サンシャインは資本金1億円，創業1961年4月であり，2018年9月時点でチェーン加盟10社の店舗を含めて32店舗（直営店は16店舗[6]，チェーン店16店舗）を展開するグループ年商400億円の食品ボランタリー・チェーンである[7]。ボランタリー・チェーンはレギュラー・チェーンよりも加盟店の協力による運営が重要となる。最大加盟企業の株式会社サンシャイン佐川の離脱もあったものの[8]，その店舗を本部が買い取り，強力な本部の指導体制の下，2009年にすべての直営店で高質スーパー化が完了したという[9]。

3　サンシャインの売り場づくり——ブランド価値を高める施策

※活力を感じさせるストア・ネームと店内の雰囲気「SENSE」

　「カルディア」（CARDEA），「ベルティス」（BERTIS），「リオ」（LIO），「クラージュ」（Qurage），「オリビオ」（ORIBIO），これらはすべてサンシャインの店名である。

　たとえばカルディアとは，「ローマ神話で『家庭生活を司る』女神であり，私達は地域の皆様が生活していく中で，この地域になくてはならない太陽のような存在として，『おいしさと楽しさ』を与え続けられる店を目指します」（「店名に由来するコンセプト」インタビュー時の資料より引用）。

　このような意図をもって各店ごとに異なるストア・ネームを付けている[10]。プロトタイプ（実験）店のカルディア店以降にリニューアルされた店舗は，サンシャインの企業名よりもストア・ネームが大きく掲げられており，それぞれの店が地域に愛されることを目指している[11]。店内に入るとストア・ネームと一貫した**温かみのある照明とパステル調の内装，立体感のある売り場やディスプレイが来店客の気分を盛り上げる**（写真①）。

　なぜこのような雰囲気の店舗を設計しようと考えたのか。そのきっかけはサンシャインを取り巻く2つの環境要因の変化であった。

　1つめの要因は，競争環境の激化であった。2003年当時，従来型の食品ス

写真① サンシャインの店内の雰囲気 (サンシャインチェーン本部提供)

写真② 立体陳列とライブ販売（マグロ解体）の様子 (サンシャインチェーン本部提供)

ーパーであったカルディア店をめぐる状況は，本拠地を香川県に置く「マルナカ」や愛媛県に本拠地を置く「フジ」，高知県に本拠地を置く「サニーマート」の既存店の増床といったものであり，競争環境の激化から同社の売上が大きく低下していた。さらに，当時，業務用ディスカウント店の「業務スーパー」が台頭しつつあり，低価格化路線では体力的に勝負にならないことから，従来とは異なる方向に向かう必要があった。

　この新しい方向性と関連するもう1つの要因は，食のファッション化，すなわち，食事そのものを楽しみたいという食文化の変化であった。この変化をいち早く取り入れ，2003年にカルディア店を高質スーパーへとリニューアルしたことを契機に，サンシャインの高質スーパーへの転換が大きく動き出したのである。

　店舗の雰囲気を感じながら，店内に目を向けると，そこには立体的に陳列されたカラフルな果物や野菜が視界に飛び込んでくる（写真②）。来店客が増える夕方の時間帯には，オープン・キッチン化された惣菜売り場や鮮魚売り場[12]をはじめとする各売り場で，マグロ解体の実演販売，カツオのタタキ実演販売，従

業員が独自に考えた料理を自分で実演・説明しながらの調理，フライヤーでの揚げ物の調理，独自化商品の紹介など，店内アナウンスを使いながら臨場感あふれるパフォーマンスが実施される。

　売り場にはスクリーンも併設されており，来店客はフライパンでの調理やマグロを解体する手元の様子を大きな映像で見ることができる。このような販売方法は「ライブ販売」と呼ばれている。**実演や映像を見ながら（視覚），店舗内に充満する料理の香り（嗅覚）と説明や調理音（聴覚），試食による味覚や触覚といった五感を刺激するものであり，「お客さまは口ではなくて脳で食べる」**[13]という竹島氏の持論を実現しているのがこのライブ販売であり，SENSE（感覚的経験価値）と関連するものである。そして，この臨場感のある売り場が顧客の買い物の意欲を駆り立てていく。

❖豊富な試食と買い物の楽しさを伝える陳列「FEEL」

　ライブ販売が行われる売り場は多く，ベルティスなどの大きな店では20カ所ほどで試食ができる[14]（写真③）。働く女性の割合が全国平均を上回っている高知県では，多くの女性は仕事後の夕方5時以降，食品スーパーに行ってから献立を考えているという。このような働く女性にとって，家族の食事のためにする「買い物」は義務的で苦痛を感じるものであるとサンシャインでは考えており，温かい雰囲気の店舗でさまざまな試食を通じて食の楽しさを実感してもらい，**悲壮感を感じさせる「買い物」から働く女性のステイタスとしての「ショッピングの場」，すなわち「買い場」**[15]として買い物自体を楽しんでもらいたいという思いがある。食品スーパーは毎日来ていただく店であるため，ファッション性やトレンド，ブランド，リッチさなどが大切である[16]。しかし，高質スーパーの雰囲気が高価格と想定されてしまう可能性もある。

　そのため，**「高質＝高価格」というイメージを払拭しつつ，立体的な商品陳列によってワクワク感を醸成し，買う楽しみを高めるマーチャンダイジング**（MD）に独自の「MDマトリックスの法則」を用いている（図6-1）。これは価格を横軸に，価値・品質を縦軸に置いたときに，それぞれの象限にもとづく商品構成比を示したものである。

　右上の第一象限には，こだわりのある商品やオリジナル商品，差別化商品が該当し，品揃えにおける全体構成の20％を配置する。「安全・安心・おいし

写真③　試食の様子（手前中央あたり）（サンシャインチェーン本部提供）

図 6-1　MD マトリックスの法則

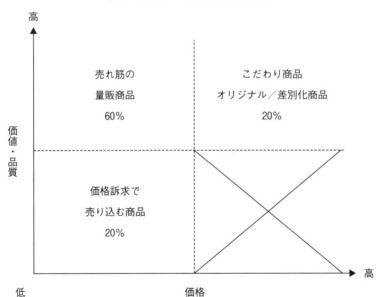

（出所）「スーパーマーケットの店長会議」2008 年 9 月, vol. 2（10 頁）に加筆修正。

さ」を標榜しつつ，サンシャインにしか置いていない商品が位置づけられており，食べてみておいしさを実感できるものが該当する。「店格」を高める商品であり，食の楽しさやおいしさを伝えることで販売する商品群である。

第 6 章　店舗内行動スクリプトの革新性①　　107

左上の第二象限には，売れ筋の量販商品が該当し，全体構成の60％を配置する。これは季節感や旬を感じさせる商品であり，値頃感を訴求し，より多く販売することで粗利益を得る商品が該当する。そのため，品揃えの豊富さとフェイスの見せ方の工夫（立体陳列）で売っていく商品群である。

　左下の第三象限には，他社にも負けない価格訴求で売り込む商品が該当し，全体構成の20％を配置する集客力につながる商品である。その一方で，価格で比較されやすい商品群であるため，他社の動向を調査しながら安さで地域一番店を実現する。食品スーパーとしての競争機能をここで担うことから，品質，安全，安心といった価値を保持しつつ商品の割安感を訴求することが大切である。この商品群は，ライバルと決めた競合店を午前と午後，定点観測し，鮮度と安さで勝つということを目指す[17]。なお，高価格で低品質という商品が該当する右下の第四象限は当然ながら設定していない。

　この3つの領域をカバーしたマーチャンダイジングによって「他店との競争には参加するが，価格競争には入り込まないポジショニング」をとる。つまり，店のこだわり商品を訴求しながらも，旬の商品・売れ筋，価格で買われていく商品まで用意することで，幅広い品揃えによって比較購買の楽しさを演出する。これによって，価格だけで買う客は他の店に行ってもらい，おいしさと感動で商品を選び，喜んでもらえる方にだけ来店してもらえればいいと考える[18]。

　MDマトリックスの法則はすべての高質スーパーで展開されており，価格以上の価値と買い物の楽しさを感じてもらう。この商品への徹底したアピールが高質スーパーのマーチャンダイジングの特徴である。このように比較購買を楽しむショッピングの提供が，楽しいという感情につながるFEEL（情緒的経験価値）を高めるのである。

❖コト情報の店内広告と鮮度の見える化「THINK」

　とくにこだわりのある商品やオリジナル商品，差別化商品をはじめ，店内の主だった売り場には多くのPOP（point of purchase）がある。このPOPは基本的にはすべて従業員が実際に食べてコメントを書く。買い物客の知りたい情報を楽しく伝える「コトPOP」と呼んでいる[19]（写真④）。POPはこのような食に関する情報を伝えていく啓蒙的な活動[20]としても重要とされている。

　さらに商品の訴求方法として，こだわり商品には濃い緑色，地産地消の商品

写真④　商品間の差別化を図るコトPOP（サンシャインチェーン本部提供）

にはえんじ色，健康に配慮した商品には紺色のPOPを使い分けて商品間の差別化を図っている[21]。

　とくに鮮度管理の方針をPOPという形で示していくことで，目に見える形での安心と安全を伝えるようにしている。標榜するだけではなく，そのオペレーションも徹底している。朝，とれたての魚は，市場を通さず，漁業協同組合から直接仕入れ，その日のうちに完売し，翌日に持ち越さない。刺身は6時間を過ぎたものは値引き販売していき，その日に売り切る。ほかにも干物，牛乳，牛肉なども当日で売り切る。このような鮮度に対する徹底したこだわりを「超鮮度」と定義し[22]，店内には大きな「鮮度宣言」のPOPを展開している。果物でも「おいしさ宣言」ということで，最低糖度基準を明確にし，その基準に達しないものは絶対に取り扱わない。定番商品には国産以外は置かないという徹底ぶりである[23]。

　このように鮮度を「見える化」することで，示されることがなければ気づかなかった点を考えさせること（THINK——創造的・認知的経験）で，顧客もサンシャインの方針を理解していく。

　ほかにも，店内にはその店の売れ筋ランキング情報が多く提示されている。とくに時間がない顧客の場合は，この情報を見ながら時間を集約化して効率よく買い物してもらうことを狙う。

◈従業員との積極的な対話としての「ACT」

　店舗設備といったハード面やユニークな仕掛けだけでは，楽しさはつくれない。顧客とのフレンドリーな関係を構築するための「人財」の育成こそが重要

であるとしている[24]。実際，サンシャインチェーンの中でもトップクラスの試食販売員がライブ販売をすると，1日に寿司バイキングで6000個売れるという[25]。直営店の場合，このライブ販売は販売のプロである「マネキン」を雇うのではなくサンシャインの社員（従業員）が実施している。この人財への投資と育成が高質スーパーの必要条件であるとしている。

とくに重要なのが，「価格は目に見えるが，価値は見えない。その価値を従業員が自らの言葉で表現することで顧客に具体的に訴えていくことによって，『価値の見える化』を従業員に徹底させている」[26]ことだという。つまり，**従業員自らが顧客に積極的に表現し，語りかけ，対話することで商品の価値を生み出しているのである**。これは顧客と従業員との相互作用によって，より顧客の生活を豊かにすることを目的とするACT（肉体的経験価値とライフスタイル全般）である。

※地産地消「直産市」による「RELATE」

高質スーパーのほとんどの店舗には，入り口近くに位置する場所に青果が多く並ぶ「直産市」売り場がある（写真⑤）。当初は6名の生産者の参加からスタートした「直産市」は，いまでは1800名の兼業農家が登録しており，来店者の多くが立ち寄る売り場となっている。食品スーパーの場合，11時30分から13時30分，16時30分から17時30分に集客のピークがあるが，開店直後の午前中の集客が非常に弱いため，その集客を高めるための施策を，他社と異なる視点で展開したいというところから「朝市（産直市）」の施策につながっていった。**安心・安全を伝え，地域の生産者とのつながり，地域の食文化とのつながりを通じた地産地消によって地域との絆としてのRELATE（準拠集団や文化との関連づけ）を大切にする**。生産者と消費者の懸け橋になろうとすることこそ，地域に生きる地域高質スーパーの使命でもあり，小売業の使命であろう。

直産市の青果は直接，生産者が店頭に納品し，何を置いても良い。生産者の名前の入った商品の価格も生産者が自由に決めることができる。売り場には生産者の顔写真が貼ってあり，POPやコメント自体も農作物を作った生産者の方に書いてもらっているという。この生産者ごとに顧客がついている場合もあり，生産者の登録が増えれば増えるほど同じトマトでも多様な種類が陳列されることで選ぶ楽しさも増えるのだという。「○○さんのトマトだから買いたい」

写真⑤　直産市売り場の様子（サンシャインチェーン本部提供）

といった意見も聞かれており，評判も良くリニューアルする店舗ごとに売り場も拡大してきている。なお，2004年からは全国初の試みとして，新たに開発した「生産者向け売上情報通知システム」によって個別売上情報を日に3回，生産者の携帯メールへ送信している。これによって品切れ，品薄がなくなり，いつも新鮮な品物があふれる売り場になったという。

4　売り場を支える仕組み──顧客接点と顧客経験マネジメント

　通常，店に対して不満があったとしても「言わない」か，あるいは，そのまま来店しなくなる。そこで，従業員がライブ販売を通じて顧客と対話する中で得た「お褒め」の言葉，「お叱り」の言葉といった顧客情報を，サンシャインチェーン本部社内のイントラネットの掲示板で共有することで，目に見えない負の部分の解消を行っているという（図6-2）。また投書の意見は全部店内に貼り出すことで，顧客の意向を反映した店づくりであることを顧客にも示すようにしている。
　一方で，従業員の7割を占めるパート社員のやりがいや自己成長を促すために，「コトPOPコンテスト」，2010年の創業50年を機会に業務改善とサービ

図 6-2 イントラネット上の掲示板

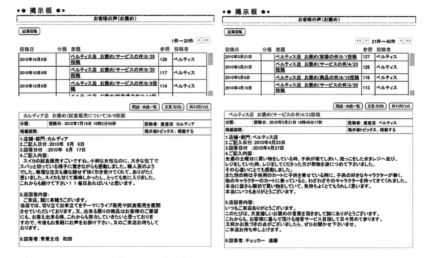

（出所） サンシャインチェーン本部より提供。

表 6-1 サンシャインのビジネス・モデル

コンセプト「アミューズメント，アメニティー，ストーリー性を演出した癒しの空間づくり」			
高質 スーパー	店舗施設／ストア・ デザイン	マーチャンダイジング	サービス／サポート
フロント・ システム	・活力を感じさせる ストア・ネーム ・来店者の気持ち （ワクワク感）を 高める店舗デザイ ン，立体的な陳列	・ライブ感を演出するさまざまなパ フォーマンス ・多くの試食を用意し，買い物の楽 しみを高める ・MD マトリックスの法則 ・POP の活用による食の背景や楽 しみの伝達，鮮度の見える化 ・地産地消の直産市売り場	・社員によるライブ販 売と，それを通じた 顧客との対話
バック・シ ステム／ 組織体制	・高質スーパーの方 針でボランタリ ー・チェーンを牽 引	・鮮度管理の徹底，売り切り ・直産市の売上情報を直接，生産者 に連絡する仕組みで欠品を減らす	・顧客の意見を共有， 反映する仕組み ・従業員トレーニング， コンテスト

ス・レベル向上に取り組む「No. 1 プロジェクト」などを企画し[27]，人材教育にも注力している。このたゆまぬ努力が顧客とのフレンドリーな関係へと転化されていき，結果的に店に対する顧客からのストア・ロイヤルティが高くな

り[28]，同社全体の業績好調につながっている。そして，さらなる高質スーパー化を目指す**サンシャインの方向性は「差別化ではなく独自化」**であり，CS（カスタマー・サティスファクション）から CD（カスタマー・ディライト）として，顧客に感動を与えるために[29]，日々 3 つの進化（進化，深化，真価）[30]を続けている。

　これらの取り組みを整理したものが表 6-1 である。この取り組みによって，価格競争が激化している地域においても，その競争から抜け出し，価値の創出が可能であることを示す事例であろう。

5　店舗内経験と愛着の関連性

　今回，事例として取り上げた「サンシャイン」から学ぶ点は，食品スーパーに求められる鮮度・品質・ヘルシー・安心や安全といった基本要素を基盤に置いたオペレーションを展開しながら，**食はファッションであるとし，食を楽しみ，地域密着型の癒しの空間としての店づくりを展開してきている**ことにある。「楽しい買い物を通じ，おいしさと感動を伝えていく」ことを実践するために店舗の雰囲気と調理の臨場感といった鮮明（vivid）な存在感，魅力的な商品とその魅せ方を工夫するマーチャンダイジング，目に見えない鮮度などの「見える化」などによる具体的な価値の提案を従業員が積極的に行うことで五感を刺激し，（他の食品スーパーでは感じることのない）共感や楽しさといった価値の醸成を可能としている。

　実際，われわれが考えたり感じたりすることの多くは，言語データではなく，画像や映像として頭の中に生成し，記憶され，そこにさまざまな思考や感情が付着しており（藤川 2006），五感に訴えられるほど，経験は記憶に残る（Pine II and Gilmore 1999，邦訳）。そして，特定の個人的経験は，時間や文脈（コンテクスト）を手がかりにしながら想起され，そのときの快楽的感情も一緒に思い出される（cf. Sujan *et al.* 1993）。

　つまり，**魅力的な店舗空間で得られた経験**[31]は，そのときの感情と一緒に記憶の中に鮮明に保持される。そのため，**消費者にとって次第に店舗が愛着を感じられる場所となり，生活シーンにおいても重要な位置を占める**こととなるのである（cf. Tuan 1977，邦訳）。

第 6 章　店舗内行動スクリプトの革新性①　　113

本来，消費者にとって一般的な「食品スーパーでの買い物」とは，食事の材料を買うための作業あるいは義務という色彩が強いものである。そのため，食品スーパーに求められることは，1円でも安く，便利で買いやすい，といった基本的あるいは本質的価値に対応することが中心となる。しかし，ここで取り上げたサンシャインは店全体としての統合された取り組みを実践することで，作業あるいは義務的な「食品スーパーでの買い物」を，買い物そのもの（プロセス）を楽しくワクワクするショッピングの場（買い場）へと変化させてきた。その結果，店舗への愛着が高まり，好業績につながっている。

　顧客から「感動する店」という評価を得ることで，他店とは異なる価値次元へとそのステージを変え，食品スーパーを超えようとしている，まさに「スーパー・スーパーマーケット」といえる。

　このように，サンシャインが向いている方向は競合（との差別化）ではなく，顧客の買い物体験をより楽しく感動を与えることへの徹底した対応であり，独自化である。快楽的価値や経験価値を高める施策によって，従来の買い物からショッピングへと価値の次元を変えていくことを可能にしている。これが1つの革新の方向性であろう。

6　データ分析によるサンシャインの店舗内行動

　実際に，サンシャインの店舗内行動パターン（のイメージ）が，従来の食品スーパーと異なっているのか，という点を確かめるために，第3章で用いたスクリプトのデータを用いて食品スーパー全体と比較する。

　以下は，食品スーパーのスクリプト構造（ネットワーク分析の結果）に沿った行動順に並べ替えている。なお，行動リストの中で出現率が3％に満たなかった「その他の売り場に行く」，「その他の行動をする」を除外して検証に用いる（なお，本研究の詳細は髙橋2015を参照）。

　まず，店舗内行動について確認する。図6-3で示すように，全体（サンシャインと北野エースを除く他の食品スーパー利用者）における主な店舗内行動は，買い物に行く前から帰宅までを含めると，以下のようになる。

　「身支度をする」　　　　　　　　　　　　　　　　　（71.9％）

「持ち物を用意する」 （73.2%）

「カゴを取る」 （93.5%）

「入り口から順に店内を一通り見る」 （73.0%）

「特売やセール品／目玉商品／見切り品を見る」（73.5%）

「野菜売り場に行く」 （93.0%）

「魚／刺身売り場に行く」 （82.3%）

「肉売り場に行く」 （88.9%）

「レジで精算する」 （94.3%）

「ビニール袋・エコバッグに詰める」 （91.7%）

「カート／カゴを返す」 （90.5%）

「店を出る／帰宅する」 （91.1%）

　次に，全体と比較した場合に，サンシャインの方が統計的に有意かつ，差の大きい行動順に示すと，以下のようになる。

「置いてある試食を食べる」 （24.7%，全体より＋15.7pt）

「カートを取る」 （83.6%，全体より＋15.0pt）

「乾物／レトルト売り場に行く」 （39.7%，全体より＋11.7pt）

「買い忘れがないかチェックする」（58.9%，全体より＋10.2pt）

　なお，「目当ての売り場に直行する」（13.7%）という行動は全体よりマイナス9.3pt と，低い傾向にあった。

　この結果から，サンシャインにおける店舗内行動を考察すると，開放的な空間でカートを押しながら，店内のいたる所で行われている実演販売，および，そこで提供されているたくさんの試食を手に取りながら，店内をゆったりと回遊する様子がうかがえる。**来店客の義務的な買い物モードをショッピングに変えるという施策は成功していると考えられ，一般的な食品スーパーとは異なる行動パターンが強化されており，ストア・デザインに1つの革新の方向性がありうることが確認できた。**

　こういった消費者の店舗内行動を意識したストア・デザインは，徐々に日本国内で浸透しつつある。そこで，このサンシャインと提携し，店舗内の場の価

第6章　店舗内行動スクリプトの革新性①　　115

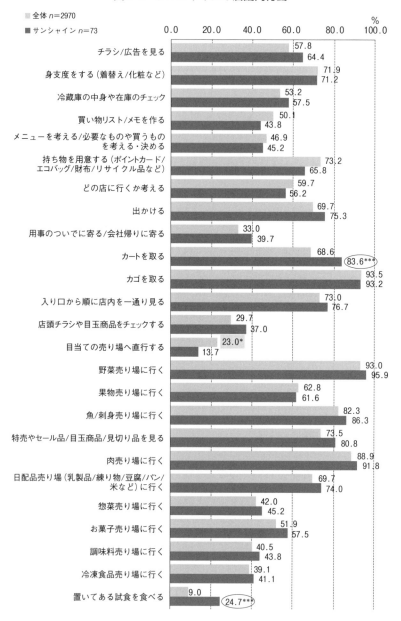

図 6-3 サンシャインの店舗内行動

116　第 2 部　食品スーパーの革新性

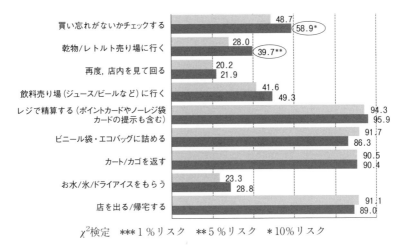

χ^2検定　***1％リスク　**5％リスク　*10％リスク

（注）　ここで示す「全体」とは，サンシャインおよび北野エース以外の食品スーパーを好む層のスクリプト行動を示す。

値を高めた高質食品専門館を展開する阪急オアシスの取り組みを次章でみていこう。

注
1　2010年8月に下八川護氏（執行役員兼企画部長）と羽崎隆氏（店舗運営部長兼精肉部長）にインタビューを行った（役職は当時のもの）。
2　『Chain Store Age』2009年1月15日号のサンシャインチェーン本部相談役の竹島寛氏へのインタビュー記事より引用。
3　もう1名はハローデイ「綾羅木店」（下関市）の店長が選ばれている（『2020 Value Creator』2010年2月号，vol. 297より）。
4　経験価値とは，Schmitt（1999）が提唱するものであり，「SENSE（感覚的経験）」「FEEL（情緒的経験）」「THINK（創造的・認知的経験）」「ACT（肉体的経験とライフスタイル全般）」「RELATE（準拠集団や文化との関連づけ）」の5つの経験をすべて含むことでホーリスティック（包括的）な経験価値が達成できると考えられている。それぞれの経験について小売店舗に沿う形で簡単に説明していこう（cf. Schmitt 1999；広瀬 2008；髙橋 2011b）。
　　「SENSE」とは，視覚，聴覚，触覚，味覚，嗅覚を通じた感覚的経験を生み出すために感覚に訴えるものであり，企業やストア・ブランドを象徴するカラー，店舗デザインや全体的な印象などを通じて，五感を刺激することが必要になる。
　　「FEEL」とは，顧客の内面にあるフィーリングや感情に訴えるもので，消費の最中に発生する。ストア・イメージや店舗内での楽しい雰囲気や買い物体験によって得られるポジティブな気分や喜びや誇りなどの強い感情を含めた情緒的経験を生み出す。そのためには消費者の意欲を引き出すことが重要となる。
　　「THINK」とは，顧客の創造力を引き出すような，創造的認知，問題解決の経験を通して顧客

の知性に訴えるものである。たとえば，店内の販促によって驚きや興味をそそることで思考を促し，企業や商品を再評価させたり，連想を広げたりしていくものである。

　「ACT」とは，肉体的な経験を通してライフスタイルを変化させたり，他人との相互作用に訴えたりすることを目的としている。顧客の身体的な経験（身体を使った体験など）を強化したり，これまでにはない新しいやり方を用いて顧客に経験を提供したり，今までとは違うライフスタイルや他の人々との相互作用を取り上げることにより，顧客の生活を豊かにすることを目的とするものである。

　「RELATE」とは，自分の理想像，あるいは，他の人や特定の文化やグループに所属しているという感覚を個人にもってもらうものである。自己実現への欲望，他者に好意的に受け入れられたいという欲求に訴えるものや，所属する社会や文化，準拠集団，地域との関係を通じた強いリレーションシップやコミュニティが実感されることが必要となる。

5　株式会社サンシャインチェーン本部のホームページ（http://sunshinechain.com/vision：2017年10月6日アクセス）を参照。

6　直営店は，高知市：クレア店・クラージュ店・ベルティス店・リオ店・朝倉店・高須店・針木店・みさと店，南国市：カルディア店，香南市：香南店，土佐市：オリビオ店，吾川郡：ラヴィーナ店，高岡郡：佐川店・日高店，徳島県：池田店（三好市），愛媛県：宇和島店（宇和島市）である（株式会社サンシャインチェーン本部リクナビサイト〔https://job.rikunabi.com/2019/company/r191691039/：2017年10月6日アクセス〕より引用）。

7　注5に同じ。

8　『食品新聞』2009年12月16日，1面を参照。

9　『週刊ストアジャパン』2010年1月25日号，vol. 581を参照。

10　ベルティスとは地中海のマルタ島の市場（いちば）のようなぬくもりにあふれた空間の意味を持つ。リオとは本物の・元気な・活動的なという意味のLive（英）と提供するという意味のOffrine（伊）を組み合わせ，本物を提供することを意図している。クラージュとはフランス語で勇気・元気・根気という意味があり，オリビオとは英語で明るさや快活さ，イキイキした躍動感を感じさせる色のOrangeとまとめて1つにするという意味のBrillant，光輝くBriliの3つを組み合わせたものである（「店名に由来するコンセプト」下八川氏作成資料より引用）。このようにどの店舗も温かみがあり，活力的なイメージを醸成させるものである。

11　店舗入り口にはストア・ネームの由来が掲げられているという。

12　店舗によってオープン・キッチン化されている売り場は異なる。鮮魚売り場のオープン・キッチン化はベルティス店やオリビオ店など。

13　『食品商業』2008年6月号のサンシャインチェーン本部相談役の竹島寛氏の発言記事より引用。

14　通常，無人試食を増やせば試食ハンターが増えてしまい販売コストに響くのだが，従業員が試食に立つことで，1人で何個も食べていくような人は増えず，結果的に販売管理費は売上の10％から20％で収まるという。

15　売り手側の立場に立った売り場という表現から，顧客の立場に立った売り場という意味で「買い場」と言われるようになってきている。

16　注13に同じ。

17　『週刊ストアジャパン』2009年6月8日号，vol. 551の川崎博道代表取締役の発言より引用。

18　『2020 Value Creator』「スーパーマーケットの店長会議，2008年9月，vol. 2」のサンシャインチェーン本部相談役の竹島寛氏の発言記事を参照。

19　『日経ベンチャー』2008年3月号より引用。

20　『2020 Value Creator』「スーパーマーケットの店長会議，2008年9月，vol. 2」の川崎博道代表取締役へのインタビュー記事を参照。

21　注20に同じ。

22　注18に同じ。

23　『2020 Value Creator』2007年9月号，vol. 268の記事を参照。

24　下八川護氏と羽崎隆氏へのインタビューより。ここでは人材を財産の意味をこめて「人財」として表現する。

25　この試食販売員は多くの顧客とつながりがあるという（『2020Value Creator』「スーパーマーケットの店長会議，2008年9月，vol. 2」を参照）。

26　「伊藤ハム広報誌『躍進』2008年4月号」の川崎博道代表取締役の発言より引用。

27　「サンシャインチェーン　高知──日本一笑顔，サービスの創り方：『ホンマでっかプロジェクト』の本当の成果」『食品商業』2012年5月号。

28　『週刊ストアジャパン』2010年1月25日号，vol. 581の川崎博道代表取締役の発言より引用。

29　注18に同じ。

30　「進化」とは，常に「ニュー」への挑戦を続けることである。「深化」とは，もっと「基準」を上げ，もっと「見える化」し，地域No.1の基準まで「深化」し続けることである。「真価」とは，結果へのこだわりを意味しており，結果を意識し，「結果こそ」が真価であると位置づけて目標とする結果が出るまでやり続けることである。この3つを進化としている（以前の株式会社サンシャインチェーン本部ホームページ企業理念より引用）。

31　Tuan（1977，邦訳）にもとづき解釈していくならば，経験とは「人が何らかの現実を知り，その現実に何らかの構造を与える際のさまざまな様式を指す包括的な用語」であり，経験することは学ぶことである。そして経験は，視覚，触覚，嗅覚，聴覚，味覚などの感覚と関連しており，視覚や触覚は方向と位置づけを認識し，においは物や場所を特徴づけ，識別できるようにすることで認識と記憶を容易にし，音は空間の経験を劇化する。このように，われわれがあるブツ（物体）や場所をすべての感覚を通じて全体的に経験するとき，そこに具体性を持ったリアリティを獲得する。結局，われわれが知ることができるのは経験によって構成された，感情と思考とによって作り出された現実の世界でしかないのである。

第7章

店舗内行動スクリプトの革新性②
──事例：阪急オアシス──

はじめに

　前章のサンシャインの取り組みは，義務的な買い物を「ショッピング・モード」に変えるような店舗内での買い物体験を豊かにすることで，店舗内行動スクリプトの革新性につながることを示した。これをさらに「高質食品専門館」というストア・コンセプトを掲げ，革新的なビジネス・モデルへと昇華させている阪急オアシスをここでは取り上げる。

1 阪急オアシスの概要

　2016 年 3 月時点で，阪急オアシスの総店舗数は 81 店，そのうち高質食品専門館は 58 店舗である。業績も好調であり，2016 年 3 月期は売上高 1183 億円，営業利益 23 億円を見込み，達成すれば 7 年連続の増収増益となる。この高質食品専門館は 2009 年に千里中央店で開業しており，箕面船場店が 2016 年の「STORE OF THE YEAR[1]」で 1 位に，同じく伊丹鴻池店が 2018 年の同賞で 1 位に輝いている。

　阪急オアシスは，「みんなで創る　あなたの市場」をスローガンに，3 つのブランド・アイデンティティとして，「専門性」「ライブ感」「情報発信」を掲げている。具体的には，「食のプロフェッショナル」としての専門性，五感を刺激するような「ライブ感あふれる市場」を意図したストア・デザイン，「安心安全な高品質食品」を取り揃えながら，これらを情報発信していくことである。そ

120　　第 2 部　食品スーパーの革新性

の取り組みがストア・コンセプトとして具現化されたものが，この高質食品専門館である。これまでの食品スーパーにはない，上質で落ち着いた雰囲気の中で「作りたて」「できたて」を感じる対面販売を増やしながら，「その場で」「すぐに」食べられる加工品や惣菜比率をより高めた店舗づくりを行い，業界の注目を浴びている。ここでは実際に，尾崎俊介執行役員の案内のもと，視察・取材した阪急オアシス箕面船場店を中心に，その店内の特徴を入り口から順に紹介していく。

2 阪急オアシスの売り場の様子

　箕面船場店の入り口には上記のスローガンが掲げられており，店内に入ると，むき出しの天井に各売り場を紹介する文字が電子照明で掲示されている（写真①左上）。**売り場はすべて，木目調や木のぬくもりを感じる什器やフロアマットで統一されており，非常に落ち着いた雰囲気のなかで商品や売り場が浮かび上がるように照明があたる**。入り口付近には，さまざまなドライ・フルーツの量り売り，その奥にはさまざまな種類のトマトを**対面で量り売りしている**（写真①右上）。その近くには，有機野菜とともに，サラダが立体的にディスプレイされており，魅せる青果売り場がある。奥に進むと，地域のフェアやイベントが行

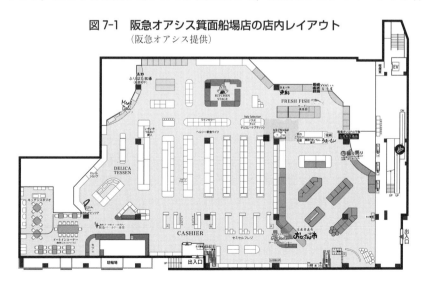

図7-1　阪急オアシス箕面船場店の店内レイアウト
　　　　（阪急オアシス提供）

第7章　店舗内行動スクリプトの革新性②　　121

写真①　阪急オアシス（箕面船場店）店内の様子（筆者撮影）

われる催事スペースとともに，鮮魚売り場が目に入る。この鮮魚売り場には，生魚以外に寿司や刺身に加工された商品が並ぶ売り場と，天ぷらやフライにされた惣菜売り場が常時，併設されている。**厨房はオープン・キッチンで，店員が調理や作業している様子がよく見える**（写真①左下）。来店客は厨房の店員の様子を見たり，鮮魚売り場の前で試食や商品を紹介している店員と接したりしながら，売り場を練り歩く。鮮魚売り場（や精肉売り場）は，単に加工度別に取り揃えられた商品で対応するだけでなく，来店客のニーズに合わせて刺身を作り，カツオもその場であぶってタタキにして出す。来店客が最もよく通る場所に設けた「キッチンステージ」では，**来店客の目の前で調理したり，試食をしてもらったりしながら，新商品の紹介や毎日のメニューを提案する**。チーズや生ハムの切り売り，量り売りもここで同時に行う。一方で，必需品や日々，他店と比較される商品や NB（ナショナル・ブランド）商品は価格面で勝負しており，値頃感を創出している。

　こういったキッチンステージの取り組みは，ヤオコーをはじめとする他のス

ーパーで，すでに実施されてきているものの（小川 2011），阪急オアシスはキッチンステージだけにとどまらず，**店舗全体のできたて感（ライブ感）を演出する**。精肉売り場では，話題の熟成牛肉も取り扱い，惣菜や弁当は店内加工している。その肉に使う多様なスパイスは，100 円分から量り売りで買える（写真①右下）。「アジアンデリ」といった海外からの輸入食品が充実したコーナーもある。惣菜売り場では，注文を受けてから本格的な窯で焼いてくれるピザがある。その横にはパン・コーナーが併設された，落ち着いた「カフェ」（イート・インのコーナー）のスペースも充実している。**どの売り場においても従業員と対面しながら，「その場で」「できたての」といった五感を刺激するライブ感が楽しめるように配慮している。**

3　阪急オアシスの売り場づくりの仕組み

　高質食品専門館の緻密な戦略を整理する[2]。この高質食品専門館のポジショニングは，高級スーパー（高級志向のアッパー層向け）と一般的なスーパー（ミドル層向け）の間を狙って設定されている。とりわけ，上記の「アジアンデリ」のように「特化したカテゴリー」を用いながら，商品の価値を見える化していくことで，高級志向のアッパー層を狙いつつ，絞り込んだ必需品で値頃感を伝えることで，一般的（ミドル）な層も獲得しようとする（図7-2）。

　エリア特性（地域性）やそのエリアに住む消費者層を分析すること，またその地域に合うような，「ストア・デザイン」「マーチャンダイジング」「サービス」を組み合わせていく方法も，これまでの出店を通じてノウハウとしてストックされてきた[3]。さらに，店舗面積が 500 坪，300 坪，200 坪，150 坪といった異なるサイズごとに適した組み合わせも完成したという。

　上述した3つのブランド・アイデンティである「専門性」「ライブ感」「情報発信」がこのストア・デザイン，マーチャンダイジング，サービスに具現化されている。それぞれの取り組みを示す。

　まず，ストア・デザインにおける専門性では，本物の木材を使い，照明やカラー・コントロールによって上質な空間を演出している。また，売り場だけでなく，カフェ空間のような落ち着いたイート・インのコーナーも積極的に展開している。さらに，バックヤードのキッチンや加工している様子が来店客にも

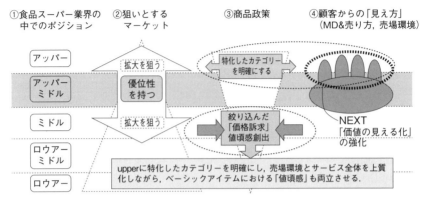

図7-2　高質食品専門館のポジショニング

（出所）『食品商業』2014年1月号を修正。

見えるように配慮することで売り場に活気を与える。店舗の主動線上に配置するキッチンステージが、情報発信の場として特徴的に存在する。

　こういったストア・デザインによって、従来、**バックヤードで働いていた（パート・アルバイトも含めた）店員が店の表側に出て、品出しを含めた接客を作業動線に加えることで、店員の接客意識を高めようとしている**（ただし、対面や接客の機会が増えたからといって、人件費が大幅にアップしているわけではない）。

　マーチャンダイジングにおける専門性とは、上記の「量り売り」「熟成牛肉」などの、**60種類にも及ぶ魅力的な売り場（コンテンツ）をもっており、それを単体でモノ売りするのではなく、「コト発想」で食事のシーンを演出する取り組みである**。たとえば、「カレーマーケット」では書籍なども取り揃え、カレーをつくるために必要な食材から情報までを提供する。とくに、独自性のあるPB商品は、バイヤーが直接、農家や漁業の現場まで行って、生産者と交渉し、一緒に作り上げてきた非常に魅力的な商品群となっている。これらのPB商品は、多く開発して売れるものだけを残すといった「多産多死」で収益を目指すのではなく、**1つのPB商品をじっくりと大切に開発し、1ブランドで1000万円の売上を獲得するような息の長い商品として育成している**。そのため300から400SKUまでにとどめ、収益が出るように設計している。一方で、必需品やNB商品は、競合店の情報を常にリサーチしており、地域で最安値を維持することで価格面でも他店に引けを取らない姿勢を保つ。こういった値頃感が集客

124　第2部　食品スーパーの革新性

につながり，上記の独自性のある PB 商品や魅力的なコンテンツによって利益につなげる仕組みである。

マーチャンダイジングのライブ感としては，**同じ惣菜売り場でも，時間帯によって加工度を変え，売る商品を変えている**ことがあげられる。たとえば，午前中は，軽食としてパンやおにぎりを，お昼は，お弁当を中心に並べ，夕方はフライ物などのおかず系や質の高い弁当を中心に揃える。そのため，消費者はいつお店に来ても品揃えが変わっている印象があり[4]，品揃えの良さを実感する。また，バラ売りや量り売り，対面販売での量り売り（ビュッフェ・バイキング・コーナー），好きなおかずを自分で詰める「おかずバイキング」など，**多様な売り方を提案することで，市場のような雰囲気を演出する**。時間帯別に売り方，魅せ方を工夫することで，店舗全体の SKU が増えすぎないよう，収益にも配慮する。

マーチャンダイジングにおける情報発信とは，鮮度の良さを商品の見た目だけでなく「朝仕入れ」などの POP で鮮度を見える化していたり，バイヤーが生産者を訪ね，共同開発していたときの様子をディスプレイに動画で流したり，生産者の顔写真などの情報も積極的に店内でディスプレイすることで，**生産現場のライブ感（臨場感）を伝達する**。それが，商品や店舗に対する安心・信頼感につながっている。定期的に情報誌も発行しており，その誌面を切り取ると POP としてそのまま活用できるような工夫もある。

サービスにおける専門性は，**高額商品を極小容量に小分けにすることで，1 点当たりの単価を下げ，割安感を創出している**。こういった小分け販売は，単身世帯やシニア層の少量ニーズに対応したもので，実際，ぶどうの房を半分に分けて売ったところ 1.5 倍の売上につながったという。また，自宅に帰って温めて食べる惣菜だけでなく，ある程度下ごしらえが済んだ「ハーフデリ（半調理型商品）」も提供する。自宅で最後の仕上げをすることで，できたての食事になる。これは，「惣菜を買って温めるだけ」という罪悪感を払拭したい主婦のニーズにも対応する。

ほかにも，水産部門長が魚のさばき方を実演する「キッチンスタジオ（料理教室）」なども積極的に行っており，**地域住民との関係性構築を大切にしている**。ライブ感の特徴は，対面販売や実演販売を積極的に取り入れている点であり，昔ながらの市場やマルシェのように，**売り手との会話を楽しみながら買い物す**

ることを大切にする。またキッチンステージはレシピや食べ方提案だけでなく，専門の食育知識をもつ担当者が「食育情報」を発信したり，休日に体験イベントなどを積極的に開催したりしている。

4 売り場を支える仕組み

　上述のようなマーチャンダイジングの取り組みが成立するのは，バック・システムにおいて，店内加工を充実させつつ，それぞれのコンテンツに合わせて**詳細なマニュアルを作成したり，従業員のスキルアップのための資格制度などを導入したりしている**ためである。

　これらを支える組織体制として，店内加工するコストや時間帯別の提供が難しい場合，関連会社の**阪急デリカの協力を得て，加工済みの商品を仕入れて店内加工に利用する**こともある。それによって全体の効率化を図っている。また，サンシャインや広島県を中心に展開するエブリイ，香港の「シティ・スーパー」（city super）との協力関係から仕入面での情報を共有してもらったりしながら，PB 商品を充実させている。

　サービス面での組織体制のポイントは，キッチンステージの担当者を部門として独立させたことで，より専門性の高い提案ができる体制にしたこと，定期的で手厚い従業員トレーニングを行っていることである。実際，2014 年から 3 年間で 5000 人規模の研修を実施し，パートタイマーには，5 年・10 年とやる気を維持して，長く働いてもらう仕組みを構築している。新店舗が開店する数日前には，従業員の家族を店舗に迎え入れ，実際に惣菜などを楽しんでもらうことを行っており，地域だけでなく従業員，その家族も大切にしている。

　これらのさまざまな取り組みを整理したものが表 7-1 である。この取り組みによって，前述のような店舗空間が作り上げられているのである。千野和利会長（当時）[5]は，「**スーパーマーケットはこうあるべきだという定義はない**と思っています。お客様の立場から見たら，どういう売り方が良いのかということを素直に考え，少子高齢化でどんどん年長者が多くなっていくなかで，**従来のようにバックヤードで商品を仕込んで，パックした商品を店頭に並べて売るという時代ではない**」と考えている[6]。この発想が，従来の食品スーパーとはまったく異なるビジネス・モデルをつくっている。また，消費者は複数の店舗を使い

表7-1 阪急オアシスのビジネス・モデル

コンセプト「みんなで創る あなたの市場」			
高質食品専門館 （フォーマット）	店舗施設／スト ア・デザイン	マーチャンダイジング	サービス／ サポート
フロント・システム　専門性	・本物材質，デザイ 　ン性の高い什器・ 　装飾，落ち着いた 　空間 ・広いイート・イ 　ン・コーナー	・60種類のコンテンツ ・コト発想の分類 ・独自性のあるPB開発（300～400 　SKU） ・必需品やコモディティ商品（NB） 　は競合他社に負けない価格設定	・極小容量での販売 ・ハーフデリの提供 ・キッチンスタジオ（料 　理教室）
フロント・システム　ライブ感	・製造工程の見える 　化	・売り方を工夫し，SKUを増やし 　すぎない ・時間帯別MD ・ばら売り・量り売り ・ビュッフェ・バイキング（対面量 　り売り）	・対面・実演販売
フロント・システム　情報発信	・キッチンステージ 　の設置	・鮮度の見える化 ・ディスプレイの設置 ・生産者情報，POPの活用・情報 　誌	・キッチンステージでの 　レシピ・食べ方提案 ・食育情報の発信 ・イベントの実施
バック・システム／ 組織体制	・フロント側でバッ 　クヤードの作業を 　実施	・店内加工の充実 ・コンテンツのマニュアル化 ・独自の資格制度 ・関連会社や協力企業との連携	・キッチンステージの部 　門化 ・従業員トレーニング

分けていることがID-POSデータの分析からわかっているため，今後は150坪程度の小型店舗を積極的に展開することで，地域を「面」でおさえていく予定である[7]。

5 店づくりと店舗内行動スクリプトの革新性

　阪急オアシスはサンシャインと提携しながら，従来の枠にとらわれない店づくりを行ってきた。サンシャインも他店とは異なる店舗内行動スクリプトであったことから，阪急オアシスも同様の違いがあると考える。この点を検討する。
　一般的な食品スーパーは，単に義務的に必要なものを買う「買い物」としての買回行動になりがちだが，この阪急オアシスは，そのスクリプトに「店員と交流する」「試食しながら売り場を練り歩く」「必要な量を店員に注文する」

「買ったモノを店内（カフェ）で食べる」などの新しい行動パターンが付加されていくため，ワクワク感や楽しさ，エキサイティングな空間であることが実感され，来店客の店舗内での滞在時間は長くなる。店舗内に人が滞在するほど，店舗全体の活気は高まり，さらに人を呼び込むことになる。そうすれば来店客同士の交流や店員との交流が自然と増え，単身者や高齢者にとっても快適な空間となり，なくてはならない存在（ブランド）になるだろう。こういった取り組みは，店舗内行動のあり方をより魅力的なものにすると考える。

　これまで，第6章と第7章では，**顧客とのつながりの追求──より楽しく買い物体験ができる店としての「サンシャイン」と「阪急オアシス」を，分析してきた。それぞれの店舗は店舗内空間を活用することで場の価値を高め，来店する理由をつくっている。これらの事例を通じて，店舗内行動スクリプトの革新の方向性が存在しうる**ことを示せたと考える。

　次の第8章では，顧客有効性の追求──こだわりの商品選びができる店として「北野エース」を取り上げることで，品揃えの徹底とニーズ対応による売り場行動スクリプトの革新的事例としてのあり方を探っていく。

注————————
1　2015年1月1日から12月31日までに開業・リニューアルした店舗・商業集積でインパクトがあり，これからの店舗開発に影響を与えるような斬新なコンセプトをもつ店舗と商業集積を対象に，『DIAMOND Chain Store』誌の定期購読者，小売企業広報担当者，有識者，その他の小売関係者からFAX，インターネットで投票を募り決定するものである。投票獲得数をもとに，総合順位を決定する（『DIAMOND Chain Store』2016年4月1日号）。
2　本節の内容は以下の雑誌記事を参照している。『食品商業』2017年2月号，『食品商業』2016年8月号，『食品商業』2016年3月号，『食品商業』2014年7月号，『食品商業』2014年1月号，『総合食品』2016年11月号，『2020 VALUE CREATOR』2013年5月号，『2020 VALUE CREATOR』2014年12月号，『Chain Store Age』2013年11月1日号，『DIAMOND Chain Store』2016年8月1-15日号，『DIAMOND Chain Store』2016年7月15日号。
3　「阪急オアシス全面解剖」『食品商業』2014年1月号参照。
4　「スーパーでのイートイン定着を視野に外食に負けない本物の味を追求」『総合食品』2016年11月号参照。
5　2018年4月から同社顧問に就任している。
6　「阪急オアシスは街中のマルシェになりたい！」『2020 VALUE CREATOR』2013年5月号。
7　「店舗開発　松元努取締役常務執行役員　既成概念にとらわれない都市型150坪タイプの新機軸」『食品商業』2014年1月号。

売り場行動スクリプトの革新性
──事例：北野エース──

はじめに

　ここでは近年，都心部を中心に積極的な展開を行っている株式会社エースの「北野エース」を取り上げる。

　こだわりや嗜好性の強いカテゴリーの品揃えを通常よりも深く，大胆に拡充することにより，消費者にインパクトを与え，「選択の楽しさ」を演出する革新性である[1]。こういった売り場行動スクリプトの流れを変える取り組みは，株式会社エースの高級食品店「北野エース」の売り場に，その革新性を見ることができる。

　北野エースは，あえて生鮮3品を扱わずに，嗜好性の強いレトルト食品やカップ麺，調味料などの特定のカテゴリーにおける品揃えを深く，広く取り揃えることで，来店動機につながる目的志向性を高めながら，上質な加工食品や日配品を豊富に揃える「高級食品店」を目指している。

　北野エースの取り組みは徹底した品揃えとニーズへの対応だが，その背景にあったのは，同質化に向かう，値下げ競争からの回避であった。そして，東京進出を含めたこれまでの15年の間に量販の食品スーパーから質販（質の良いモノを集めて販売）の専門店へと構造改革を進めてきて，2013年2月20日でその改革が完了したという。

　事例を紹介した後，第6章で行ったサンシャインの分析と同様に，北野エース利用者のスクリプトの行動パターンを分析することによって，革新の方向性について検討していく[2]。

1 北野エースの概要

株式会社エースは，兵庫県尼崎市に本部を置く 1962 年創業の食品スーパーである。これまで，いくつかの業態を展開してきており，2018 年 8 月の時点で 84 店舗を展開している。店舗数の増加とともに業績は右肩上がりで伸びており，2018 年 2 月の時点で 262 億円の売上がある。これは，10 年前（2008 年）に比べて約 3 倍の売上高である。

本章では，とくに，加工食品や専門分野に特化した品揃えを展開する「北野エース」「北野エースフーズブティック」「KITANOACE ONE」などの北野エース関係の店舗に注目し，取り上げる。この北野エース関係の店舗は，全国で 80 店舗を展開している（2018 年 8 月時点）[3]。

2 北野エースの売り場づくり

❖徹底的な品揃え

北野エースは百貨店，駅ビル，ショッピング・センターなど，利便性の高い場所に出店しており[4]，消費者がこだわりをもつ分野を中心に徹底的に品揃えしている。具体的には，レトルト・カレー，インスタント・ラーメン，チーズやオリーブ・オイル，ドレッシング，醤油やポン酢，味噌や塩といった加工品（グロッサリー）の売り場を充実させてきた。一般的な北野エースでは，たとえば，レトルト・カレーだけで 480 種類，ドレッシングは 170 種類，醤油，味噌などの和調味料 130 種類など，一般的な他の食品スーパーに比べて，2 倍から 3 倍の数を揃える[5]。「顧客が 1 人でも望む商品は棚に並べる」ため[6]，同一分野で陳列が 100 品目を超えるカテゴリーも多い。そして，これらの売り場は単に商品数が多いだけでなく，ユニークな商品が多いことが特徴である。生鮮 3 品を扱わないものの，そのカテゴリーと親和性が高い調味料やドレッシングを扱うため，肉や野菜を扱う店舗の近くに出店する[7]。

とくに，全国の「ご当地商品」を徹底して集めた品揃えが，他店との差別化の源泉であり，こういったユニークな商品や地域の顧客が求める商品を徹底的に取り揃えることで，「どうせ買うなら良いモノを，楽しく買いたい」と思わ

せる売り場を演出し[8]，顧客にとって心地良く快適な店をつくろうとしている。北野エースでは，この快適な場づくりを（売り場ではなく）「お快場」[9]にしようとする。

　特徴的なのは，レトルト・カレー売り場である。「海軍カレー」「鳥肌の立つカレー」「おつけもんとカレーどす。」「明石たこカレー」「山形産さくらんぼカレー」「老舗昆布屋のポークカレー」「日本一辛い黄金一味ビーフカレー鬼辛」など，ユニークな商品を中心に，数多くの商品を取り扱う。あまりにも商品数が多すぎるため，パッケージ面（フェイス）を来店客に向けておくことができないことから，書籍のように背表紙のタイトルだけが見えるような「ブック陳列」と呼ばれるユニークな陳列が来店客の目を惹いている[10]。

　さらに，より楽しい売り場にするために，「調布パルコ店」では，書店を意識し，木製の什器にまるで本を並べるかのようにして400アイテムを揃えて「カレーなる本棚」として命名し，陳列した[11]。「ソラマチ店」ではアイテム数を拡大し，売り込みたい商品を平積みにして，カレーに関する料理本や絵本などもディスプレイするなど，書店の棚に近づけた[12]。この陳列は「カレーの壁」（写真①）として進化しており，フラッグシップ・ストアの枚方T-SITE店では，北野エースの店舗で最大級の480種類を揃えており，Instagramでの拡散を意識した売り場を展開している。

　「見にくく，買いにくいと（通常の売り場に比べて）真逆の売り場だが，それがかえって見えないものを見たいという思いを呼び起こし，顧客の興味をそそっている」。来店客も「発見」する楽しみ，「選ぶ」楽しみ，そして，購入した商品を自宅で「消費する」楽しみを期待しながら買い物する[13]。こうした取り組みで，同社のレトルト・カレーは売上に大きく貢献しており，北野エースの認知度も向上したという[14]。

　インスタント・ラーメンの場合も，「熊出没注意醤油ラーメン」「毛ガニラーメン」「オキコラーメン」などのように，ユニークな商品を多く取り揃え，売り場の目立つ場所に道場のような立て板に毛筆で商品が紹介されている（写真②）。

　最近は，グラマラス・バーベキュー（GBQ）という売り場にも注力している（写真③）。近年，グランピング人気もあり，バーベキュー人口は増加傾向にあるものの，質の良い肉にどういった調味料やソースを使えばいいのか，その組

写真① 北野エース枚方 T-SITE 店のレトルト・カレー売り場「カレーの壁」
（株式会社エース提供）

み合わせについてはネットで検索しても，単品での結果しか出ないため，限界がある。そこで，ありとあらゆるバーベキューの本を売り場に揃え，その書籍で紹介されている料理の仕方を顧客にも実現してもらうために，「調味料や材料を北野エースの売り場にすべて揃え切ることでワンストップの購買を可能にしている」。

このように，レトルト・カレー，インスタント・ラーメン，調味料などを徹底的に品揃えすることで，「しょうゆやドレッシング，たれなど，それぞれの専門店の集合のような店づくりを目指している」[15]という。北野エースは売り場とは，「品質やおいしさだけではなく，感情に訴えかけるような面白く，楽しい場でなければならない」と考えている。このように，深く，魅力のある商品を品揃えできる編集力の高さがあり，同時に楽しい売り場づくりを展開できている店舗は他にないため，これが北野エースの売り場の魅力になっている。

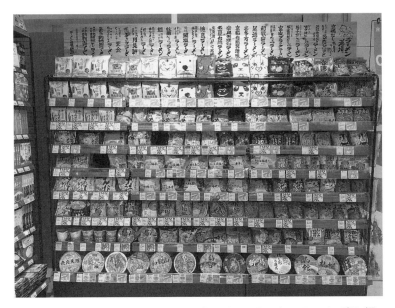

写真②　北野エース MOMO テラス店のインスタント・ラーメン売り場
（株式会社エース提供）

写真③　北野エース MOMO テラス店の GBQ 売り場（株式会社エース提供）

❖ 店頭で販売するための多様な取り組み

　ただし，回転率の問題から，生鮮3品までを含めた幅広い品揃えは目指さない。徹底した品揃えの中心は賞味期限が長い加工品や，消費者のこだわりが比

第8章　売り場行動スクリプトの革新性　　133

較的強い日配品（豆腐や油揚げ）までとする。こうした商品は刺激やこだわりを求めて来店する消費者が多く，他の食品スーパーと売り場構成は異なる。一般的な食品スーパーは，季節の野菜を入り口に配置し，季節感を演出しながら魚売り場・肉売り場といった生鮮を店舗の主通路に配置することで，店内滞在時間を延ばし，バスケット点数を増やそうとする。しかし，北野エースの場合，加工品を目当てに来店するため，たとえば，「北野エースだったら〇〇」と消費者に想起される〇〇のカテゴリーを店舗の「最も目立つ場所」に配置し，その周辺の目立つ位置に PB 商品の「キタノセレクション」を展開する独自の売り場レイアウトを基本とすることで，PB 商品を積極的にアピールする。

このキタノセレクションは，地域の中小企業（メーカー）と一緒に開発している。約 850 品目まで順調に増えており[16]，売上の 2 割程度を占めている。「成分やカロリー，エネルギー，添加物を気にする消費者が圧倒的に増えている。だから我々は，安心・安全を提供し，顧客の信頼を得るために，商品の作り手であるメーカーの成分まで気にしながら開発している」という力の入れようである。商品やものづくりの背景にある生産者のストーリーや社会的なつながりを大切にして，商品を開発している。

一方，生鮮を扱わないことから，売り場で旬や季節感が演出できないという課題もある。そのため，季節の売れ筋と乖離しないように，メーカーと協力した試食販売や来店客への声かけなども積極的に行う[17]。また，初めて出会う，味のわからない商品を知ってもらうために，「五感訴求」をテーマに，試食コーナーで味見できる商品も多く用意し，商品の理解を深めるためのセミナーやワークショップなどの顧客体験を重視した施策を積極的に行っている（後述する）。

さらに，こういった個性的な商品の購入を手助けするため，商品知識をそなえたコンシェルジュを店頭に配置する[18]。一般的な食品スーパーでは，セルフサービスによる効率化を高めるために人件費を削減する傾向にあるが，北野エースは逆に，より多くの店員を売り場に配置して顧客に的確に説明し，信頼を得るコミュニケーションが常連客を増やすことになると考えている[19]。さらに，その対話から顧客のニーズをつかもうとしている[20]。地方と都心部では当然，売れるものが違う。そのため，コンシェルジュは来店客（や顧客）の声を的確に仕入れや品揃えに反映させる必要があり，店員は積極的に来店客に話しかけ，

コミュニケーションをとる。なお，このコンシェルジュは，店舗の仕入れ権限をあわせ持つ店長が，その役割を果たすことも多い[21]。

　店内の床には「当店では，豊富に品揃えをしておりますが，お探しの商品が見当たらない場合やリクエスト商品については，お気軽にスタッフまでお申し付けください」といったシールが貼られている。仮に，売り場面積との関連のため，店舗で扱っていなくても同社他店で扱っているものであれば取り寄せたり[22]，ネット販売でリアル店舗をカバーしたりする[23]。陳列している商品を棚から外す場合は，その商品の取り扱いを依頼してきた顧客に「棚から外して良いか」を確認してから実施するという徹底ぶりである[24]。仮に，同じ顧客から再度，注文を受けた場合，取り寄せるように配慮する。

　北野エースの強みは徹底した品揃えとコンシェルジュによる顧客対応であるが，いくら良い商品であっても価格だけをみると割高に見えてしまう。基本的には定価販売で，値引きはしないが，「それでもちゃんと売れる」[25]。そのために，商品の魅力を具体的に伝えるための手書きPOPやパッケージを非常に重要なツールと位置づけている[26]（図8-1）。

　大半の商品には，詳細で丁寧な説明のPOPをつける。写真やレシピなどを多用することで，一目で商品情報がわかるように工夫したり，売り場担当者の手書きの感想コメントを入れたPOPをつけたりしている[27]。ほかにも，テレビで話題になった商品はいち早く店頭に並べ[28]，「TVで話題」などのスポッター（陳列棚に取り付ける「TVで紹介！」や「売れています」などの言葉を書いた販促ツール）が取り付けられる。また，各店で独自に制作されたPOPを本部で一括管理し，商品の売上に貢献したPOPは他店でも使うことを奨励する[29]。

　パッケージ・デザインも重要であり，棚づくりの設計において最も重視する点は，「いかにおいしく見せるかという『鮮度』。加工品であっても肉や魚と同じように，パッケージでその鮮度を伝えないと，顧客は触ることができないから」である[30]。そして「基本的な棚のつくり方は，縦割りで商品ジャンルを区切るが，北野エースの本来の考え方は専門店の中の専門店MD（マーチャンダイジング）なので，棚を見たときに戦略的に売りたい商品，たとえば，ドレッシングならドレッシングをぐーっと横に深く広げていく」ことで深く広く展開し，「売り場にワクワク感を出すこと」に徹底的にこだわる。

　また，顧客との関わりを深めるために，売り場で積極的にワークショップ[31]

第8章　売り場行動スクリプトの革新性　　135

図8-1 POPの用例

（出所）株式会社エースより提供。

写真④　ワークショップの様子（株式会社エースより提供）

を開催する。このワークショップは，「体験」「驚き」「学び」「感動」「SNS」などのキーワードを設定し，京都小川珈琲による「珈琲学＆体験」，宇治森徳日本茶インストラクターによる「お茶学＆体験」，ソムリエ阪田智昭氏（エース本部社員）による「ワイン学＆体験」，クラフトビール専門店 Beer House Hobbit 長尾良祐氏による「クラフトビール学」，マルコメ株式会社 味噌アンバサダー石井宏明氏による「味噌学＆体験」などを無料で開催している（写真④）。このワークショップを通じて顧客は「新しい気づき」「問題解決」「相互理解」を深め，「友だちに教えたいくらい楽しい体験ができる店」「そこで買い物しているというステイタス」を感じている。そのような場をもうけることを通して，絆の深いファンづくりを目指している。

3　売り場を支える仕組み

　北野エースでは地域のニーズを反映するため，品揃えの決定権は店長にあり，店舗によって品揃えの幅や広さが異なる。全店共通の商品はわずか3割で，残りの7割は店長が店舗の立地や常連客の好みに合わせて，自由に選んで仕入れる[32]。そのため，1店たりとも同じ店はない。ただし，仕入れた商品は1カ月

写真⑤　エース店長商談会（株式会社エースより提供）

以内に売り切るというルールが課せられているため，店長の仕入れも真剣である[33]。

　このやり方は，従来のチェーンストア経営のように，本部がまとめて仕入れる商品を計画し，店舗がその方針に従って仕入・販売するといった機能分担ではない。かといって，「売上規模での競争では大手にはかなわない。われわれは常に顧客を増やすことに意識を向けている。そして，『誰が』何を購入したのかまではPOSデータだけではわからないため，POSに頼り過ぎない品揃えをしている」という。

　では，どうしているのか。それを実現するためのユニークな仕入れの方法が「エース店長商談会」である（写真⑤）。このプロセスはまず，本部の部門バイヤーが日本の津々浦々にあるユニークで価値のある商品を仕入れの対象として確保してくる。そこまでは従来のチェーンストアと同様であるが，その仕入対象商品を仕入れるかどうかを決めるために，バイヤーと各店舗の店長が参加し，商談する。このエース店長商談会は2～3カ月に1回，本部で実施されるもので，バイヤー自らが全国で集めてきた800前後の商品が並び，各店舗の店長に

対し，自らが仕入れてきたおすすめの商品を，メーカーの方と一緒に売り込む。バイヤーは自分が見つけてきた商品を並べ，そのおいしさを熱心にアピールする。店長は，自店の顧客が求める商品はないかと目を皿にして探す。白熱したやりとりが繰り広げられるその商談会は，さながら市場のような活気に満ちる。顧客が求める商品であると店長が納得すれば，次の1カ月分を仕入れる対象として決定する[34]。

　また，各地の「知られざる逸品」を発掘するのも店長の役目であり，「これは良い！」と見込んだ商品は本社に頼んで取引口座を開いてもらい，店長間で商品情報を共有し，全国へ水平展開する[35]。また取引先との試食会や勉強会なども積極的に行う[36]。とくにNB（ナショナル・ブランド）商品は，PB商品と違い，自分たちの想いや考えでつくれないため，つくり手の想いを理解し，顧客に最良の食べ方提案ができるように，日々勉強を繰り返している。

　このように，店長に大きな権限を与える一方，予算達成度などに応じた業績賞与制度を設けることで，責任意識を高めている[37]。さらに北野エースが順調に売上を伸ばしている背景には，仕入れだけでなく販売面での強化を狙う「エース・バトル・システム」（ABS）の取り組みが大きく関係する。これは，バームクーヘンなどのある1商品（単品）を毎月決めて，全国にある北野エースでいっせいに販売数を（ランキング方式で）競う取り組みである。立地や規模で店舗をライト級・ヘビー級と分け，その階級ごとに競い合うことで「自店舗の実力や位置づけがわかるようになった。規模の小さい店舗でも数字が取れるということがわかり，店長や店員の自信にもつながった」という[38]。この取り組みを推進する委員会を立ち上げた当初は，販売成果を競うものであったが，徐々に「売り方のノウハウを共有するための施策」に転換していったことで，「どのような色目のデザインで販促物をつくれば良いのかといったノウハウが社内に蓄積され，個々の店舗の販売力強化に大きくつながってきた」という。基本的に店内の販促物は外注せず，自社内でつくる。そのノウハウが共有されていくことで全体の売上向上につながっている。

　日本全国の良い商品を集めるために，あえてドミナント戦略をとらず，新しい商品を発掘するために，異なる地域に積極的に出店する。

　北野エースの取り組みを整理したものが表8-1である。北野エースは，生鮮をあえて扱わず，消費者のこだわりが強いカテゴリー（売り場）に絞り込む。

表8-1　北野エースのビジネス・モデル

コンセプト「お客様の食生活が豊かになる，価値ある商品を提案」			
高級食品店	店舗施設／ ストア・ デザイン	マーチャンダイジング	サービス／ サポート
フロント・ システム	・利便性の高い駅チ カ立地 ・生鮮は扱わない （ただし，肉や生 鮮を扱う店の近く に出店） ・楽しい売り場づく りの演出	・こだわりや嗜好性の強いカテゴリー に絞り，圧倒的な品揃え ・地域ニーズや流行に対応 ・独自性のあるPB商品 ・基本的に定価販売 ・POPや試食を活用し，販売促進を重 視	・専門知識を持ったコンシ ェルジュの配置 ・ワークショップを通じた 絆の強いファンづくり
バック・シ ステム／ 組織体制	・ドミナント出店は しない（あえて異 なる地域に出店し， 新しい商品を発 掘）	・PBは地元メーカーとの共同開発 ・仕入れの多くを店長に権限委譲 ・エース店長商談会 ・エース・バトル・システムで販売力 強化 ・良い商品は，全国に水平展開	・商品知識の習得，積極的 な情報共有
	・中央集権的なチェーン経営に反する取り組み		

そしてマーチャンダイジングは，店長の権限に移譲する。その品揃えは地域ニーズに徹底的に対応することを大切にし，日本全国のユニークな商品を豊富に取り揃え，販促ツールや魅力を高める棚づくりが，消費者の使用シーンを想起させ，購買意欲をかき立てる。来店客は目的の商品を探しつつ，ユニークな商品との比較検討を通じて，見つける楽しみや，選ぶ楽しみを感じていると考える。それを手伝うコンシェルジュの存在と，見た目でわかる楽しいPOPや販促ツールで売り場を演出する。従来のチェーンストア経営とは異なるユニークな取り組みである。

4　データ分析による北野エースの売り場行動

第6章で行ったサンシャインの分析と同様に，店舗内行動パターン（のイメージ）において，全体よりも北野エースの方が統計的に有意，かつ，差の大きい行動から順に以下に示す（図8-2）。

「調味料売り場に行く」　　　　　　（53.4%，全体より＋12.9pt）
「果物売り場に行く」　　　　　　　（74.0%，全体より＋11.2pt）
「冷蔵庫の中身や在庫のチェック」（63.0%，全体より＋9.8pt）
「乾物／レトルト売り場に行く」　（37.0%，全体より＋9.0pt）
「肉売り場に行く」　　　　　　　　（95.9%，全体より＋7.0pt）
「レジで精算する」　　　　　　　　（100.0%，全体より＋5.7pt）

逆に，全体より北野エースの方が低い傾向にある行動は以下のとおりである。

「チラシ／広告を見る」　　　　　　　　　（43.8%，全体より−14.0pt）
「特売やセール品／目玉商品／見切り品を見る」（58.9%，全体より−14.6pt）

　これらの傾向から，北野エースを好む消費者の行動パターンを考察すると，チラシや特売といった低価格を狙って来店するのではなく，冷蔵庫の中身を見ながら，自分にとって本当に必要なものを買うために来店している。**レジでの精算が100％であることからも，目的達成が可能な店舗であると認識されている**と考えられる。また，全体的に売り場への立ち寄り率も高く，とりわけ，上記の調味料，果物，乾物／レトルト，肉売り場などに立ち寄る行動パターンが特徴となっている。しかし北野エースの場合，果物や肉などの生鮮をあまり主には扱わない。おそらく，百貨店や商業施設にテナントとして展開していることが多いため，隣り合う他社の生鮮関連の売り場を消費者が北野エースの売り場だと勘違いしている，あるいは，併用している他の食品スーパーを意識した回答であると考えられる。そこで本節では，主に調味料売り場と乾物／レトルト売り場を中心に，売り場行動（および選択行動）を確認していく。
　まず，全体における売り場行動について傾向を確認する。図8-3で示すように，調味料売り場や乾物／レトルト売り場の全体の傾向は，「欲しいものがあるときだけ，売り場に寄る」（調味料売り場61.5%，乾物／レトルト売り場56.1%）といった行動が主である。
　全体と比較した場合，北野エースで顕著な行動は，以下のとおりである。

「目当ての商品や好きな商品を探す」（調味料売り場46.2%）

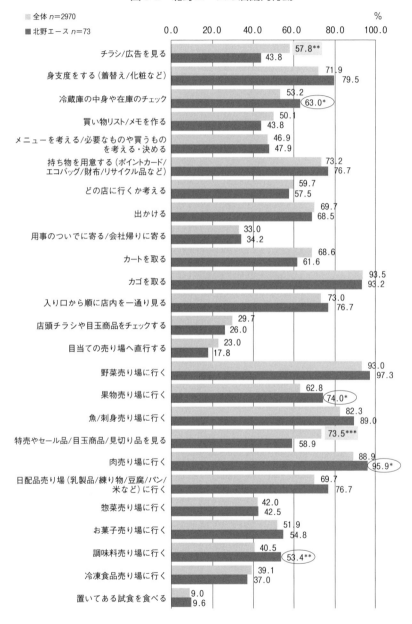

図 8-2 北野エースの店舗内行動

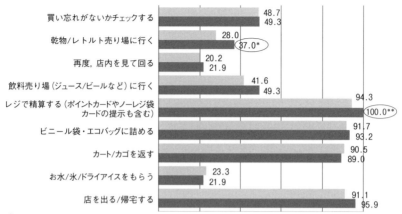

χ^2検定 　***1％リスク水準で有意差　**　5％リスク水準で有意差　*　10％リスク水準で有意差。

（注）　ここで示す「全体」とは，サンシャインおよび北野エース以外の食品スーパーを好む層のスクリプト行動を示す。

「気になる商品は手に取ってチェックする」（調味料売り場41.0％，乾物／レトルト売り場44.4％）

「商品を比べる」（調味料売り場25.6％，乾物／レトルト売り場29.6％）

このように，かなり入念な商品チェックが行われており，全体よりも購買関与が高い状態で，売り場の行動をしている様子がうかがえ，商品に対するこだわりの強さが行動面にも表れていると考える。

念のため，選択行動についても確認しておく。図8-4で示すように，調味料売り場や乾物／レトルト売り場の全体の傾向は，「価格や特売かどうかを確認する」（調味料売り場65.9％，乾物／レトルト売り場66.8％）ことが圧倒的である。

しかし，北野エースで顕著な行動は，以下のとおりである。

「賞味期限や消費期限，日付を確認する」（調味料売り場53.8％，乾物／レトルト売り場55.6％）

「成分表／原材料や添加物・カロリーなどを確認する」（調味料売り場33.3％，乾物／レトルト売り場37.0％）

第8章　売り場行動スクリプトの革新性　　143

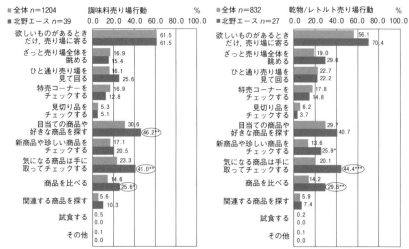

図 8-3 北野エースの売り場行動

χ²検定　***　1％リスク水準で有意差　**　5％リスク水準で有意差　*　10％リスク水準で有意差

（注）ここで示す「全体」とは，サンシャインおよび北野エース以外の食品スーパーを好む層のスクリプト行動を示す。

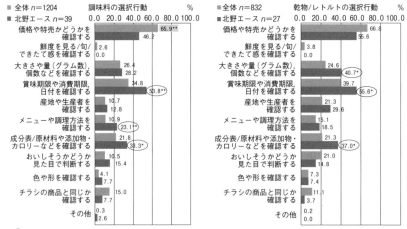

図 8-4 北野エースの選択行動

χ²検定　***　1％リスク水準で有意差　**　5％リスク水準で有意差　*　10％リスク水準で有意差。

（注）ここで示す「全体」とは，サンシャインおよび北野エース以外の食品スーパーを好む層のスクリプト行動を示す。

「メニューや調理方法を確認する」（調味料売り場23.1%）

「大きさや量（グラム数），個数などを確認する」（乾物／レトルト売り場
40.7%）

このように，価格よりも成分や中身を重視した比較検討購買を行っており，一般的な食品スーパー（全体傾向）とは異なる選択行動である。とくに，調味料の場合は，「メニューや調理方法を確認する」（23.1%）ことが重要であり，売り場でのPOPを通じた「価値訴求」がうまく消費者の選択行動に影響を与えていると考えられ，低価格に陥らない競争の次元へと誘導できている。

5 購買単価・買物点数の検証

上述した店舗内行動や売り場行動に差があったとしても，それが成果につながらなければ革新的な取り組みの施策としてあまり意味がない。第1章で示したリテール・ブランド・エクイティの測定において，サンシャインと北野エースの行動的ロイヤルティで測定していた購買単価，買物点数，購入機会が他の食品スーパーよりも高くなる必要がある。

購買単価の確認には「同じジャンルの商品でも，他の店より，単価の高い商品を買ってしまう」という質問項目を，買物点数の確認には「この店で買い物をすると，つい，買物点数が増えてしまう」という質問項目を，購入機会の確認には，「他の店よりも，この店で買い物する機会が増えている」という質問項目を用いた（第1章付表1-8を参照）。いずれも「5.とてもあてはまる」から「1.まったくあてはまらない」の5点尺度で測定している。

全体とサンシャイン，北野エースの上記の質問項目に差があるかどうかを確認するために，分散分析を行った。購入機会に差はなかったが，購買単価および買物点数に有意差がみられた。

購買単価は，全体よりもサンシャインの方が（5%リスク水準で）有意に高く[39]，さらに，サンシャインよりも北野エースの方が有意に高くなる傾向にあった（図8-5）。

同様に，買物点数は，全体よりも北野エースの方が（10%リスク水準で）有意に高くなる傾向にあった[40]（図8-6）。

図 8-5 購買単価の平均値

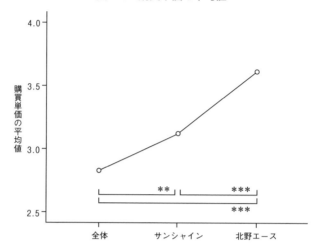

（注）*** 1％リスク水準で有意差，** 5％リスク水準で有意差，* 10％リスク水準で有意差。

図 8-6 買物点数の平均値

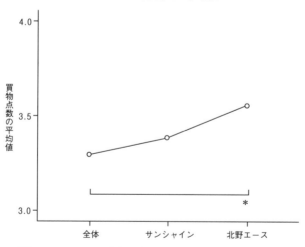

（注）*** 1％リスク水準で有意差，** 5％リスク水準で有意差，* 10％リスク水準で有意差。

この結果から，店舗内行動の流れを変える革新性よりも，売り場行動の流れを変える革新の方向性の方が購買単価・買物点数ともに高まる可能性があることが明らかになった。以上の点を見ても，消費者視点で革新の方向性を考える意味は大いにあるといえる。

上述の分析結果をまとめると，北野エースでの売り場行動は，商品の比較や手に取ってチェックする，目当ての商品や好きな商品を探すといった行動が他の食品スーパーよりも高い傾向にあった。さらに，（消費者意識のデータではあるが）買物点数と購買単価について他の食品スーパーと比較した結果，いずれも北野エースの方が高い傾向にあった。

これらの点から，嗜好性やこだわりの強いカテゴリーへの徹底的な対応は，買い物カゴに入るアイテム数の増大，1アイテム当たりの単価向上が期待できる。実際，株式会社エースは他の低価格スーパー事業を廃止し，北野エースに資源を集中していくことを決定している[41]ことを考えても，**嗜好性の高いカテゴリーへの徹底的な対応を行う，売り場行動スクリプトの革新性は，今後も消費者に受容されていく**といえる。

注———

1 こういった取り組みは，近年急速に成長している「成城石井」のコンセプトにも通じるところがある。成城石井のコンセプトは「一般のスーパーに売っていないものを成城石井におく」「ABC分析でいうならば，Aランク商品を重視せず，BCランクの商品を売る」「専門店の集合体」「各部門は一番いいものを自ら探し出してきて，それをリーズナブルな価格で売る」といった方針で深く品揃えしていくことで，消費者のニーズに対応したことが売上につながっている（石井 2016）。ただし，ドミナント戦略をとっている成城石井と北野エースとでは出店戦略の方針で大きく異なる。

2 なお，この事例は，2013年2月20日，および，2018年4月30日に行ったインタビュー（主に村田力哉販売企画部部長）を中心に構成しながら，文献で補足した情報にもとづいている。

3 株式会社エース・ホームページ（https://www.ace-group.co.jp/about-us/philosophy.html）を参照。

4 「品揃えの画一化を壊す！――死に筋を「お宝」に変える」『日経ビジネス』2013年6月3日号。

5 北野エース 枚方 T-SITE 店を想定している。

6 「安値と一線――繁盛の極意」『日経流通新聞』2010年12月3日1面を参照。

7 注4に同じ。

8 店頭で好評な販売方法を全国向けのネット通販にも生かしつつある（「ご当地商品―ネット通販，エース，1月に立ち上げ，配送兼ねる新店舗も」『日本経済新聞』2012年11月19日13面を参照）。

9 「『北野エース』の最新の商品・売場を知る」『商業界 ONLINE』（http://shogyokai.jp/articles/

第8章 売り場行動スクリプトの革新性 **147**

-/580：2018 年 4 月 5 日アクセス）。

10 「先端スポットのヒットチャート」『日経トレンディ』2010 年 7 月号，52〜53 頁を参照。

11 この陳列方法を「カレーなる本棚」と名づけ，2012 年にこれを商標登録し，翌年には食品における「ブック陳列」も商標登録した（「『北野エース』の最新の商品・売場を知る」『商業界ONLINE』〔http://shogyokai.jp/articles/-/580：2018 年 4 月 5 日アクセス〕）。

12 「食品売り場に VMD──商品陳列で視覚的演出，レトルトカレーを『本棚』風に。」『日経流通新聞』2012 年 6 月 29 日 18 面を参照。

13 「品揃えの差別化を図るために，積極的に NB を避けて揃えてきた。しかし，独自の事業展開が完了した 2013 年 2 月現在において，「商業集積の一番いい位置に店舗を構えさせてもらっているのだから，我々の次のステージは『店舗としての存在感』を高めていく。そのため，従来どおりに全国から商品を探してくることに加え，NB も品揃えに入れていくことで品揃えの完成度を高める方針にしていく」という。

14 注 12 に同じ。なお，「ある期間内におけるレトルト・カレー 5 品を比較すると，ユニーの 2 倍，イトーヨーカドーの 2.5 倍を売る勢いがある」という。

15 「先端スポットのヒットチャート」『日経トレンディ』2010 年 7 月号，52〜53 頁を参照。

16 「売れ筋 死に筋 Buyer's Eyes──調味料 エース（北野エース）地域の食文化に密着した品揃えで商品の魅力を打ち出す」『激流』2015 年 3 月号。ただし，商品の改廃があるため，800 から850 アイテムの間で増減している。

17 注 16 に同じ。

18 注 3 に同じ。

19 注 4 に同じ。

20 「カレーを文庫本のように陳列──個性で伸びる食品専門店」『日本経済新聞電子版』2016 年10 月 24 日（http://www.nikkei.com/article/DGXMZO08590380Q6A021C1000000/：2018 年 8 月8 日アクセス）。

21 注 4 に同じ。店長だけでなく，パートを含めた売り場の全員が，仕入れの権限を持つ。

22 注 4 に同じ。

23 注 16 に同じ。

24 顧客からの要望やニーズがあれば 1 つでも残すようにしている。ただこれを繰り返すと SKUが多くなりすぎるため，同じ商品なら新商品に切り替えていくことで対応している。改廃を検討する場合に POS データを利用しながら検討している。

25 注 4 に同じ。

26 『日経トレンディ』2013 年 3 月号の清原和弥東日本販売事業部長のコメントより引用。

27 注 4，注 16 に同じ。

28 注 16 に同じ。

29 「魅せる文字がヒットを生み出す」『日経トレンディ』2013 年 3 月号。

30 「いかに中身がおいしくてもパッケージが悪ければ，修正させる」という徹底ぶりである。

31 北野エースが考えるワークショップとは，単に一方的な説明ではなく，参加者全員が自ら参加して，ともに何かを学びあったり作り出したりする検討のスタイルの 1 つであると設定する。

32 注 4 に同じ。

33 注 4 に同じ。

34 「安値と一線──繁盛の極意」『日経流通新聞』2010 年 12 月 3 日 1 面および，「毎日の『商品マッサージ』で──顧客特性にぴたり合わせる食品店 第 4 回『エース』」『日経トップリーダー』2012 年 8 月号を参照。

35 注 4 に同じ。

36 注 4 に同じ。

37 「毎日の『商品マッサージ』で──顧客特性にぴたり合わせる食品店 第4回『エース』」『日経トップリーダー』2012年8月号を参照。

38 月例会議で表彰されることで，店舗のモチベーション向上につながっている。

39 分散分析の結果，「$F_{2, 3113} = 29.322$, MSE $= 0.834$, $p < 0.001$」となり，（1％リスク水準で）有意差があった。等分散が仮定されることから，Bonferroni の t 検定で多重比較を確認した。

40 分散分析の結果，「$F_{2, 3113} = 3.469$, MSE $= 0.786$, $p < 0.05$」となり，5％リスク水準で有意差があった。等分散が仮定されることから，Bonferroni の t 検定で多重比較を確認した。

41 株式会社エースは，これまで，いくつかの業態を展開してきたが，近年はとくに，生鮮3品を扱わずに，上質な加工食品や日配品を豊富に揃える高級食品店「北野エース」に資源を集中する動きが加速している（「スーパー事業縮小──エース高級食品店に集中」『日本経済新聞』2014年12月19日，地方経済面近畿B面掲載）。

第2部のまとめ：事例を通じて見えてくる革新の方向性

　第2部では，消費者の行動パターンとしての認知構造体である「スクリプト」を買い物行動，店舗内行動，売り場行動などの階層に分解することで，それぞれの次元における革新の方向性を検討してきた。革新性といったテーマをとらえるには実証研究だけでは限界があるため，先端的な事例を通じて，その方向性を理解することがふさわしい。そこで，まいばすけっと，サンシャイン，阪急オアシス，北野エースを取り上げ，その事例の特徴を記述することで，実務的なインプリケーションを導き出してきた。

　買い物行動の革新性とは，顧客効率の追求――より良く，容易に買い物できる店である。そこで，小商圏型の都市型小型スーパーが近年，業績を伸ばしている点に注目し，先端事例のまいばすけっとを分析した。この店舗は，自宅やオフィスの近くにあるコンパクトな敷地内に，生鮮食品や生活用品を中心とした売れ筋に絞り込み，それを EDLP（お買い得な価格）で提供することで，効率良く買い物できる即時ニーズに対応する。

　本来，食品スーパーの強みは，食に対する深い造詣である。コンビニエンス・ストアは，店内加工の技術が浅いため，それが大きな競争優位性につながる。しかし，まいばすけっとはバック・システムを持たない。さらに，コンビニエンス・ストアが提供しているような多様な付随サービスをバッサリとそぎ落とし，本当に必要なサービスである接客レジ，陳列，清掃に絞り込むことで，効率の良いシステム（ローコスト・オペレーション）を導入する。その結果，高い利便性を実現している。

　こういった店舗の役割は，買い物を楽しむというよりも，実用性（utilitarian）の価値が求められる。とくに，売れ筋の商品に絞り込むという，シンプルさ（simple）と，効率良く購入できる，即時性（quick）を提供する役割を担う存在である。

　店舗内行動の革新性とは，顧客とのつながりの追求――より楽しく買い物体験

ができる店である。そこで，この売り場のデザインに先駆的に取り組んできた，サンシャインと阪急オアシスを取り上げた。これらの店舗は，購買プロセスの楽しさを演出することで義務的な買い物をショッピングの場に変えていったことが特徴である。近年，大手チェーンについてもその既存店のリニューアルに伴い，売り場を演出することで，従来の義務的な買い物の場から，ショッピングの場としての革新の方向性がありうることがわかってきた。

　買い物を楽しませる雰囲気，売り場の演出，試食を通じた店員と消費者の接点構築などを通じて店舗内での経験価値を高めている。サンシャインの場合，単に目的の売り場に行くだけではなく，カートを押しながら，至るところで実演される試食をつまみ，ついつい買い忘れがないか確認するほどに，買い物の場を楽しんでいることがデータ分析からもわかってきた。

　阪急オアシスは，サンシャインと提携することで，ストア・デザインの良い面を取り入れ，磨きをかけてきた。とくに，阪急オアシスは，（SKUはあまり増やさないように配慮しつつ）店内加工度を高め，厨房内の様子をよりよく見せることでのライブ感の演出，立体的な陳列，鮮度情報の可視化（見える化），対面販売や量り売り，カフェ・コーナーなどを充実させている。これらの取り組みを通じて，従業員が顧客に積極的に関わる仕組みを作り出す。それによって，店舗内行動スクリプトに「従業員と交流する」「試食しながら店内を練り歩く」「必要な量を注文する」「その場（カフェ）で食べる」などの新しい行動パターンが付加され，消費者にワクワクするようなショッピング経験を提供することで，場（店舗）に来る・居るという価値を高めている。

　こういった店舗内体験は，店舗内での快楽的な（hedonic）価値としての，愛着（attachment）や，地元の消費者と店舗・従業員が交流するコミュニティ（community）を提供する役割を担う存在になっていく。

　第1章で示したように，**食品スーパーの競争優位性にはサービスを含めた顧客との接点構築が重要である。そのため，単に売り場を華やかにするだけでは十分ではない。五感を刺激する売り場，買いやすい品揃え，消費者（顧客）がより快適に購買するために，顧客情報管理も含めた総合的な取り組みを積み重ねることが，競争優位性に至るのである。**

　売り場行動の革新性とは，顧客有効性の追求――こだわりの商品選びができる

第2部のまとめ：事例を通じて見えてくる革新の方向性　　151

図1 革新の方向性に対する先端事例と実務的なインプリケーション

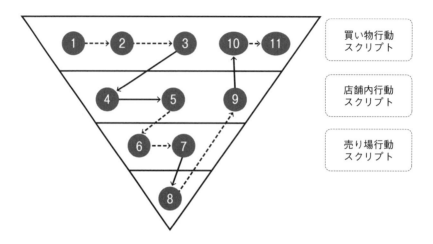

店のことである。ここでは，北野エースを取り上げた。この店舗は，消費者のこだわりの強いグロッサリー（加工食品）のカテゴリーを中心に絞り込み，地域のニーズに沿った商品や，流行の商品，話題性のある商品などを積極的に取り揃えながら，アイテム数を増やしていくことで，選ぶ楽しさを演出する。こだわりの強い商品を選ぶ際には，高い専門知識を持つコンシェルジュが買い物行動をフォローする。その結果，従来の食品スーパーとは異なる選択行動が行われている。

このように，こだわりの強い商品をさまざまに比較検討し，納得して購入できるのは，徹底した顧客対応を通じて店員や店舗とつながり（connect），自分の生活スタイル（style）に沿った商品を選ぶ楽しさが関係している。また，この店舗で買うことの「喜び」や，ここで購入することの「ステイタス」（status）を高めることにつながる[1]。

なお，サンシャインのような店舗内行動の革新の方向性と，北野エースのような選択行動の革新の方向性では，北野エース（の選択行動スクリプト）を操作する方が購買単価，および，買物点数が増加する傾向にある。

ここまでの検討では，小売の革新の方向性について，消費者の購買行動におけるスクリプトの買い物行動，店舗内行動，売り場行動ごとに，先端事例を設定

革新の方向性（仮説）	事例を通じた実務的整理	
	先端事例	実務的インプリケーション
仮説1　顧客効率の追求 より良く，容易に買い物できる店	まいばすけっと	・自宅やオフィス近くの利便性の高い立地 ・買回りしやすい小型サイズ ・売れ筋に絞り込み，それを低価格で提供する店づくり
仮説2　顧客とのつながりの追求 より楽しく買い物できる店	サンシャイン 阪急オアシス	・ライブ感のある売り場空間や雰囲気 ・接客や対面販売を通じた顧客とのつながりの見える 　場づくり ・イート・インの積極的な活用
仮説3　顧客有効性の追求 こだわりの商品選びができる店	北野エース	・嗜好性やこだわりの強いカテゴリーの品揃えの充実 ・地域のニーズに沿った商品や人気商品の品揃え ・コンシェルジュによる十分な説明・対応

し，その事例から理解できた点を実務的なインプリケーションにつなげてきた。ここで取り上げた先端事例は，いずれも特有の方針を持ち，それに沿ったマーチャンダイジング活動，店舗施設／ストア・デザイン，サービス／サポートを組み合わせることで，革新的なビジネス・モデルを作り出し，従来の食品スーパーとは異なる価値を創造している（図1）。

　さらに食品スーパーが市場対応すべきは，デジタル化への波である。そこで，第3部では，消費者行動の変化とオムニ・チャネルの特徴，モバイル・アプリへの対応についてまとめていく。

注―――――――
1　「私だけが知っている」「自己実現できる」といった意味合いも含んでいる（北野エースの方との対話より）。

第3部

オムニ・チャネル時代への対応
──レビュー研究──

第9章

消費者行動の変化と
オムニ・チャネル

1 オムニ・チャネル時代への対応

❖オムニ・チャネル時代の到来

第1部では，食品スーパーの競争力の源泉としてのブランド力を測定してきた。ブランド力のある食品スーパーは，マーチャンダイジング活動や店舗施設よりも，サービスやサポートの方が，競争優位性に影響することが明らかになった。食品スーパーを取り巻く環境に大きな変化がなければ，現状維持で良いかもしれない。しかし，市場を取り巻く環境は厳しく，また，時代の変化も速い。

この環境変化に対応していくために，食品スーパーは上記の競争優位性を維持しつつ，革新性が求められる。その革新の方向性を検討するにあたり，そもそも食品スーパーという業態が消費者にどのように認識されているのか，という点を理解する必要があった。そこで，消費者行動論における行動パターンの認識論であるスクリプトの概念を用い，業態を把握してきた。

第2部では，このスクリプトを，買い物行動，店舗内行動，売り場行動の3次元で階層的に捉え直し，次元ごとに，先端事例を用いて革新の方向性を検討した。先端事例には，まいばすけっと，サンシャイン，阪急オアシス，北野エースを取り上げ，事例を分析することで，実務的なインプリケーションを導出した。

しかし，**近年，インターネットの発達とスマートフォンに代表されるモバイ**

156　第3部　オムニ・チャネル時代への対応

ル・デバイスの技術の進歩に伴い，消費者の購買行動も大きく変化している。イ
ンターネット上で商品を購入すれば，本来，消費者がリアル店舗を訪れ，商品
を購入するまでに伴う，時間や移動コストが大幅に下がる。さらに世界中の商
品が自宅にいても入手できるため，非常に便利である（Goldfarb 2013）。

　こういった環境において，**消費者は，購買行動プロセスにおいて，自らの最
適な目的のために，オンラインとオフライン（リアル店舗）とを行き来する**。さ
らに，オンライン上では，チャネル間をスムーズに移動しながら，情報を検索
したり，価格比較サイトやクチコミ・サイトの情報を参照したり，ソーシャ
ル・ネットワークの情報を参考にしたりしながら，最終的にネットで購買（決
済）する状況がしだいに増えつつある。

　こういった状況に対応するために，**小売企業は，消費者に（他社ではなく）自
社のチャネルやタッチ・ポイント（ブランドと顧客との接点）間をシームレス（ス
ムーズ）に移動してもらえる仕組みと，消費者がいつでも，どこにいても，その
チャネルを通じて，ストレスのない顧客体験や経験が得られる仕組みを構築する
必要がある**（cf. Beck and Rygl 2015）。**この仕組みの構築を「オムニ・チャネル」
といい，このオムニ・チャネルは近年，流通研究においても消費者行動研究にお
いても，非常に注目されているテーマである。**

　多くの消費者は，インターネット上において，他人がどのような本を読み，
どのような音楽を聴き，そして，どのようなモノに興味があるのかを常に気に
している。しかし，この行動は，インターネットがまだなかったアナログな時
代に他人や友人を気にしながら消費していたことと，実は同じなのである。

　つまり，多くのオンライン行動は，「リアル（オフライン）の行動や文脈」が
基本にある。実際，スクリプトは，ネットでの購買行動においても利用されて
いる。たとえば，インターネット・アパレル店での購入プロセスは，過去の既
存アパレル店での「スクリプト」を参照するという結果が出ており（Jacobs
and de Klerk 2010），インターネット上での行動は，リアル店舗での行動が基本
になっているため，オンライン・サイトやモバイル・デバイスにおいても，リ
アル店舗でのスクリプトに沿って対応すれば，消費者に受け入れられる。

　今後，インターネット販売が普及すると，リアル店舗は不要になるのだろう
か。そんなことはないだろう。確かに，書籍を見つけたり，電子機器やその他
の商品を買ったりする場合には，オンラインは非常に便利である。それにもか

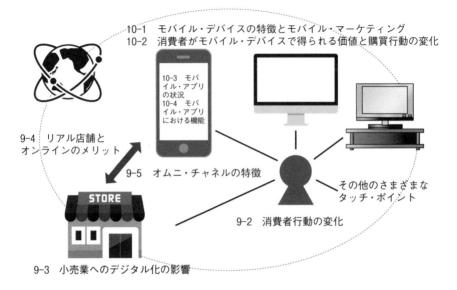

図 9-1　第 3 部の構成

かわらず，なぜ人は店舗にも行くのだろうか。いくつかの理由はあるが，たとえば，商品を「詳細に」チェックする場合，オンラインでは難しいこと，配送時間がかかることや，単価の安いものを送ってもらう場合には逆に高くつくこと，そして返品が面倒なこと，などが考えられる。これらはネット販売のデメリットでもある（Goldfarb 2013）。

※リアルとオンラインの融合

そのため，**小売革新の方向性を検討する場合，リアルかネットかという議論ではなく，それぞれのメリット・デメリットをふまえながら，リアルもネットも併用し，停滞感のある小売業界をさらに伸ばしていくことが必要になる。**

とくに，**モバイル・デバイスと地域・地元といったローカルな環境との相性は良い**。モバイルは場所を選ばずにいつでも情報を検索し，購入できるというメリットがある。Goldfarb（2013）によれば，モバイルを使っている人は地元の近くの店の広告を見ている確率がパソコン・ユーザーよりも高いという。スマートフォン・ユーザーは自宅から 1 マイル近づくごとに 23％の割合で店舗の広告をクリックする確率が高まる（ちなみに，パソコン・ユーザーだと 12％の増

加にとどまる）。こういった相性の良さをマーケティングに活用し，消費者により良く対応することが可能になれば，来店を促し，売上につなげ，ブランドとの関係性を向上させられることが，いくつかの先行研究からも明らかになっている（Ström *et al.* 2014）。

　つまり，**革新性を持った小売店舗が，その存在価値を高め，消費者との関係性を構築していくためには，オンライン（とくにモバイル・デバイス）と融合しながら，時代に対応していくことが重要になる。**そこでこの第3部では，オムニ・チャネルの概要とモバイル・マーケティング，アプリに関する議論を整理していくことで，食品スーパーが今後，対応すべき点について考察する（図9-1）。

2　消費者行動の変化

　デジタル化に伴うIT技術やデバイスの進歩，スマートフォンの普及などによって，消費者の購買行動は大きく変化している。普段からデジタル・デバイスを利用している現代の消費者には，大きく2つの特徴がある。1つは，**オンラインとオフラインをスムーズに移動する「移動性」が高まっている**点である。もう1つは，**消費者は他人やブランドとの積極的な接点を持つ傾向にある。これを「接続性」と呼び，ブランドに対してもハイタッチな経験（人間的なふれあい）を望んでいる**ことである。また，これまでのように，**個人のなかで購買意思決定が完結する時代と異なり，ネット上のクチコミなどの「社会的な知識」（集合知）もかなり影響してくる**（cf. Kotler *et al.* 2017，邦訳）。とくに，従来型のマスメディアやマーケティング・コミュニケーションよりも，4F（families, friends, facebook fans, twitter followers）の意見を重視するようになってきている（Kotler *et al.* 2017，邦訳）。

　とりわけ，現在20代のデジタル・ネイティブと呼ばれる世代は，子ども時代からインターネットやパソコンのある生活環境のなかで育ってきた。この消費者を「つかみどころがない」という意味を込めて，「液状消費者」（fluid consumer）とCorreia（2016）は表現する。小売革新の方向性を検討していく場合，この世代が次世代の主な顧客となることから，彼らの特性を理解しておく必要がある。

　この液状消費者の特性は5つあり，

(1) 何に期待しているのかわかりにくく，移り気である。

(2) そのため，他に良い選択肢があれば，ブランド・スイッチしやすい。購買前からソーシャル・メディアの情報を参考にしている。

(3) 衝動的な購買をする。タイミングや状況に応じた友人や企業からの「提言」（アドバイス）があれば，即時に購入する。ブランド・スイッチを手間に思わず，販促品や割引を歓迎する。得をする買い物はためらわない。

(4) 上記のような状況に伴い，多くの個人情報を快く提供する。プライバシーは心配であるものの，使用目的が自分たちで把握できる範囲であれば，個人情報と引き換えにデジタル技術が提供する利便性を享受する。

(5) 買い物をそれだけの活動としてとらえていない。多くの場合，買い物は他の活動（仕事，通勤，外食，家での食事，人との付き合い）の中に組み込まれており，モバイル・デバイスを使いながら，マルチ・タスクの1つとして処理される。

このような消費者は，オンラインとオフライン間の移動だけでなく，オンライン上の多様なサイト間を移動しながら，情報を探索，比較し，オンラインでの購入もためらわない。

3 小売業へのデジタル化の影響

IT 技術やデバイスの進歩は，消費者の購買行動だけでなく，小売のビジネス・モデルにも，大きな影響を与えてきた（Bell *et al.* 2014；Ström *et al.* 2014；Verhoef *et al.* 2015；Voropanova 2015；Huré *et al.* 2017）。

とくに，iPhone などのスマートフォン，iPad などのタブレット端末に代表されるモバイル・デバイス[1]の進歩が購買行動に変化をもたらしている。実際，モバイル・デバイスの利用者のうち，7割以上が，比較購買にこういったデバイスを利用している（Brynjolfsson *et al.* 2013）。つまり，モバイル・デバイスの登場は，単に新しいチャネルが増えたというだけでなく，商品に関する情報の探索や，リアル店舗との連絡のやりとり，商品を利用する場合の双方向性のツールとしての利用機会を増やしたのである（cf. Ström *et al.* 2014）。

Brynjolfsson *et al.*（2013）の主張は，「これまで，（ブリック・アンド・モルタ

ルの）リアルな小売店は，消費者が商品に触れたり，感じたりすることで喜び
や満足を提供してくれるものであった。一方，インターネット小売は，幅広い
商品の品揃えや低価格，商品のレビューや評価といった点で，買い物客
（shopper）の支持を得ていた。小売業界は，シームレスなオムニ・チャネル小
売の体験ができる方向に向かい，物理的な要素とオンラインとの間の違いは消
滅し，障壁のないショールームに変わっていくだろう」と述べた。その主張は，
ますます現実味を帯びつつあり，買い物客は，リアルの店舗で実物を見ながら，
モバイル・デバイスを使い，ネット上で，より魅力的な価格を見つけたり，も
っと良い商品が提供されていないだろうか，といった情報について検索したり
している。実際，リアル店舗で見て，オンラインで購入するといった「ショ
ー・ルーミング」が大きな課題になってきている。逆に，オンラインで情報を
検索した後，リアル店舗で購入する「ウェブ・ルーミング」も起こってきてい
る（cf. Verhoef *et al.* 2015）。

　こういった課題を解決する方法は，既存のチャネルやリアル店舗とオンライ
ンを統合することで，オンラインからリアル店舗へ誘導すること，あるいは，
商品によっては「自社の」ネット・サイトで買い物してもらえる状況を作り出
すことである。そのためには，複数のタッチ・ポイントを統合することで，消
費者に受け入れられる状況をつくりつつ，消費者の購買に必要な「リソース」
（時間や労力，費用など）のコストを下げ，その買い物のプロセスを楽しめるショ
ッピング体験[2]を提供することが重要である（cf. Voropanova 2015）。こういっ
た革新的で創造的なビジネス・モデルのデザインが，顧客の価値を高め，結果
的に企業の価値を高めることになる（Voropanova 2015；Huré *et al.* 2017）。実際，
ネット販売がメインの眼鏡店が，リアルのショールームを設置したことで，消
費者への認知度と売上向上に貢献したという事例もある。

　このように，リアル店舗とオンラインを統合する取り組みは，他社へのスイ
ッチング・コストを下げ（Brynjolfsson *et al.* 2013），消費者（顧客）の満足度や
ロイヤルティを高め，クチコミを促すことにつながる（cf. Kumar and Reinartz
2016）。さらに，リアル店舗と，オンラインのそれぞれのメリットをうまく連
携させ，魅力的な小売ミックスを継続的に作り出していくことができれば，そ
の小売企業は，他社と比べ，競争優位性が得られる（cf. Verhoef *et al.* 2015；
Picot-Coupey *et al.* 2016；Huré *et al.* 2017）。

第9章　消費者行動の変化とオムニ・チャネル　161

これらの点から，すべてのタイプの，すべての地域の小売業が，これまでのリアルの店舗やチャネルにモバイル・デバイスを加える必要性は高い。リアル店舗の持つ良さ（商品に触れたり，雰囲気を感じたりする，感覚的な情報）とオンラインの持つ「コンテンツ」がより良くブレンドされれば，タッチ・ポイント（ブランドと顧客との接点）が増加していく。そのタッチ・ポイントを通じて，小売企業が顧客と双方向にやりとりしていくオムニ・チャネルへの取り組みは，これからのスタンダードになるだろう（cf. Bell *et al.* 2014；Brynjolfsson *et al.* 2013）。

とくに，モバイル・デバイスは，食品スーパーとの相性が良く（Goldfarb 2013），モバイルの支援があることでショールーム化している店舗が，（競合のアマゾンから）元の流通チャネルになりうるとしている（Bell 2015）。

4　リアル店舗とオンラインのメリット

では，リアル店舗とオンラインの違い，それぞれのメリットは何だろうか。Rigby（2011，邦訳），Ström *et al.*（2014）などをもとに整理したのが表 9-1 である。

リアル店舗の最大のメリットは，あらゆる面で即座に入手できる満足感であり，購買そのものをイベント事にしたり，ショッピングとして楽しめることである。商品や品揃えの面での利点は，ほど良い品揃えと，手に取って確認したり，試したり，体験したりすることができる点である。サービスや施設面での利点は，従業員による親切な接客や双方向のやりとり，細かなサポート対応，返品のしやすさ，店舗の雰囲気を感じながら購買できること，などがあげられる。

一方，**オンラインの最大のメリットは，いつでも，どこでもあらゆるものにアクセスできる利便性である。**Google などの検索サイトを利用すれば，容易に欲しい商品にたどりつくため，探索コストを大幅に減らすことが可能である。また，比較検討を通じて，より良い選択が可能であり，購買を通じて EC サイトとつながるため，購買後も関係がつながりやすい。商品や品揃えの面での利点は，幅広い品揃えを可能にし，商品に関連する情報も豊富である。こだわりのある商品を探したり，使い続けている商品を買い足したりする場合に，非常に便利である。また，価格比較なども容易に行えたり，購入特典やクーポンなども豊富である。リアル店舗よりも販売管理費が低いため，低価格での購買が可

表9-1　リアル店舗とオンラインのメリット

視　点	リアル店舗のメリット	オンラインのメリット
消費者行動	・あらゆる面で，即座に得られる満足感 ・イベント事や体験としてのショッピング	・いつでもどこでも，あらゆるものにアクセスできる（利便性） ・探索コストを大幅に減らすことが可能 ・（比較検討を通じて）良い選択が可能 ・購買後も店舗との関係がつながりやすい
商品／品揃え	・よく調整された品揃え ・製品をすぐに手に取れる ・製品を確認したり，試したり，体験したりできる	・幅広い品揃え ・豊富な商品情報 ・価格比較が容易で，特典も豊富 ・販売管理費が低いため低価格傾向
サービスや施設	・従業員による親切な接客，双方向のやりとり ・細かなサポート対応 ・返品しやすさ ・店舗の雰囲気を感じながらの購買	・多様な支払い方法に対応が可能 ・スムーズに支払いが済ませられる
社会的価値		・他の消費者の商品評価やクチコミ情報が参考になる ・書き込み可能なサイトでの双方向の対話，アドバイス，社会的な絆の形成

（出所）　Rigby（2011，邦訳），Ström *et al.*（2014）をもとに作成。

能である。サービス面での利点は，支払い方法である。現金振込やクレジット・カード，代引処理など，複数の支払い方法が選択できることや，一度登録しておけば，2回目以降の購買がスムーズに行える。また，他の消費者の商品に関わる評価やクチコミ情報が購買の参考になり，書き込み可能なサイトやコミュニティの存在によって他人とつながり，対話することで，利用方法や活用方法を知ったり，社会的な絆や関係を形成したりすることができる。

　同様に，Bell *et al.*（2014）も3つの点でリアル店舗とオンラインの違いを示している。

　第1に，リアル店舗（オフライン・チャネル）とオンラインの典型的な違いは，提供できる情報能力と商品の充足感である。店舗で提供できる情報と，オンラインで提供できる情報は異なる。消費者はできることなら，（商品サンプルなどの確認を除いて）オンラインで簡単にショッピングできる方を好む傾向にある。しかし，店舗で実際に商品を確認した上で購入を決定することと，発送

第9章　消費者行動の変化とオムニ・チャネル　　**163**

後に商品を受け取ってから確認するのとでは（期待と満足度の一致という点で）大きな差である。

　第2に，リアル店舗（オフライン・チャネル）とオンラインは，注文を完了させるまでに満たすべき構築コストが大きく異なる。オンライン・チャネルは，全商品を保管するコストがかからない。その一方で，リアル店舗（オフライン・チャネル）は，需要が予想されるすべての商品を店舗に置かなければならない。この需要への対応を個々の店舗で実現しようとすることは非常に難しい。そのため，リアル店舗では，ミスマッチが起こり，追加注文のコストがかかる。

　第3に，直感的に，商品そのものの情報は「デジタルでは伝えきれない（店舗で実際に見なければわからない）もの」であり，リアル店舗（オフライン・チャネル）は購買において，決定的な接点の場であると認識されてきた。これは実務の現場においても同様であり，商品の特徴や属性はデジタルでは伝えきれないものであり，それが購買決定の「バリア」になる，とあいまいな認識がなされてきた。しかし，徐々に，写真や動画，VR（バーチャル・リアリティー）を活用することで，消費者に利用シーンやイメージをうまく伝えられるようになってきているため，しだいにネットでの購買に対する認識は変わりつつある。

　このように，それぞれのメリット・デメリットはあるものの，**消費者にとって，複数のチャネルやタッチ・ポイントをスムーズに移動・横断しながら，購買に至るまでに必要な情報を探索することは，ごく一般的になりつつある**。実は，小売企業よりも消費者の方が，この多様なチャネルをうまく活用しながら情報探索し，ショッピングを行っている。買い物のためにさまざまなチャネルやタッチ・ポイントを移動し，探索することを，「ショッピング・ジャーニー（推移：journey）」といい，継ぎ目なく（シームレス）に，一貫して続いていくトリップ（旅行）のように経験できることが，近年，求められている（cf. Melero *et al.*, 2016）。

　とくに，**消費者は期待に対して，最も高い「価値」を提供してくれるタッチ・ポイントを好む**。たとえば，最適な情報を見つけられたり，最も効率的に価格が比較できたり，あるいは，最も正確に商品を評価できたり，最も便利に商品を注文できたりする場合，などである。あるいは，ギフトを買うときや通勤の移動中での買い物などにおいて，最適な買い物の仕方ができるものが好まれる（cf. Hansen and Sia 2015；Huré *et al.* 2017）。そのため，消費者のネット上での買

い物行動における体験やプロセスを理解することが重要になってきている（cf.
Huré *et al.* 2017）。

　では，そのシームレスな購買体験を実現するオムニ・チャネルとは，従来の
チャネル設計とどのように違うのか。次に説明していく。

5　オムニ・チャネルの特徴

※チャネルの３分類

　従来のリアル店舗でビジネスを展開している状態が単一の（single-）チャネ
ルであるとすれば，そこに，カタログなどのダイレクト・マーケティングやオ
ンライン・チャネル（ウェブ店舗）を追加することが，複数の（multi-）チャネ
ルになる（Verhoef *et al.* 2015）。さらに，複数のチャネル間で顧客情報を連携す
るような場合は，クロス（cross-）・チャネルという。**最終的にすべてのチャネ
ルやタッチ・ポイントが統合された状態がオムニ（すべての／遍在する：omni-)・
チャネルになる。**

　では，マルチ・チャネル，クロス・チャネル，オムニ・チャネルの分類や境
目はどのように考えれば良いのだろうか。

　Beck and Rygl（2015）にもとづいて分類していく。図 9-2 を見てほしい。
これは，それぞれのチャネルのタイプを，小売企業の視点と顧客の視点で分類
したものである。小売企業の視点には，チャネルの統合度とチャネル数を，顧
客の視点には，チャネルの双方向性とチャネル数を基準に分類したものである。
マルチ・チャネル以上の場合，基本的に複数のチャネルが存在する状態を指す
ため，チャネル数は 2 つ以上が前提になる。その前提の上で，チャネルの統合
度は 3 段階に分けられている。「統合されていない状態＝なし」，「一部のチャ
ネルは統合されている（が完全ではない）状態＝部分的」，「チャネルが完全に
統合されている状態＝完全な」で区分する。

　顧客の視点もチャネル数については同じ定義である。ただし，顧客の視点と
しては，チャネルの統合がどうかということよりも，チャネル間の移動が双方
向にできることが大切である。そのため，「双方向に移動できない状態＝なし」，
「一部のチャネルで双方向に移動できる（がすべてではない）状態＝部分的」，
「チャネル間の移動が完全に可能である状態＝完全な」で区分されている。

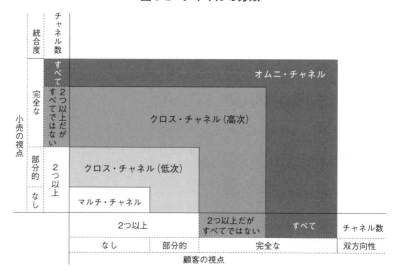

図 9-2 チャネルの分類

(出所) Beck and Rygl (2015) を大幅修正。

　この区分から，4つのチャネル分類が可能となる。それぞれ説明する。
　まず，左下は，マルチ・チャネルであり，チャネル間は統合されておらず，顧客もチャネルを双方向に移動できない状態である。たとえば，オンライン・ショッピングで買った商品がリアル店舗で受け取ったり，返品したりできない，クーポンがチャネル間で交換できない，顧客・価格・在庫データがチャネル間で共有できていない，商品やサービスがチャネル間で一致しない，などの場合である。
　その上の次元がクロス・チャネル（低次）であり，チャネル間は部分的に統合されており，顧客もチャネル間で双方向に移動できる状態である。たとえば，カタログやオンラインで買った商品がリアル店舗で受け取れたり，返品できたりする。オンラインの商品情報はリアル店舗でもQRコードやバーコードで読み取れる。リアル店舗での顧客情報や予約した商品をオンラインやモバイル・デバイスでもチェックできる。顧客がリアル店舗内でショッピングしているときにスペシャル・セールのアラートがモバイル・デバイスに届く，などの場合である。

さらにその上の次元がクロス・チャネル（高次）であり，一部を除いて完全にチャネルが統合されており，顧客も（一部を除いて）チャネル間をほぼ自由に移動できる状態である。たとえば，リアル店舗の近くに来たら，モバイル・アプリにクーポン・メッセージが届く，ウィッシュ・リストなどの顧客情報にモバイル・デバイスからでも，パソコンからでも，リアル店舗でも（従業員に確認してもらうことで）アクセスできるが，カタログからはアクセスできない，電話，オンライン，モバイルからは飛行機のフライトに予約やキャンセルができるが，リアル店舗では，営業時間でないと予約やキャンセルができない，クーポンは（一部を除く）すべてのチャネルで交換できる，顧客情報・価格・在庫などはデータベースで統合されているが，カタログから（カタログを通じて）確認はできない，品揃えとサービスはすべてのチャネルで一致しているが，リアル店舗で返品できない，などの状態である。

　最後がオムニ・チャネルであり，チャネル間は完全に統合され，顧客もすべてのチャネルを双方向に移動できる状態である。たとえば，クーポンがどのチャネルでも交換できる，顧客がどのチャネルで購入したかにかかわらず，どこ（どのチャネル）でも返品できる，顧客情報・価格・在庫などがすべてのチャネルで統合的に管理されている，品揃えとサービスがすべてのチャネルで調和・一致している，などの状態である。

❖マルチ・チャネルとオムニ・チャネルの違い

　クロス・チャネルは，マルチ・チャネルからオムニ・チャネルに移り変わる途中段階にある。そこで，チャネルの違いによる特徴を明確にするために，以下では，主にマルチ・チャネルとオムニ・チャネルの違いに焦点を当てて議論を深める。

　マルチ・チャネルにおけるチャネルは，顧客とのコンタクト・ポイント，あるいは，顧客と企業の「双方向」[3]の間を取り持つ存在として位置づけられるものの，しばしば企業内では，別々にマネジメントされてきた（Verhoef *et al.* 2015）。チャネル間の統合も限定的であるため，マルチ・チャネル研究においては，チャネル間の小売ミックスを統合することは無視されてきたのである（Verhoef *et al.* 2015）。

　あくまでも，マルチ・チャネルとは，従来，異なるセグメントに対してアプ

ローチするために用いられたり，チャネル間のコンフリクトが起こることを最小限にとどめたりすることが主目的にあり（Ailawadi and Farris 2017），マーケターが顧客を獲得するために，「異なる」チャネルとして，どれが最適なのかというデザイン，展開，調整や評価のために参照するものでしかなかった（Neslin *et al.* 2006）。つまり，マルチ・チャネルとは，チャネルを横断した顧客マネジメントやチャネル間で小売ミックスをいかに統合するのかという点に焦点が当てられてきたものではなく（e.g. Neslin *et al.* 2006），各チャネルごとの「効率性の最適化やマネジメントのためのもの」である。

しかし，オムニ・チャネルという概念は，複数チャネルを使う必要（使わざるをえない状況）を受け入れ，消費者がどのように店を利用するかに関連して，チャネル内やチャネルを「超えて活動を統合しようと試みること」である（Ailawadi and Farris 2017）。

※オムニ・チャネルの定義

表9-2は，オムニ・チャネルに関連する主な先行研究の視点や定義をまとめたものである。これらの視点に共通している点を整理する。

第1に，いずれの研究者とも，**オムニ・チャネルを，「消費者（や自社の顧客）の視点」でチャネルやタッチ・ポイントを構築しようとしている**点である。

第2に，**顧客が快適な買い物体験や経験ができるように，「シームレス（つなぎ目が見えない）で一貫したチャネル間のつながりをつくる」**ことである（e.g. Kotler, *et al.* 2017，邦訳；Huré *et al.* 2017；Picot-Coupey *et al.* 2016；Rigby 2011，邦訳）。

第3に，**消費者（や自社の顧客）との「コミュニケーション・チャネル」としての役割を含めており，チャネルやタッチ・ポイントを通じた双方向の交流を目指すべきものである**とする（e.g. Ailawadi and Farris 2017；Verhoef *et al.* 2015；Rigby 2011，邦訳）。

第4に，**これらのチャネルやタッチ・ポイントが統合，あるいは融合されることで，「シナジーが発揮できるようなマネジメント」が必要である**（e.g. Picot-Coupey *et al.* 2016；Verhoef *et al.* 2015；Rigby 2011，邦訳）。

これらの点をふまえ，**本書ではオムニ・チャネルを「消費者（や顧客）に自社で快適な買い物をしてもらうために，多様なチャネルを顧客とのコミュニケーシ**

表9-2　オムニ・チャネルの視点・定義

著　者	視点・定義
Kotler, *et al.*（2017, 邦訳）	顧客が購入までの道筋で通り抜けるタッチ・ポイント（ブランドと顧客との接点）は，何通りもの組み合わせが考えられる。マーケターは，物理的なチャネルとオンライン・チャネルを通じて，途中のあらゆる段階で顧客を誘導する必要がある。さらに，カスタマー・ジャーニーのどこであれ，またいつであれ，顧客が購入を決めたときには，必ず対応できるようにしておく必要がある。 　そのため，オムニ・チャネル・マーケティングとは，「さまざまなチャネルを統合して，シームレスで一貫性のある総合的な顧客経験を生み出す手法である」（邦訳207頁）とする。
Huré *et al.*（2017）	複数のチャネルやタッチ・ポイントを横断しながら移動することは，消費者にとって首尾一貫した旅行のようなもので，そういった経験をオムニ・チャネル推移（journey）という。 　オムニ・チャネルにおいて重要な点は，タッチ・ポイントとしての小売ミックスにおいて，商品の品揃え，価格，サービスについて一貫性があること，消費者があるタッチ・ポイントから別のタッチ・ポイントに努力しなくても移動できることである。
Ailawadi and Farris（2017）	オムニ・チャネルの狭義の視点は，自社の流通チャネルを指すものであり，広義の視点は，消費者に商品を提供する「流通チャネル」としての役割だけでなく，マーケターが消費者との接点を構築するための統合的マーケティング・コミュニケーションのプッシュ戦略やプル戦略までを含んでいる。
Verhoef *et al.*（2015）	オムニ・チャネルの世界は，単に顧客と小売チャネルの関連に焦点を当てるだけではなく，「顧客↔ブランド↔小売チャネル※」の間の双方向性について検討し，統合することである。その上で，顧客とのタッチ・ポイントが，ブランドや小売のパフォーマンスにどのように影響を与えることができるのかを検討することでもある。 　つまり，「オムニ・チャネル・マネジメントとは，チャネル間での顧客経験とチャネルを超えたパフォーマンスが最適化されるような，さまざまな可能性のあるチャネルと顧客とのタッチ・ポイントであり，シナジーを高めるマネジメントである」と定義する。 ※：店舗，ウェブサイト，ダイレクト・マーケティング，モバイル，他のデバイス，SNSの顧客，マスメディアも含めたすべての接点。
Picot-Coupey *et al.*（2016）	オムニ・チャネルとは，ブランドのエコシステム（ecosystem）※内において，顧客がシームレスな経験を得られるようなタッチ・ポイントの混合として，「すべての／遍在する」という視点で，チャネルをマネジメントする戦略である。 　具体的には，顧客のカスタマー・ジャーニーにおいて，シームレスさが受容されるユニークなチャネル内で（顧客に必要とされる）情報と取引に関わる要件を満たす「タッチ・ポイント」が統合されている状態を指す。 ※：企業を取り巻く他社とのネットワークや提携，連携などの関連する企業間のやりとりや関係性。
Rigby（2011, 邦訳）	小売業者が無数のチャネル※を通じて顧客と相互交流できるようになることを「オムニ・チャネル・リテイリング」という。独立した各チャネルをシームレスなオムニ・チャネル体験として融合させるような視点を取り入れることが重要になってきている。 ※：ウェブサイト，リアル店舗，駅構内店舗（キオスクなど），DMやカタログ，コール・センター，ソーシャル・メディア，携帯端末，ゲーム機，テレビ，ネットワーク家電，在宅サービス，など。

ョンを含めた接点であるととらえ，それらの接点をシームレスに統合することで，どの接点で買い物しても，一貫性のある顧客体験や経験を生み出すマネジメント手法である」と定義する。そこで重要になるのは，顧客が購入を決めたときに必ず対応できるチャネルを用意しておくという点である（cf. Kotler, *et al.* 2017, 邦訳）。

　ただし，勘違いしてはいけないのは，顧客は「チャネル」にこだわっているわけではない（Kotler *et al.* 2017, 邦訳）。実際，アメリカの大手百貨店メイシーズ（Macy's）は，2011年にオムニ・チャネル宣言をし，順調にネット販売を伸ばしてきたため，オムニ・チャネルの成功例といわれてきた。しかし，ここ数年の間にリアル店舗の売上が大きく減少している。2016年には100店舗にも及ぶ大規模な店舗閉鎖計画を発表しており，ネットからリアル店舗への橋渡しができていない[4]。つまり，単にチャネルの機能性（利便性）を高めるのではなく，あくまでも消費者（顧客）の視点で，彼ら（彼女ら）が購買するまでの道筋に沿って，一貫性のあるシームレスな経験を提供することが重要なのである（cf. Kotler *et al.* 2017, 邦訳207頁）。そのために，**顧客が商品を購入する前の段階から購入の途中，購入後までのカスタマー・ジャーニーのなかで，顧客が最も多く利用する接点を発見し，その接点を「起点」にしながら，彼らが購入を決めたときに必ず対応できるような，接点構築のあり方をマネジメントすることが大切になってくる。**

　そこで，前述したオムニ・チャネルの定義に関する4つの視点について，もう少し説明していくことにする。

※ 消費者（や自社の顧客）の視点

　まず，消費者（や自社の顧客）の視点で，オムニ・チャネルを構築する場合，その対象になるタッチ・ポイントはさまざまである。従来のリアル店舗，オンライン／ウェブサイト，カタログといった小売チャネルに加え，モバイル・チャネル（モバイル機器，ブランド・アプリ，ネットに接続された端末など），ソーシャル・メディアなどを含むものである[5]。

　さらに，その構築においても，現在のチャネル・デザインを超え，チャネルやタッチ・ポイント間の境界を越えて活用できるように統合することで，「どのチャネルでも接点を持つ機会を提供する」ものである。とくに**リアル店舗は**

170　　第3部　オムニ・チャネル時代への対応

図9-3　アマゾンの購買心理にもとづいたユーザー・エクスペリエンスの構成要素

| 見つけやすい | 見やすい | わかりやすい | 検索しやすい | 選びやすい | 購入しやすい | 受け取りやすい | 使いやすい | 継続しやすい | お勧めしやすい |

| 速い |
| 気が利く |
| 納得できる |
| 好ましい |
| 信頼できる |
| 満足できる |
| 価値がある |
| ユーザー・エクスペリエンスの構成要素 |

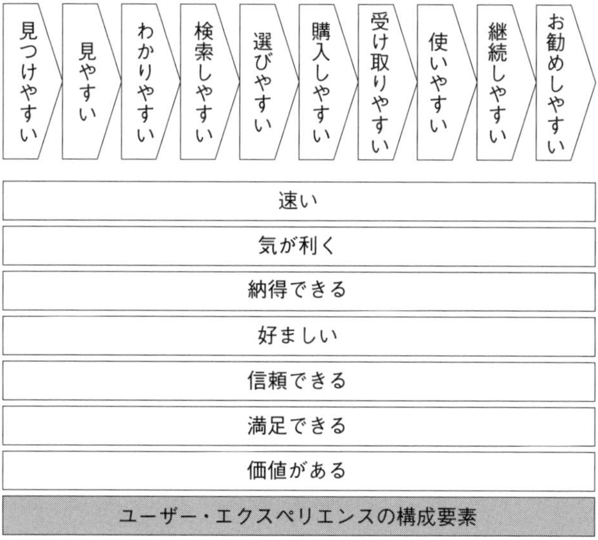

（出所）　田中（2017）を修正して引用。

他のタッチ・ポイントとの重要な接点になるため（Picot-Coupey *et al.* 2016），リアル店舗を中心にしながら，他のチャネルを自然な形で総合的につくっていく必要がある（cf. Picot-Coupey *et al.* 2016）。

❖顧客の快適な買い物体験（ユーザー・エクスペリエンス）の視点

　オムニ・チャネルをリードする，ネット販売のアマゾンも，創業当時から顧客第一主義を掲げており[6]，その実現が，顧客がアマゾンのウェブ・サービスを利用するなかで得られるカスタマー・エクスペリエンス（顧客経験・体験）の提供である（田中 2017；矢作 2016）。アマゾンは常に，顧客にとって快適な買い物環境を追求し続けている。このカスタマー・エクスペリエンスは，ユーザー・エクスペリエンス（UX）とも呼ばれており，近年のサービス・ビジネスの重要なトピックである。アマゾンのユーザー・エクスペリエンスの構成要素は，購買心理にもとづいた価値提供を考えながら組まれている。

　図9-3は，アマゾンが消費者の購買行動のプロセスに沿って提供しているユーザー・エクスペリエンスである。読者の多くが，アマゾンのサービスを利用

第9章　消費者行動の変化とオムニ・チャネル　**171**

した経験があると思うが，アマゾンのサイトは，検索サイトに登場しやすいように設計されており，他のホームページにはアフィリエイトのリンクを貼ることで，すぐに見つけることができる。そのサイト・デザインもカテゴリーに分類されていて見やすく，わかりやすい。サイト内の検索，カートへの登録（選択），カートからの購入に至るまでもスムーズである。支払方法はクレジット・カードやコンビニエンス・ストアでの振込など，複数の方法があり，購入方法はワン・クリックでも，個別設定でも可能である。配達日時や受け取り方の指定，到着予定まで確認できるため，受け取りやすい。キャンセルや返品も可能であり，使いやすさを常に向上させることで，継続して使いやすく，他人への推奨もしやすい。こういったサイト構築の作り込みを通じて，顧客は，速く，気が利いたサービスを，そして納得できる，好ましい，信頼できる，満足できる，などの経験価値を受け取っている。

❖コミュニケーション・チャネルの視点

マルチ・チャネルやクロス・チャネルは，小売の「チャネル」に焦点を当てて議論しているのに対して，オムニ・チャネルは，ブランドとチャネル間の「相互作用」に焦点を当てている（Verhoef *et al.* 2015；Huré *et al.* 2017）。そのため，**オムニ・チャネルは，消費者に商品を提供する「流通チャネル」としての役割だけでなく，マーケターが消費者との接点を構築するための「コミュニケーションのチャネル」**[7]**としての視点を含んでいる**。両者は，明確な線引きがないまま密接にリンクしていることもある（Kotler *et al.* 2017, 邦訳）。

消費者も，チャネルというよりも，むしろ「ブランドでの経験を得ている」と感じており，異なるタッチ・ポイントが同時に操作された場合でも，それぞれのタッチ・ポイントで同じ情報が確認できるまで統合されていることが望ましい。つまり，**ブランドはタッチ・ポイントをつなぐ役割があり，オムニ・チャネルにおいてもブランディングが大切になる**。そのため，ブランドのエコシステム（表9-2参照）内で消費者（顧客）を見定め，ブランドのタイプに沿った（合った）タッチ・ポイントで対応していくことで，ロイヤルティを強化することが大切である（Baxendale *et al.* 2015；Verhoef *et al.* 2015；Huré *et al.* 2017）。

つまり，**オムニ・チャネルを通じたショッピング体験の提供とは，消費者とブランドをつなぐ「リレーションシップの構築」であり，小売企業やブランドには，**

172　第3部　オムニ・チャネル時代への対応

顧客の買い物体験のために，チャネルとタッチ・ポイントの最適なプロセスを戦略的に考えることが求められる（cf. Picot-Coupey *et al.* 2016）。とくに，リピート行動やクチコミを拡散してくれるような顧客行動は，満足度よりも強い関係にあり，顧客との絆になる。（cf. Butz and Goodstein 1996）。そのために，組織は本気で総合的に消費者（顧客）に注目し，顧客の期待を超え，競合に負けないシームレスなサービスを提供していくことが求められる（cf. Butz and Goodstein 1996）[8]。

※統合や融合を通じたマネジメントの視点

オムニ・チャネルは，現場においても非常に重要なテーマであるものの（Picot-Coupey *et al.* 2016），理論的にも実証的にも，まだまだ十分ではない（Verhoef *et al.* 2015）。また，いうまでもなく，チャネル間を統合する取り組みは，難しい（Beck and Rygl 2015；Ailawadi and Farris 2017）。

Picot-Coupey *et al.*（2016）の事例研究では，マルチ・チャネルがオムニ・チャネルに変革していく組織の様子を明らかにしている。優れたショッピング経験を提供するためには，組織，文化，マネジメント，マーケティング，ファイナンス，小売ミックス，情報システム，CRMなど，さまざまな組織の構造を徐々に変えていく必要がある。**オムニ・チャネルに変革していく場合，どのチャネルでも小売ミックスが共通化（標準化）されていること，どのチャネルで何を提供するのかを決めていくことが重要である。**いずれにしても，いきなりすべてのチャネルを同時に統合できない。商品を見なければ意思決定できないようなアパレルや高級ブランド，こだわりのある商材などであれば，まずはリアル店舗に誘導し，商品の魅力を見せた上で，ネットで購入してもらうのが良いかもしれない。逆に一度でも購入したことのあるような加工食品や飲料など（のナショナル・ブランド）であれば，どこで購入しても品質は均一であるため，ネットに誘導することで買い物効率を高める施策を考える方が良い。このように，**商材の違いを意識しながら，オムニ・チャネル化を進めていくのが良いだろう。**

では，オムニ・チャネルの買い物価値を高めるにはどうすればいいのか。Huré *et al.*（2017）が調査した結果では，リアル店舗，オンライン販売の両方で買い物価値[9]（とくに感情的価値：emotional value）を高めることが，オムニ・

第9章 消費者行動の変化とオムニ・チャネル **173**

チャネルの買い物価値を高めることにつながるという[10]。さらに，オンラインとリアル店舗との品揃えと価格が一貫していることも重要となる。逆に，品揃えと価格がタッチ・ポイント間でブレていると不満につながる。

　ただし，あくまでも，チャネルの統合は経営側の視点である。消費者や顧客がチャネルに求めるものは「一貫性があること」や「シームレス」である。

❖消費者が求める一貫性・シームレス

　では，消費者が求めている一貫性とシームレスとは具体的にどういった点なのだろうか。その点を Huré *et al.*（2017）がインタビューで調査したところ，一貫性については商品の品揃え，サービス，価格が一貫していることであった。それが一貫していないと不満につながっていく。調査対象者のコメントを含めながら，以下に記載する。

消費者が求めている一貫性

・**商品の入手可能性**（product availability）
　「……信頼できるオンラインの在庫。なぜなら，お店に行って，『すみません，このアイテムは1時間前に売れてしまいました』というのを聞くと，とくに動揺してしまう……」
このような不満から，**すべてのタッチ・ポイントで一貫した商品の提供**が企業の能力として求められている。

・**途切れないサービス**（service continuity）
　「ブランドのウェブサイトでパソコンを購入したけれど，パソコンがあまりうまく動かなかったので，私は店に行った。そこで彼らは『すみません，オンライン上でパソコンを購入された場合，われわれでは対応できません』という。信じられない！　私は彼らのブランドの製品を買ったのに，それは彼らのブランドではないというのです……」
このような不満から，**すべてのタッチ・ポイントで一貫したサービスの提供**が企業の能力として求められている。

・**価格の一貫性**（price consistency）

「われわれは，オンラインで買いました！　でもくやしい。なぜなら，旅行代理店はオンライン上で，ほぼ 400 ユーロも安い価格で提供していたんです！」
　このような不満から，**タッチ・ポイント間で一貫した価格の提供が企業の能力として求められている。**

　シームレスとは，断絶や摩擦のない様子であり，消費者があるタッチ・ポイントから別のタッチ・ポイントに努力しなくても移動できることである（Brynjolfsson *et al.* 2013）。
　消費者が求めているシームレスさとは，簡単／流麗さ，迅速さ，快適さ／心地良さの追求である。

消費者が求めているシームレス

　・**簡単／流麗な**（easiness/fluidity）
　　「私が食洗機を買ったとき，……公共交通機関を使っている間に，iPhone で事前に情報を探していたし，パソコンでもインターネット上でより真剣に情報を確認していました。さらに，店に行って製品を見たり，販売員のアドバイスを聞いたりして，製品についての情報をいろいろと時間をかけて集めました。……で，私はすべての技術的な詳細をチェックしきったので，オンラインで直接注文しました。私は友人の車で商品を取りに行ったら，驚いたことにその食洗機はそんなに複雑な商品ではありませんでした……」
　このような不満から，消費者が接するどのタッチ・ポイントでも，わかりやすく，同じように参照できる情報を提供することで，**より簡単で，流れるような（流麗な）ショッピング・ジャーニー体験を提供することが企業の能力として求められている。**
　　・**迅　速　さ**（speediness）
　　「インターネットで見た商品を買いに行ったとき，もし棚になかったら，販売員がその商品を在庫スペースから取り出している間，待たなければならないなんて。……時間を短縮したいから私はオンライン

第 9 章　消費者行動の変化とオムニ・チャネル　　175

で商品を選ぶのに，結局，店で待たされるなんて」

このような不満から，**タッチ・ポイント間で素早い（スピードのある）対応を可能にする能力が企業に求められている。**

・**快適さ／心地良さ**（pleasantness）

「理想的な購買体験は目的による……いずれにしても，……シンプルさと快適さ！」

このように，**すべてのタッチ・ポイントを通じた心地良さが企業の能力として求められている。**

とくに，食品スーパーは顧客との接点頻度が高いため，オンラインでもリアル店舗と同じような品揃え，サービス，価格対応の点で上記のような一貫性とシームレスの要素が求められる。逆にこの点が崩れると，不満につながりやすい。

モバイル・アプリは，特定の状況で繰り返し用いられる場合に適しているため，食品スーパーのように来店頻度や利用頻度が高く，繰り返し利用する小売には向いている。さらに，食品スーパーの場合，限定的意思決定による購買行動が中心になるため，一度，信用してもらえれば，他店との積極的な比較購買はそれほど多くないこと，またタッチ・ポイントもそれほど複雑にはならないことなどを考えると，食品スーパーが積極的にアプリの開発と導入に取り組むことの意義は大きい。

注————
1　スマートフォン，タブレット端末などのモバイル・デバイス以外にも，ソーシャル・メディアなどの新しいオンライン・ツールやメディアなども購買に影響を与えている。
2　ニーズにもとづく商品が買える，情報が手に入る，買っていて楽しい，といったショッピング体験を指している（Voropanova 2015）。
3　ここでいう双方向とは，TV（広告）などの伝統的なワンウェイのマス・コミュニケーション・チャネルを除いた，2ウェイのコミュニケーションを提供しているチャネルに限定している（Neslin *et al.* 2006）。
4　「オムニチャネルの"失敗"——在庫・顧客データの一元化だけではない『360°の顧客理解』が戦略の第一歩」『Diamond Retail Media オンライン』（http://diamond-rm.net/retail_technology/2889/：2018年1月18日アクセス），および，新日本スーパーマーケット協会の『2017年版スーパーマーケット白書』（http://www.super.or.jp/?page_id=6709：2018年1月18日アクセス）を参照。

176　第3部　オムニ・チャネル時代への対応

5 オムニ・チャネルでは，ディスプレイ，e メール，アフィリエイト，ウェブサイトといったオンライン内のそれぞれ別のチャネル，顧客のデスクトップ，ラップトップ，モバイル機器の間でのチャネル間，あるいはデバイス間のスイッチングは，すべて買い物客におけるオムニ・チャネル経験や企業がシームレス体験として提供すべき一部である。とくに，常に使われているチャネルとタッチ・ポイントは，顧客の小売体験をより良くするためのものである（Verhoef *et al.* 2015）。それは，ワンウェイ，あるいはツーウェイ・コミュニケーションが簡単にできるためである（Li and Kannan 2014；Verhoef *et al.* 2015）。同様に，モバイルの文脈内で，上記のようなチャネルを付加することで，ブランド・アプリは，チャネルのように考えてもらえる。

6 アマゾン・ジャパンのホームページ（https://www.amazon.jobs/working/working-amazon/#our-dna：2018 年 1 月 8 日アクセス）にも，「Amazon.com が 1995 年にビジネスを開始した際，Amazon.com は『地球上で最もお客様を大事にする企業』であることを使命とし，お客様がオンラインで求めるあらゆるものを検索，発見し，可能な限りの低価格で提供するよう努めて参りました。この目標は今日も継続しています」と記載されている。

7 ここで示しているコミュニケーション・チャネルには，ホームページやカタログなどの自社メディア（owned），従来のマスメディアやインターネット広告などの支払い型メディア（paid），SNS やブログなどの稼ぐためのメディア（earned）を含んでいる。顧客のタッチ・ポイントがオムニ・チャネルに含まれることで，明らかにチャネルが広がっている。こういったタッチ・ポイントを通じた顧客と企業とのインタラクションによって関係はより強化されていく。なお，タッチ・ポイントには企業と顧客だけでなく，C to C（顧客と顧客）のインタラクションも含まれる。とくに，ソーシャル・メディアは，P to P（個人同士のネットワーク共有）コミュニケーションであり，ブランド検討において効果的なメディアである。ただし，こういったソーシャル・メディアは情報の交換だけであり，商取引（トランザクション）までは含まない（cf. Verhoef *et al.* 2015）。

8 Butz and Goodstein（1996）でも，「シームレスなサービス」という表現は使われており，従来の顧客志向・顧客価値の達成のための議論の枠内にオムニ・チャネルも含まれていると考える。つまり，ツールとしての IT とチャネルが発展・変化しただけであり，目的は共通して顧客価値の向上である。

9 ここで示すオムニ・チャネルの買い物価値は，「ここで買う価値（時間と費用）はあるか？」「ここで買う覚悟はあるか」「労力を消費する価値があるか」などの測定項目を用いている。

10 リアル店舗，オンライン販売における実用的価値，快楽的価値は Babin *et al.*（1994）が開発した尺度で，社会的価値は Rintamäki *et al.*（2006）が開発した尺度で測定している。

第 9 章 消費者行動の変化とオムニ・チャネル **177**

第10章

モバイル・デバイスとアプリ
――スマート・ショッピングに向けて――

1 モバイル・デバイスの特徴とモバイル・マーケティング

❖モバイルを用いたマーケティング

　モバイル・デバイスはパソコンと比較して，キーボードもスクリーン・サイズも限定されてしまうが，電話機能に加えて，片手で文字が入力できる機能，位置情報を知る GPS（global positioning system）機能[1] とその情報を使った地図検索，カメラでの撮影とその機能を使った QR コードやバーコードを読み込むスキャナー機能，音声を含めた情報検索など，さまざまな機能があり，パソコンとは異なる大きな可能性を秘めている（Ström *et al.* 2014；横山・楪田 2015）。

　モバイル・デバイスで買い物をする消費者の特徴は，パソコンでインターネットを利用したことがあり，モバイル・デバイスについても，ある程度の知識と経験を持っており，自分にとって有効な方法を求めて探索行動をいとわない。価格に対して敏感で，少し教養の高い層などが多いという特徴もある。とくに，カメラやスキャナー，GPS などの情報を活用しながらインターネット・ショッピングをしたり，モバイルの特徴的な機能を活用したりして，チャネルやタッチ・ポイントなどの接点を活用できる能力を持つ消費者がより使いこなしている（Ström *et al.* 2014）。

　小売企業にとって，モバイルを利用したマーケティングを行うことは，メーカーよりも重要である（Shankar *et al.* 2010；新倉 2015）。従来，リアルの店舗は，立地（ロケーション）を所与とし，品揃えと小売サービスによって魅力度を高

178　第3部　オムニ・チャネル時代への対応

めることで，他社との競争優位性を競いながら，主に来店顧客を「待ち構える」スタイルであった。ところが，モバイル・デバイスの登場により，この所与としての店舗ロケーションという制約が解かれ，顧客の来店を待たずして，小売業者は積極的に購買意思決定プロセスに介入することが可能になる。これまでのチラシを中心とした販売促進よりも，消費者により限定的に，よりピンポイントに，しかも低コストで接触が可能になるため，小売業がモバイルをマーケティングに用いることは非常に重要な手段になる（新倉 2015）。

つまり，**これまでは，待ちの戦略だった小売業が，いつでも，どこにでも持ち歩けるモバイル・デバイスを通じて，消費者の環境に（攻め）入ることができるようになってきたのである**（Shankar *et al.* 2010）。

※モバイル・マーケティングの手段

では，具体的にモバイル・デバイスを用いたマーケティングはどのように行えるのか。Shankar *et al.*（2010）を参考に，モバイル・マーケティングの具体的なアプローチである，モバイル・ウェブサイト，eメール，モバイル顧客サービス，モバイル・ソーシャル・ネットワーク，モバイル広告，モバイル・クーポンについて順に述べる。

モバイル・ウェブサイトは，消費者が商品やブランドについて，探索したり，比較したりする場合，あるいは，ネット購買のチャネルとして非常に重要である。とくに，SMS（ショート・メッセージ・サービス）などを通じて，ブランドとのつながりを強化するとともに，リアル店舗の利用を補完する役割がある。

eメールは，消費者に直接，送信できる。そのため，注文内容を確認するリマインダー，あるいは，店舗近くにいるときにプッシュ・メールを送るなどの役割もある。こういった点から，プッシュ型あるいは注文に関するやりとりの連絡（注文，発送案内など）として役立つ機能である。

モバイル顧客サービスは，顧客サービスを提供する理想的なツールである。多くの小売企業は，ネット販売での注文状況や，顧客からの（注文や問い合わせに対する）回答，購入後の評価やサービス提供について，すべてモバイルを通じて顧客とやりとりできる。

モバイル・ソーシャル・ネットワークは，その仕組みを小売企業がつくることで，顧客とのネットワークを管理しながら，影響力のある顧客の声に聞き入

る（listen-in）ことに利用できる。ソーシャル・ネットワーク内で影響力のある層へ働きかけることで，説得力のあるコミュニケーションやプロモーションに利用できる。

モバイル広告については，注目の新商品や特別に提供したい商品について，写真や動画などを用いたイメージ訴求が可能となる。

モバイル・クーポンは，すぐに消費者に届けることができ，クーポンが利用されたかどうかの履歴を追いかけることで効果測定できる。その反応をデータベースに蓄積することで，将来の顧客層を特定でき，販売促進の投資に対する効果・効率が高まるため，高い ROI（return on investment）が見込めるメディアである。提供されたクーポンを自らの好みで選ぶことができるため，消費者側にとっても価値がある。

なお，消費者から信用され，受け入れられているブランドや小売であれば，上記のような SMS や広告，クーポンなどのモバイル・デバイスを通じたプッシュ型メディア[2]は消費者に好意的に反応してもらえる。この反応は，モノやサービス，関与の高低にかかわらず，好意的であり（Persaud and Azhar 2012；Ström *et al.* 2014），地域や地元（ローカル）の情報も，同様に好意的な反応がある（Persaud and Azhar 2012）。

この地域や地元に関する情報とは，店舗やショッピング・モール内でBluetooth を通じて配信されたコンテンツをダウンロードしたり，地域や地元のマーケティング情報を受け入れたりすることである。情報に対する反応が高い状況とは，①モバイル・デバイスのメッセージから，（時間を短縮できるような情報，おトクな情報，意思決定を容易にする情報などの）価値のある情報が得られること，②それを配信しているブランドや小売を信用していること，③モバイル・デバイスのメッセージが自分の買い物の仕方（スタイル）にあっている場合である。属性面では，若年層や高学歴層の反応が高い，という点が明らかになっている（Persaud and Azhar 2012）。

これらの点から，地域や地元で利用されている食品スーパー（のブランド力が高い）ほど，モバイル・デバイスやアプリを通じて配信する情報が消費者に受容されやすいと考えられる。

❖リアル店舗とモバイル・マーケティング

リアル店舗の従業員にとっても，モバイル・デバイスを利用することで効率性や効果が高まる。従業員と来店客との双方向的なコミュニケーションが求められる場合，モバイル・デバイスがあると，消費者ニーズに沿った商品の使い方や商品そのものの情報提供や説明に役立つため，サービス品質や質問に対応できる幅の向上につながるという（Ström *et al.* 2014）。実際，ウォルマートの店員は，iPad を持っており，来店客からの問い合わせや対話の中で，在庫情報や商品情報を手元で確認しながら対応する。

なお，競合他社も，クーポンや販売促進などを通じた類似のモバイル・マーケティングを展開してくる可能性は大きい。またその競争が激しくなるほど，クーポンの商品だけを狙って買いに来る消費者（チェリー・ピッカー）の対象になってしまう（Shankar *et al.* 2010）。そうならないためにも，**クーポンで単に安さだけを訴求するのではなく，広告やウェブサイト，SNS（ソーシャル・ネットワーキング・サービス）も併用しながら，（価格競争に陥らないような）独自性のある商品を訴求したり，商品の背景やストーリーをうまく伝えたりする施策を検討すべきだろう。**

2　消費者がモバイル・デバイスで得られる価値と購買行動の変化

❖モバイル・デバイス利用で得られる価値

モバイル・デバイスを利用することで得られる価値には，これまで示してきた買い物価値と同様に，実用的な価値（utilitarian value），快楽的な価値（hedonic value），社会的価値（social value）がある。

モバイル・デバイスによる実用的な価値とは，過去の利用履歴や個人情報などに基づく「カスタマイズ化」がもっともわかりやすいだろう。たとえば，銀行などの個人利用サービスは個人の情報や振込先，過去の履歴などを管理してくれる。また，サイトの URL を入力したり，検索をしなくても QR コードを読み込むことで，目的の特定のウェブサイトに移動できることなども便利である。一緒に持ち歩け，時間と場所を選ばずにアクセスでき，隙間時間や空き時間などを利用できるため，時間効率の向上や時間の節約になる。さらに，タイムリ

一に情報を受け取れるという点でもパソコンに勝る（Ström *et al.* 2014）。また，よく知っていて信用しているブランドの広告を受け取ることも可能であり，それがそのブランドとのつながりを強化する（Ström *et al.* 2014）。

モバイル・デバイスによる快楽的な価値とは，モバイルのサービスやデバイスを利用することで得られる，楽しさやワクワク感であり，それがサービスやデバイスに対するロイヤルティを高める。とくに，快楽的なカテゴリーのブランドや惹きの強い広告などを受け取るような場合である（Ström *et al.* 2014）。

モバイル・デバイスによる社会的価値は，（その価値があることで，モバイル・サービスを利用するかどうかには直接的な影響はあまりないものの）クチコミを広げたり，プレミアム価格への支払い意向が高まったりするなどのロイヤルティを高めることにつながるものである（Ström *et al.* 2014）。

こういった買い物価値をふまえた場合，購買行動においてモバイルが果たすべき役割は何だろうか。それは，購買に関わる時間や労力，支払いといったコストをできるだけ減らしつつ，自らのニーズにあった商品を選び，より良い買い物ができるようにすることである。同時に，より楽しく快適な買い物体験とその体験を他人と共有できることがモバイル・デバイスやネット環境に求められている（cf. Voropanova 2015）。

消費者は，こういったスマートな買い物（スマート・ショッピング）のためにモバイル・デバイスを利用するのである。スマート・ショッピングのコンセプトを図 10-1 に示す。モバイル・デバイスを利用することで，より生産性の高い買い物ができる①。そして，その生産性が高かった（より良い，よりおトクに，間違いなく，楽しく，快適に買い物ができた）場合，買い物価値を高めることができる②。ただし，製品カテゴリーによってモバイルの利用の程度③やその成果としての買い物価値は異なる④。たとえば，最寄品の場合，他の買回品や専門品よりも，できるだけ時間や労力，支払額のコストを下げたい。その買い物はある程度，楽しければ良い。一方，洋服やかばんなどの場合，さまざまなブランドやタイプを比較しながら購入したいため，効率性よりも選ぶ楽しさや間違いのない買い物ができることなどが重視される。そのため，カテゴリーやジャンルでその求める機能は異なる。その結果，生産性の最大化を求める場合と，ある程度の選択の幅の中で選べれば満足，という場合で，モバイルの使い方も異なり⑤，成果としての買い物価値も異なる⑥（図 10-1）。

図10-1 スマート・ショッピング・コンセプト

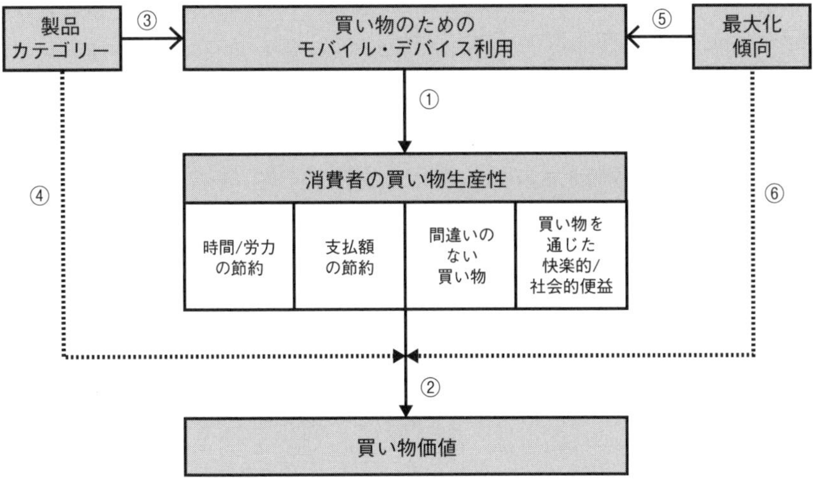

（出所） Voropanova（2015）を修正して引用。

　さらに，モバイル・デバイスを使うことで消費者の購買行動も変化してきている。

　消費者は，より良い買い物をするために，［購買前］の段階において，気になるブランドを調べたり，他と比較検討のためにさまざまなサイトを訪問したりしながら，情報をチェックする。購入する候補の商品はショッピング・リストに保存する。どの店に行くか決めた上で，来店する前に店舗場所や営業時間の確認，クーポンやプロモーション，商品の取扱いの有無，販売価格，評価レビューなど，店舗にひもづいた情報もチェックする。［購買中］の段階においては，店員のアドバイスや店舗内の販売促進ツールや情報なども参考にしながら，ネット上の価格と比較したりする。購買を決定した後，［購買後］の段階においては，使用感や評価をネット上でクチコミしたりする（cf. Voropanova 2015）。モバイル・デバイスの強みは，こういった小売が提供する情報を（他社情報も同時に検索し，その店舗間の情報を画面で切り替えながら！），どこにいても，いつでも（時間や空間を問わずに）確認できることである。

❖モバイルを用いた購買行動と消費者行動

　上述の点をふまえ，ここでは，モバイルを利用した購買行動が，消費者行動研究のどの概念と関連しているのかを照らし合わせながら，さらに検討を深めてみる。

　まず，ショッピング・リストの保存とそれに至る情報探索と比較検討行動は，「考慮集合（購入を検討する候補）の形成」に影響する。考慮集合の形成は，消費者が抱える課題に沿った選択肢を抽出するために，外部情報と記憶内の内部情報を照合しながら形成していくが，選択肢となる商品の候補（代替品）を探索・評価する場合，消費者はネット上に広がる無限の市場情報の中から，最適な商品を選び出す必要がある。そのため，**消費者においては高い検索能力や情報処理能力が求められることになる**。これらの能力が高いほど，良い考慮集合が形成される。仮に，その処理能力が高くない場合や，（カテゴリー）知識が不足する場合は，他人のクチコミやランキング情報などの手がかりを用い，簡易な意思決定（ヒューリスティクス）によって，とりあえず（仮）の候補を選ぶ。とくに，多くの商品が氾濫している現状においては，ネット上にも多様なランキングや売れ筋情報が示されていることが多いため，**簡易な意思決定が増えている**。この，**自ら検索し，候補を選び出す処理能力がある場合と，それほど処理能力が高くない場合の情報処理の２つのルートは，「精緻化見込みモデル」のように中心ルートと周辺ルートのどちらで検討するかという概念とも関連する**。

　従来，こういった情報は広告を見たときや，店員の情報やアドバイスが重要な判断基準になっていたが，近年はネットやアプリ上の情報やクチコミ，レビューが来店前の段階において，購買に大きな影響を与えている。動画によるイメージなども使用シーンを醸成することの助けになる。つまり，**事前にある程度（場合によっては，ほとんど）ブランドに対する情報と態度が決まった上で来店するため，店員が提供する情報（説明）の価値は相対的に低下する可能性がある**。そのため，来店前にほぼ勝負が決まっている可能性が高く，店舗内では，そのブランドをきちんと「想起」させ，間違いなく購買してもらうこと，関連した商品も一緒に購買してもらうこと，より高い単価の商品を購入してもらうことなどが施策の中心になっていくと考えられる。事前の情報探索行動を経て購買していることから，ある程度，「満足度」も高く，自らの使用状況や使用経験をネットに書き込むことで，自分の購買行動を他人に公開し，比較する。

その結果をふまえながら，自らの購買行動を評価する。そのため，**常に外部の評価を気にしつつ，次の購買に向かう，という流れになる。**

　従来の消費者行動研究においては，意思決定プロセスの（検討時間も含めた）購買中に焦点をあてることが多く，店舗におけるサービスや従業員の知識が大きな位置を占めていた。購買後も個人的な満足度や評価がリピートに大きく関わり，他人の評価はそれほど大きな影響がなかった。

　ところが，**モバイルを利用することで，従来の意思決定プロセスよりも，「購買前」の段階が非常に重要になってきており，また他人の評価やアドバイスといった「社会的な知識」が大きく影響してきているのである。**そのため，これらの要素をうまくモバイル・マーケティングで提供することが重要になってくる。ここで重視されるのがモバイル・アプリの活用である。

　しかし，実際のところ，食品スーパー利用者の中で，ネットを活用した購買はまだそれほど多くない。

　食品スーパーを利用する消費者のネット利用に関する動向を，一般社団法人新日本スーパーマーケット協会の統計サイト[3]で確認したところ，ネット・スーパーや通信販売を利用する割合は食品（生鮮品を除く）で4割弱程度，生鮮品で2割程度にとどまっている。ネットを活用した購買を行う理由は，購入した商品を運ぶ手間，買い物に行く手間の削減が上位にある。さらに，24時間好きなときに注文できることも，営業時間が決まっているリアル店舗に比べて魅力を感じている。

　一方で，利用しない理由は，自分で商品選びができないことが1位にあげられている。食品は自分の目で確かめた上で購入したい意向が強く，また送料の負担や支払いの手続きの煩わしさなどが気になるため，利用しない傾向にある。つまり，運搬の手間や買い物に行く手間が削減されるメリットがあったとしても，自分の目で確かめたい，追加の支払いを負担したくない消費者がネット販売や通信販売に消極的な様子である。

　ただし，来店前の時点ですでに，3割から4割の消費者は生鮮3品の購入する種類を決めており，同時に半数がチラシを見ており（電子チラシは4割ほど），大まかな予算も3割ほどの消費者が来店前に決めている。

　この傾向から，食品スーパーの場合，来店前にある程度の購入商品を決めているものの，ネット販売や通販については追加費用や支払いの手続きなどがネ

ックになる。実際に目で見て買いたい商品以外（たとえば，一度購入したことの
あるグロッサリーや NB）は，どこで購入しても同じ商品である。そこで，まず
はこういった商品を中心に，追加コストがかからない仕組みを構築すれば，ネ
ットでの購入機会が増える可能性がある。同時に，実際に目で見て買いたい理
由を掘り下げることで，ネット販売の何を気にしているのかを明らかにする必
要がある。野菜や魚の鮮度情報，生産者情報や原産地といった産地へのこだわ
り，放射性物質検査の数値など，消費者が知りたい情報や，リアル店舗では細
かく伝えきれない情報を「事前」に伝えることができれば，他店に流れていく
消費者の防止にもつながるかもしれない。こういった情報提供において，モバ
イル・アプリが有効な手段となるであろう。

3　モバイル・アプリの状況

※モバイル・アプリの3要素

　モバイル・アプリは，世の中にあふれかえっている。実際，上位 100 位まで
のグローバル・ブランドのほとんどが，顧客との関係性（カスタマー・エンゲ
ージメント）を築くためにアプリを持っている（Kotler *et al.* 2017, 邦訳）。

　多くのアプリは便利な機能を有しており，うまく利用すれば，買い物の生産
性を高めてくれる。最新の実証研究においても，食品スーパー（食料雑貨店）
のリアル店舗の利用者がモバイル・アプリを利用することで，利用しない消費
者よりも購買総額や購買頻度が高まりやすいという結果が出ている（赤松・戸
塚 2017）。

　しかし，80％以上のアプリは 1000 回未満のダウンロードしかないことや
（Dredge 2011），25％のアプリはインストールされてから一度も使われておら
ず，全体の 26％のアプリだけが毎日使われているにとどまる[4]。このように，
**ほとんどのアプリは，モバイル・デバイスにインストールされても使われないま
まになっており，消費者（顧客）との関係性（カスタマー・エンゲージメント）[5]が
弱い状態にある。**

　逆に，モバイル・デバイスのトップ画面にあるアプリこそ，日々使われるア
プリであり，消費者との関係性が強い存在であろう。このように，よく使われ
るモバイル・アプリは，「ソーシャル」（social：協働・共有機能），「ロケーショ

186　　第3部　オムニ・チャネル時代への対応

ン」（location：位置ベースの機能），「モバイル」（mobile：移動能力）の要素を備えているという（Kotler *et al.* 2017，邦訳）。

アメリカの大手小売企業の近年のアプリ活用事例を確認すると，上記の要素が組み込まれていることがわかる。たとえば，アメリカのデパートメント・ストアのメイシーズは，店内で Free Wi-Fi を提供しており，顧客が店内で商品に関する QR コードをスキャンすれば，商品のオンライン・レビュー，価格，ファッション・トレンド，アドバイスなどの動画コンテンツがその場で確認できる（Brynjolfsson *et al.* 2013）（ソーシャルの活用）。

ウォルグリーン（アメリカのドラッグストア）は，消費者の位置情報をもとに，消費者が来店したと同時に，その店のクーポンをモバイル・アプリに提供している（Brynjolfsson *et al.* 2013）（ロケーション機能の活用）。実際，アメリカでは，74％のスマートフォン・ユーザーが，自分の位置情報を利用するアプリを活用している。

韓国に進出しているテスコ（イギリスのディスカウント・ストア）の場合，多忙な顧客は，列車を待っている間に駅にある仮想店舗（食料品の棚のような壁紙）を見て，買いたい商品をスマートフォンの「ホームプラス」というアプリを使ってスキャンするだけで買い物を済ますことができる。帰宅したすぐ後に，その商品が届けられるサービスを提供している（cf. Kotler *et al.* 2017，邦訳）（モバイル機能の活用）。

ただし，消費者は，常にモバイル・デバイス（とくにスマートフォン）を持ちながら移動しているため，リアルタイムで消費者にメッセージを送ったとしても，その位置に滞在している消費者は 1 割程度で，あとの 9 割は別の場所に移動してしまっている（横山・楳田 2015）。したがって，**消費者の行動を位置情報という「点」で理解するのではなく，生活パターンや生活動線を含めた「面」で理解し，その面のどのタイミングでメッセージを送ることが有効なのかを理解することが重要である。**

❖デザインと情報の質

顧客との関係性（カスタマー・エンゲージメント）が強いアプリは，デザイン（インターフェイス）と情報の質が高いことが求められる（Tarute *et al.* 2017）[6]。

ここでいうデザインとは，以下の尺度項目で測定したものである。

「利便性の高いインターフェイスなので，欲しい／探している商品が簡単に見つかる」

「利便性の高いインターフェイスなので，ブラウズ（閲覧）しやすい」

「このアプリのビジュアル（画像）表現が私にとって重要である」

「このアプリのビジュアル・デザインが私にとって重要である」

情報の質とは，以下の尺度項目で測定したものである。

「モバイル・アプリは有益な情報が豊富にあるべき」

「アプリにおいて，さまざまな情報が見つけられる」

「モバイル・アプリは人を惹きつけるべきである」

なお，アプリを利用している際の心理的な状況として，消費者心理が「実用性」の状態にあるときは，コミュニケーションや情報探索用のアプリを利用すること，「快楽性」の状態にあるときは，エンターテイメントや買い物用のアプリを利用しやすいことが明らかになってきている（赤松・戸塚 2017）。アプリが削除されてしまわれないためにも，商品情報の探索（商品の問い合わせ），ロイヤルティ・プログラムにアクセスしやすいなどの「インターフェイス・デザインの設計」が重要であることもわかってきている（赤松・戸塚 2017）。

ただし，モバイル・デバイスの画面は小さいことから，詳細な検索には不向きである。そのため，パソコンでの買い物よりも「画面の上位に頻繁に登場するものを購入する傾向にある」（Goldfarb 2013）ため，アプリを作成する場合，そのデザインには注意が必要である。

普段あまり使われなくなったアプリを活性化するには，クーポンの発行が効果的である。クーポンを発行することで，再びアプリが利用される傾向にあるため[7]，来店動機につながるプロモーションとアプリを連動させることが有効な施策になる。とりわけ近年，新聞を購読している消費者の減少とともに，折り込みチラシの配布数も減少傾向にある。しかし，一定のエリアに住んでいる消費者に有益な情報やメッセージを届ける需要が減ったわけではない（横山・楳田 2015）。たとえばアプリのプッシュ機能などがあれば，来店を促すことも可能である。とくに SNS サービスの LINE（アプリ）は，友だち登録すれば，プッシュ機能があるため，消費者の利用促進につながりやすい。サービスの1つである「LINE@」であれば，無料あるいは充実したプランでも2万円程度で導入でき，従来のスタンプカードにあたるような機能やクーポン配布機能も

あるため，食品スーパーのプロモーションに利用しやすい[8]。モバイル・デバイスのメリットは，デバイスを通じて，消費者と何らかの接点を持つことができれば，消費者の住所や電話番号などの「個人を特定しやすい情報」が必要ないことである。

　上記の点を整理しよう。モバイル・マーケティングにおいて，消費者と何らかの接点を持つことができれば関係構築につなげられるため，まずはうまく接点を持つことが最優先されるべきである。その場合，消費者の買い物行動だけを見るのではなく，「生活者」として行動を理解する必要がある。これらをふまえ，モバイル・マーケティングとして，どのタイミングで，どのようなメッセージを誰に送るべきかを明らかにすべきである。とりわけ，アプリ開発において重要な点は，単にアプリを製作すれば良いわけではなく，小売企業は顧客が自社の店舗や商品，サービスを利用・経験しているときに，何に不満を持っているのかを見つけ出す必要がある。そのために，適切な調査を行い，アプリで何を解決すべきなのか，アプリを使っているときの心理的な状況はどうなのか，アプリによって顧客の生活がどのように楽になるのか，といった点を考えて設計すべきである。それがアプリをつくる目的にもなる（cf. Kotler *et al.* 2017, 邦訳）。

4　モバイル・アプリにおける機能

　最後に，実際のアプリについて整理する。取り上げる事例は，アプリ・ランキング・サイト（https://app-liv.jp/shopping/all/0012/）のショッピング・クーポン部門で利用者からの評価が高い「アマゾン」，その企業ブランド部門で利用者からの評価が高い「スターバックス」，利用者が最も多い「マクドナルド」，『スマホ白書2016』でランキング上位にある回転寿司チェーンの「スシロー」，アプリ開発担当者[9]がよく参考にするアパレル企業「ZOZOTOWN」，本書で取り上げた「阪急オアシス」「北野エース」，（「まいばすけっと」のアプリがないため，代わりにグループ企業の）「イオン」が保有するアプリについて整理した（表10-1）。アプリの機能は2018年2月1日現在のものである。

　整理した機能を，上から順に確認する。まず，ネット販売のアマゾンや

ZOZOTOWN は，多様な検索方法が可能であり，希望の商品にたどり着きやすいことが重要であることがわかる。どのアプリとも，おすすめ情報や新商品情報，フェア・イベントなどの購買への興味を高める情報を積極的に展開している。同時に，タイムセールやクーポン，チラシなどのお得な情報提供があることで，アプリを使う機会になる。こういった情報提供を消費者に知らせる通知（プッシュ）機能も備わっている。興味のある商品や過去にチェックした商品にたどり着きやすいような履歴にもとづく商品情報，外食サービスの場合は店舗で提供している商品やメニュー情報が一覧で見やすく掲載されている。

　購入のための機能としては，ほしい物リストやお気に入りアイテム，ショッピング・カートなどの購入手続きに関連する機能はネット販売のアマゾンや ZOZOTOWN が充実している。

　なお，多くのアプリは会員登録することで，クーポンの発行やポイントの利用が可能となり，より個人の好みにあった利用が可能になる。たとえば，阪急オアシスやスターバックスなどは，従来の会員カードのポイントや残高をアプリに移行することもできる（ただし，会員登録にはメールアドレスによる本人確認が必要になる。このメールアドレスは，本人確認のためだけに利用するのではなく，注文した商品の確認や新商品情報など，消費者（顧客）との接点構築のためにも利用される）。

　過去の注文情報やその注文を通じて貯まったポイントの確認ができることも，アプリの利点である。よく利用する店舗のポイントがアプリで管理できれば，会員カードを持ち歩く必要もなくなる。リアル店舗を展開する企業は現在位置の情報にもとづき，最寄店の検索が可能であり，アプリによってはよく利用する店舗を登録することもできる。その他，利用規約やヘルプ・よくある質問などの利用者対応，企業が提供するエンターテイメント系の情報，他のネットサイトへの誘導や SNS と連携するアプリがあるが，アプリの画面の下の方にあったり，後ろのページにあったりするため，あまり積極的にアピールしていない様子である。

　なお，マクドナルド，ZOZOTOWN，イオンは，画面を左右にスワイプ[10]することで，カテゴリーやおすすめ商品を切り替えることができる。そのため，画面が小さいスマートフォンであっても左右にスワイプすることで，多くの情報を取得することができる（1つの画面に適度な情報を掲載し，快適なデザイン

表 10-1 ブランドや企業のアプリ機能の整理

	アマゾン	ZOZO-TOWN	スターバックス	マクドナルド	スシロー	イオンリテール	阪急オアシス	北野エース
検索機能	検索機能（商品画像，バーコード，音声による検索も可能）	検索機能（カテゴリー，ブランド，お気に入りブランド，キーワードからの検索が可能）						
おすすめ情報	（検索履歴にもとづく）おすすめ情報	・おすすめ情報 ・人気のブランド情報 ・注目のトレンドワード ・カテゴリー別ランキング情報	・新商品情報 ・What's New	・おすすめ情報 ・新商品紹介	・おすすめ情報 ・キャンペーン	・おすすめ情報	・おすすめ情報 ・フェア／イベント情報	・おすすめ情報
お得な情報	タイムセール情報	クーポン情報		クーポン情報		チラシ クーポン情報	チラシ	クーポン情報
通知機能	通知機能	通知機能	通知機能	通知機能	通知機能	通知機能	通知機能	通知機能
商品情報	最近チェックした商品	チェックしたアイテム	最新の商品情報	メニュー情報	メニュー情報			
購入手続き機能	・ほしい物リスト ・ショッピングカート	・お気に入りアイテム ・ショッピング・カート ・通知アイテム（好きなブランドを選んで通知）			・近くの店の予約 ・持ち帰り寿司の注文		キャンペーン予約	
登録情報	会員登録／変更	会員登録／変更	・会員登録／変更 ・スターバックスカード残高	会員登録／変更	会員登録／変更	会員登録／変更	会員登録／変更	会員登録／変更

注文情報	注文履歴	注文履歴	購入履歴（ギフト）		予約状況の確認			
ポイント確認	ポイント確認		ポイント履歴[1]	楽天ポイント/dポイントの履歴	ポイント履歴		ポイント情報	マイルの確認[2]
店舗検索			・現在位置からの最寄店検索 ・お気に入りの店登録	現在位置からの最寄店検索	・現在位置からの最寄店検索 ・地域別の店舗検索	・お気に入りの店 ・現在位置からの最寄店検索 ・よく見る店舗登録	・お気に入りの店 ・現在位置からの最寄店検索	お気に入り店舗
利用規約／プライバシー・ポリシーやヘルプ	・利用規約／プライバシーポリシー ・ヘルプ ・カスタマー・サービス	・利用規約／プライバシー・ポリシー ・個人情報保護方針 ・個人設定 ・ブランド古着買取サービスなど	・利用ガイド ・よくある質問 ・利用規約／プライバシー・ポリシー	・利用規約 ・個人情報保護方針 ・よくあるお問い合わせ ・個人設定など	・利用規約／プライバシー・ポリシー ・Q&A ・アレルギー情報 ・原産地情報	・利用規約／プライバシー・ポリシー ・運営者情報 ・よくある質問	・利用規約／プライバシー・ポリシー ・よくある質問	・利用規約／プライバシー・ポリシー
企業が提供する情報			コーヒーパスポート[3]		情報提供「ひまつぶし」[4]	CM・動画	レシピ	
他のサイトやSNSとの連携			・チェックイン機能 ・オンライン・ストアとの連携		twitter, facebook, LINE@友だちとの連動ボタン	twitter, facebookとの連動 他のイオン・サイト（ネットスーパー、オンライン・ストア）へのリンク集		

（注）　1．スターバックスで初めてとなるロイヤリティ・プログラム「Starbucks Rewards」（スターバックス リワード）を 2017 年に開始した。これは，ウェブ登録済みのスターバックスカードで商品を購入することで，50 円（税抜）ごとに「1 Star」（1 ポイント）が付き，一定数の「Star」をためるとドリンク，フード，コーヒー豆などと交換できる仕組みである（『流通ニュース』2017 年 9 月 19 日：https://www.ryutsuu.biz/strategy/j091910.html：2018 年 2 月 3 日アクセス）。

　　　　2．アプリ内に投稿された情報に対する「いいね！」やシェアでマイルがたまる。

　　　　3．登録済みのスターバックスカードを使い店頭でコーヒー豆を購入すれば，その豆の感想をメモできる機能。

　　　　4．壁紙・アイコンの提供，PR 担当者のコーナー，まぐろの知識，まぐろのレシピなど。

である）。

　以上からわかる点は，ネット販売，飲食サービス，食品スーパーのアプリが提供する機能は，おすすめ情報やクーポンの提供，商品情報や購買に関する機能など，実用性を重視しているものが多いことである。スターバックスのようなブランド力のある企業のアプリであっても，楽しみながら利用できるような機能はあまりない。スシローが待ち時間解消のためにに消費者に見てもらえるような多様なコンテンツを提供している点は，アプリ利用の頻度向上に役立つと考えられ，評価できる。なお，社会的な機能としては，スターバックスが店舗にチェックインした情報を SNS で知らせるものが該当する。食品スーパーのアプリに関しては，まだ情報提供やポイント確認にとどまっているものが多い。こういった点から，実用性だけでなく，来店を促す楽しい仕掛け，来店者同士をつなぐ機能など，快楽性や社会的価値を意図した機能を取り入れていくことでより良いアプリになると考えられる。終章では，スクリプトとあわせて以上の点を議論する。

注

1　GPS 以外にもモバイル・デバイスの位置情報を推定する方法がいくつかある。①ソフトバンクなどの通信キャリアの基地局と電波をやりとりしている情報から場所を推定する方法，②ネット・プロバイダーが地域ごとに決めている IP アドレスへのアクセス情報から，どのあたりの地域からアクセスしているのかを推定する方法，③ビーコンと呼ばれる電波を発信する機器を，モバイル・デバイスの Bluetooth（近距離無線通信方式の規格の１つ）が電波を受信したことで，位置を推定する方法（店舗への来店者のモバイル・デバイスに割引クーポンを発行したり，商品に近づいたら商品情報を発信したりすることが可能である），④SNS のプロフィール情報の活用や，Google などの検索履歴から推定する方法，など多様な方法がある（横山・楫田 2015）。

2　ウェブサイトなどのモバイルのプル型メディアは，高い興味を持たれているカテゴリーやブランドにおいて効果的である。いずれにしても，モバイルのプッシュ型とプル型メディアを統合的に揃えることで顧客のニーズに対応でき，結果的には店舗への来店を促し，売上を伸ばし，オンライン・オフラインの両方の広告への反応も高まる（Ström *et al.* 2014）。

3　「統計・データでみるスーパーマーケット」（http://www.j-sosm.jp/customer/2017_03.html：2018 年 1 月 4 日アクセス）。

4　Google, Ipsos. (2015) "Mobile app marketing insights : How consumers Really Find and Use Your Apps"（https://think. storage. googleapis. com/docs/mobile-app-marketing-insights. pdf：2017 年 12 月 29 日アクセス）を参照。

5　カスタマー・エンゲージメントとは，消費者がブランドあるいは企業に対して購買行動を超えるような行動を明示することである。このエンゲージメントは，認知，感情，行動，社会的要素で構成されている。

6　なお，多くの調査対象者がソーシャル・ネットワーク・アプリを利用しているため，その利用状況が回答にも影響している。換言すれば，ソーシャル・ネットワーク・アプリの持つデザイン

性や情報の質がスタンダードになれば，他のアプリもそのレベルを求められるということである。

7　注4に同じ。

8　新日本スーパーマーケット協会『2017年版スーパーマーケット白書』（http://www.super.or.
jp/?page_id=6709：2018年1月18日アクセス）を参照。

9　実務の現場でアプリ開発を担当しているパテクラ・テクノロジー・ジャパン株式会社　シニア
テクニカルコンサルタント　森田昌宏氏のコメント。

10　指で画面を押さえながら，左右に掃くような動作を指す。

第3部のまとめ：リアル店舗とネットの融合に向けて

　第3部では，食品スーパーを取り巻く大きな環境変化の1つとしてのデジタル化やインターネットの普及による影響を検討してきた。多くの消費者が，購買プロセスにおいて，インターネット（オンライン）の情報やクチコミ，他者の評価を，購買にうまく活用する時代である。このオンラインとオフラインがつながりながら行動する時代において，リアル店舗とネット販売にはそれぞれメリットがある。

　リアル店舗の強みは，顧客のために取り揃えられた品揃えを手にとって確認できること，それをすぐに購入できる満足度にある。店員のサポートや店舗の雰囲気を通じて購買するというショッピング体験に価値がある。一方のネット販売の強みは，いつでもどこでもあらゆるものにアクセスでき，在庫コストを抑えながら多様な品揃えを用意することが可能であり，商品情報や価格比較，他者の評価も容易に確認できる。支払いも便利であり，購買後の関係も続きやすいことである。

　食品スーパーは，リアル店舗の強みを活かしながら，ネットに対抗して顧客を奪い合うのではなく，ネットをうまく活用し，組み合わせていくことで，新しい時代に対応することが求められている。

　これまで，小売企業は異なる顧客タイプに対応するために複数のチャネルを構築してきたが，近年，顧客の視点でこの複数のチャネルを統合・融合する動きが本格化しつつある。消費者がチャネル間をシームレスに移動しながら，そこでのショッピング体験をより快適にする取り組みであるオムニ・チャネルが，これからのスタンダードになっていくことが予想される。**このオムニ・チャネルに含まれるべき要素は，消費者の視点でチャネルを構築すること，シームレスな体験ができること，コミュニケーション（としてのタッチ・ポイント）もその範囲に含むこと，チャネルを統合することによるシナジーが発揮できること，である。とくに，消費者が解釈する一貫性のあるシームレスなチャネルとは，顧客情報，品揃え，価格，サービス，情報提供といった小売ミックスがチャネル間で統一され，調和されている状態を指している。**

これを実現する1つの手段が，モバイル・デバイスである。とくにモバイル・デバイスと地域に根ざす食品スーパーは相性が良い。しかし，食品スーパーの利用者の多くは，インターネット販売や通信販売に慣れていない層である。ただし，その点は，モバイル・デバイスを通じて解消できることが多いことも事実である。海外の大手小売企業は積極的にモバイル・マーケティングを仕掛けており，それがまもなく日本の市場においても導入されるだろう。

　モバイル・デバイスを活用するモバイル・マーケティングによって，従来の食品スーパーが好立地（ロケーション）と小売ミックスによる「待ち」の戦略から，モバイルを起点に位置情報やアプリが提供できる利便性，クーポンなどの販売促進・プロモーションによって，「攻め」の戦略に転じることが可能である。とりわけ，**モバイル・デバイスも他の買い物価値と同様に，快楽的な楽しさや喜びを与えることができれば，顧客との関係性構築につながるため，積極的にモバイル・デバイスやアプリを活用する価値は十分にある。**

　食品スーパーの購買行動は，限定的な意思決定プロセスであるため，他社との比較購買などは他のカテゴリーに比べれば，それほど深くない。一方で，購買頻度が多いだけに，モバイル・デバイスやアプリを通じて関係を構築することができれば，消費者にとっても買い物の生産性を高めることが可能になり，買い物に対する満足度を高め，次の購買にもつながることになる。とくに，デジタル時代において消費者は，オンライン情報を活用しながら購買するようになってきている。そのため，購買行動における購買前の情報探索が非常に重要である。また自分で購買を決められない場合，他人の意見やアドバイスを重視しやすい。こういった情報探索の前倒しと社会的な知識をうまくモバイル・マーケティングに取り込んでいくことが求められる。

　終章では，これまで明らかになってきた食品スーパーの革新の方向性と，モバイル・マーケティングで補完できることを整理していく。

終 章

オムニ・チャネル時代の
小売イノベーション

1　小売革新の方向性とモバイル対応

　本書は，消費者の行動パターンの認知構造体であるスクリプトの概念を用い，小売革新の方向性について議論を進めてきたものである。そのスクリプトを階層構造で捉え直し，分解することで，階層（水準）ごとに，消費者が買い物行動を通じて得られる価値やビジネス・モデル・イノベーションの議論を援用し，食品スーパーの革新の方向性について整理し，検討してきた。

　まず，序章でふれた点について，回答する。

Q1. ネット販売の浸透によって，食品スーパーは倉庫になってしまうのか。
A1. 消費者の買い物行動への価値対応ができなければ，倉庫になってしまう。

　消費者は購買意思決定の前に，製品・サービスを体験するための場が必要である。そのため，リアル店舗はその存在が必要である（Kotler *et al.* 2017，邦訳）。ただし，そのあり方は変わってきている。たとえば，丸井（マルイ）は，リアルの店舗をショールームに切り替えて，ネットで購入してもらうといった取り組みをスタートさせている。とくにブーツやハイヒールなどは，荷物がかさばるため，持ち帰りたくないという消費者ニーズや，在庫負担をなくし店舗の運営費用を圧縮したいといった課題もあるため，2019 年の春までに，PB 商品を中心に試着用の衣料品と靴だけを置く売り場を，東京の有楽町や横浜など 10

197

店舗超に導入する[1]。リアル店舗とネット販売を組み合わせたサービスが他の流通業界でも浸透しつつある。この流れに沿えないリアル店舗や，消費者ニーズに対応できない（価値を感じられない）リアル店舗はなくなる（ネット販売の倉庫，配送拠点になる）。

そうならないために，市場の変化に対応し，革新していく必要がある。その競争力の源泉を確認しつつ，革新の方向性を本書で示してきた。とくに，食品スーパーとモバイル・デバイスは相性が良い。そこでリアル店舗の魅力を高めるために，モバイル・マーケティングを活用することが重要になる。Q2の回答の後，まとめていく。

Q2. 食品スーパーとレストランの融合業態は成功するのか。
A2. 成功する。

ただし，その方法は本書で明らかにしてきたように，リテール・ブランド・エクイティとしての競争力の要素，業態としてのスクリプト，モバイル・デバイスやアプリを通じた情報提供などによる対応が必要だろう。

2 本書で明らかになったこと

本書で明らかにしてきたことを整理し，まとめながら，上記に関して詳細な回答を示す（この第2節が序章で示したQ1，Q2の詳細な回答である）。

※第1部で明らかにしたこと

第1部は，食品スーパーの強み（ブランド力）の把握と，食品スーパーという業態がどのように消費者に認識されているのかを明らかにした。

近年，小売業界は厳しい市場環境に置かれており，食品スーパーも例外ではない。この状況において強い店舗をつくるためにどうすれば良いのかという点を把握するために，競争優位性の源泉としてのブランド力（リテール・ブランド・エクイティ）を測定した。測定において配慮した点は，できるだけ，実務の現場で実践（展開）が可能な質問項目で測定すること，および，店舗活動だけでなく企業活動も含めた包括的な視点でブランドの構造を把握すること，食

198

品スーパーのタイプ別に傾向を確認することであった（これらの配慮は，研究成果を現場に還元する実学としてのマーケティングの役割でもある）。

リテール・ブランド・エクイティの研究から明らかになった点は，第1に，店舗活動と企業活動における要素は強い正の関係にあり，両者は相互に補完しながらリテール・ブランド・エクイティを構築している点である。第2に，セルフサービスが主体である食品スーパーにおいても，「サービスやサポート」（とくに「常連客への対応」や「サービス」など）が，店舗施設やマーチャンダイジング活動よりも，リテール・ブランド・エクイティの形成に強く影響することである。第3に，買い物単価の向上，買物点数や買い物機会の増加といった行動的ロイヤルティには，感情的ロイヤルティと経験価値が大きく影響するという点である。これらの点から，企業の方針がうまく店舗活動に反映されていること，そして，店舗活動においては，サービスやサポート対応をより強化することがブランド力の源泉となり，それが他の食品スーパーとの競争力になるということがわかる。とりわけ，消費者が店舗での買い物体験を通じて，楽しいという感情を高めるほど，収益に直結する行動的ロイヤルティにつながることがわかってきた。

さらに，関東・関西を中心に幅広いエリアで展開する大手スーパー，特定の地方で活躍している中堅のローカル・スーパー，特徴のある取り組みを行っている個性的なスーパーに分類しながら分析したことで，それぞれの強みが明らかになった。これらの分析を通じて，現状の食品スーパーが自社の競争力を作り出すための方向性を示すことができたと考える。

しかし，上記はあくまでも食品スーパーが「現在の土俵で戦う」という前提での分析である。食品スーパーは市場に対応しながら継続的なイノベーションを続ける変化対応業であるが，いまの取り組みの延長線上では，限界がある。ここを乗り越えるためには，先端事例にヒントを求めた方が良い。そして，どの事例が良いのかという点は，業態の概念とも関わってくる。では，そもそも，消費者は食品スーパーという「業態」をどのように認識しているのか。実は，これまでの流通研究において，この概念を明確にしないまま議論されることも多かった。むしろ，明確にできない抽象的な概念であったともいえる。そこで，本書は，この業態という概念に消費者行動論の視点でアプローチしようと試みたものである。そのアプローチには，消費者の行動パターンとしての認知構造

終　章　オムニ・チャネル時代の小売イノベーション　199

体である「スクリプト」に注目し，業態を類似の行動パターンをもつ店舗群の
ひとまとまりのタイプとして位置づけ，食品スーパーとコンビニエンス・スト
アを比較対象にし，基本的な業態認識を検討してきた。その結果，明らかに食
品スーパーとコンビニエンス・ストアは異なる行動パターンの認識を持ってい
ること，そして食品スーパーのスクリプトはコンビニエンス・ストアと比較し
て，長く，直線的であることがわかってきた。

　また，購買前の行動，店舗内行動，売り場行動のパターンなどから，来店前
にいくつかの準備行動があること，来店したらカゴ（バスケット）を持ったり，
カートを押したりしながら，生鮮を中心とした売り場行動を直線的に移動する
こと，その後は比較的，売り場で行動が分散すること，最後にレジ付近で買い
忘れがないかチェックした後，精算するという一連の流れがあることも理解で
きた。この行動パターンはコンビニエンス・ストアとは大きく異なっていた。
さらに，利用頻度（依存度）や来店前行動の違いで強化されるスクリプトも異
なっていた。

※第2部で明らかにしたこと

　そこで，第2部では，第1部で解明された内容にもとづきながら，スクリプ
トの構造を階層構造に分類し，それぞれの階層に沿った先端事例として，「ま
いばすけっと」「サンシャイン」「阪急オアシス」「北野エース」を取り上げ，
その事例の特徴を記述することで実務的なインプリケーションを導いた。

(1)　買い物行動スクリプトにおける革新の方向性

　買い物行動スクリプトにおける革新の方向性は，顧客効率性（より良く，便
利な）の価値を達成することにある。「まいばすけっと」に代表されるような
都市型小型スーパー（ミニスーパー）と呼ばれる小売タイプのあり方が消費者
に受容される。

　こういった店舗では，買い物を楽しむというよりも，実用性が求められる。
とくに，「近さ」というアクセス容易性によって，身近な存在であることを1
つの強みとする。マーチャンダイジング活動も売れ筋の商品に絞り込み，全体
の価格を抑え，店舗サイズもコンパクトにすることで，買い物にかかる時間や
労力も短縮できるため，効率良く購入できる。そのため，シンプルさ（sim-

ple）と即時性（quick）という価値を提供する存在である。

これまでリアル（オフライン）な時代において，アクセス容易性が示す意味は，立地やロケーションが主体であった。しかし，オンラインの発展によって，いろいろなことが手元のモバイル・デバイスでできるようになった。さらに，消費者は日々忙しい。そのため，消費者の生活において「時間」が最も稀少な資源になってきている（Kotler *et al.* 2017，邦訳 209 頁）。アマゾンといったネット販売の登場によって，それがスタンダードになり，消費者は買い物に対して，アクセスしやすく，取引（買い物）しやすいブランドを選ぶようになってきている。面倒な作業をしなくても，自分のニーズに対して企業が直ちに解決策を提供してくれることを期待する。つまり，届けてくれるスピード（デリバリー）の速さや買い物しやすさといった価値が，製品やサービスそのものと同じくらい重要となる（cf.Kotler *et al.* 2017，邦訳）。

これをリアル店舗だけで満たすのではなく，モバイル・マーケティングを併用することで，顧客効率性を最大化することが，買い物行動における革新の方向性の価値を高めることになる。モバイル・デバイスやアプリは，過去の購買履歴，顧客情報やクレジット・カードなどの支払い情報の登録が可能であり，その最大の価値は，「必要なものを，すぐに手に入れられる」という，入手しやすさを高める機能である。とりわけ，オムニ・チャネル時代においては，いつでも，どこででも注文できるオンラインとオフライン間をつなぐスムーズな「アクセス容易性」（accessibility）がさらに洗練されていくことが，これからの時代に求められる価値であろう。

こういった利便性や機能性を追求することがブランド選択の 1 つの要素になるため（Kotler *et al.* 2017，邦訳），とくに，買い物効率を高めるための機能が求められる。

たとえば，出先（帰宅途中）からスマホでアプリにアクセスし，そこで提案される売れ筋情報を見ながら，欲しいものを先にアプリで注文しておき，店に到着したら精算も済んだ状態で保管してくれている，あるいは，時間指定をしておいて自宅まで配送してくれる機能などの時間効率を高める機能があることで，より利便性を高めていくことであろう。

店舗ごとに売れ筋が異なる可能性もあるため，売上状況に応じた売れ筋情報の提供，それを低価格で，短時間に効率良く買い物できる店舗が自宅やオフィ

表終-1 オムニ・チャネル時代の買い物行動への価値対応

モバイル・デバイスで満たすべき オムニ・チャネル時代の買い物行動への価値対応		主な組織体制 バック・システム
実用的価値 (utilitarian value)	シンプルさ（simple）と即時性（quick） ・購買行動プロセス全体を効率化することで，スクリプト全体を短くし，買い物生産性を高める ・売れ筋やお得情報を購買前にプッシュ ・精算も事前に完了し，受け取りだけ 　などのモバイル・デバイスやアプリとの連携	・ローコスト・オペレーション（重要な業務に絞る）
	アクセス容易性（accessibility） ・立地（ロケーション）に加え，入手しやすさの追求 　——配送や事前予約などへの対応	

スの近くにあることが望ましい。配達してもらう場合も効率的である。そのためには，できるだけ，運営に関する手間やコストを削減したローコスト・オペレーションが必須条件になるだろう（表終-1）。

(2) 店舗内行動スクリプトにおける革新の方向性

　店舗内行動スクリプトにおける革新の方向性は，店舗における顧客の体験や経験価値を高め，地元の消費者と店舗・店員同士が交流するコミュニティ（community），愛着（attachment）を高めていくことで顧客とつながり，快楽的な（hedonic）価値を構築する場（店づくり）である。

　「サンシャイン」「阪急オアシス」の事例を通じて，経験価値を高める機会はストア・デザインの工夫にあることが理解できる。本来，食品の買い物は義務的なものであるが，「できたて」「作りたて」を五感で感じられる市場（いちば）のような臨場感（ライブ感）のある空間を演出することで，気分を盛り上げる。対面販売や試食を通じて食への造詣の深さを伝えることで，より新しい情報を得られる場としていく。それによって，来店者の買物意欲を高めていく「ショッピング・モード」へと切り替えていく。さらに，ストレスを感じさせない落ち着いた雰囲気の中でゆっくりと滞在できる（上述のライブ感とは別の）場，店員との接点を構築する場を提供することで，地域住民同士，店員との交流やつながりが増え，店舗への愛着が高まり，なくてはならない存在（ブランド）になっていく。

なお，デジタル化時代において，消費者は多様な情報に気軽に接することができる。そのため，顧客にとって愛着を持ってもらえる存在になるには，ブランドの透明性や本物感（authenticity）も大切になる（Kotler *et al.* 2017，邦訳）。そのため，企業の方針が体験できるようなイベントなども大切な活動になるだろう。

　上記をふまえ，具体的な店舗イメージとして，まずは，生産者（作り手）の顔が見える売り場が良いだろう。食に対する造詣が深い食品スーパーだからこそ，単に食材を売るのではなく，誰が作っているのかという食材の背景を伝えること，そして，「料理」としての完成度を高めて提供する場こそが，食を中心とした自然なコミュニティを形成していく[2]。近年，大手企業がリニューアルした店舗の多くは，イート・インのコーナーを積極的に充実させつつあり，この場所を料理体験やイベントを実施するスペースとして活用することで，コミュニティの場にしようと試みる事例が徐々に増えてきている。確かに，華やかなイベントや体験教室による交流の場も大切ではあるが，普段の生活シーンでも，1人の既存顧客に，より何度も来店し，より長く滞在してもらうための場の設計も重要であろう。たとえば，積極的に，店の中央にイート・イン・コーナーを設置していくことによって，食材の提供だけではなく，料理を提供する場があっても良いと考える。

　実際，2017年8月末に東京駅地下の「グランスタ丸の内」に旗艦店として出店したEATALY（イータリー）は，できたて惣菜の追求やイート・インの充実を目指した，食品スーパーにおける「物販と飲食の融合業態」[3]である。この新しいあり方は，グロッサリーとレストランを融合させた言葉として「グローサラント」[4]とも呼ばれている。他にも，成城石井の「イート・イン」併設の店舗なども登場しつつある。このグローサラントは，従来の食品スーパーの店舗内行動とはスクリプトが大きく異なるため，新しい業態として認識されるであろう。また，食品スーパーの持つ旬の食材を店内加工する技術もそのまま使える。ただし，単にレストランを併設するだけでは場の持つ魅力は低減し，一過性で終わってしまう。リテール・ブランド・エクイティの競争力の源泉は，サービスやサポートが充実している点である。とくにイート・インのスペースも坪効率に影響するため，ある程度の収益（回転率）が求められる。こういった複合型の業態が根づいていくためには，食品スーパーの持つ素材加工力以外

終　章　オムニ・チャネル時代の小売イノベーション　　203

表終-2　オムニ・チャネル時代の店舗内行動への価値対応

モバイル・デバイスで満たすべき オムニ・チャネル時代の店舗内行動への価値対応		主な組織体制 バック・システム
快楽的価値 (hedonic value)	愛着 (attachment) ・気分を盛り上げるストア・デザインや，落ち着いた雰囲気づくり ・会社の姿勢や方針，透明性の伝達 ・食材の背景情報（原産地，農薬の問題，放射性物質検査の実施など）や作り手のストーリーの伝達	・従業員教育・サービス対応（より深い接客サービス） ・食品・調理加工技術外食産業のノウハウ
	コミュニティ (community) ・チェックイン機能や地域の他の消費者が店舗にいるかどうか，店員の勤務状況 ・食文化の伝達 ・場を楽しむ仕掛け（イート・インやグローサラントでのメニュー・オーダー機能など）	

に，外食で求められている程度のサービスやサポート対応が必要である。

　さらに，モバイル・マーケティングも併用するべきであろう。その施策としては，店頭で補えない食材の背景情報（原産地，農薬の問題，放射性物質検査の実施など）や作り手のストーリーを積極的に伝える必要があるだろう。近年，『食べる通信』（地元のこだわり食材つきの定期購読雑誌）が全国的に広がっている。こういった食の背景を知りながら食事をすることの大切さを伝えるのは，食材を大切に扱う食品スーパーの役割である。その場合，第3章で示したように，食品スーパーの利用頻度（依存度）や来店前行動の違いを意識した情報伝達が必要である。たとえば，チラシを確認して来店を決める層には，来店特典やお得情報の発信を，在庫・料理・冷蔵庫のチェックをしてから来店する層には，上記のような食材の背景や料理に関する情報提供の発信が好まれる。

　顧客との関係性（カスタマー・エンゲージメント）は，顧客同士の対話や，店員との交流，社会コミュニティへの参加といった，特定の相互コミュニケーションを促進するタッチ・ポイントを通じて，構成される（Lemon and Verhoef 2016）。そこで，モバイル・マーケティングを通じて，積極的にリアル店舗に誘導する機能や，他の顧客（の誰）が店舗内にチェックインしているのか，どの店員が出勤しているのか，イート・インのスペースで食べられる料理は何かなど，店舗に顧客を誘導する仕掛けと，店舗でのコミュニティを感じて快適に

過ごすための要素をアプリに組み込んでいくことで，自然と滞在時間が延び，購買単価と買物点数が高まる。いずれにしても，こういった店舗づくりや運営には，食に関する知識や，従業員教育やサービス対応力，外食産業のノウハウなども重要になってくる（表終-2）。

(3) KitChen & Market

　店舗内行動スクリプトの革新性と求められる価値について整理してきたが，これらの視点とイート・インの機能をあわせ持った最新の事例として，阪急オアシスの「KitChen & Market」を紹介する[5]。

　この店舗は，JR大阪駅北側のビル「ルクア大阪」の地下2階に2018年4月1日に開店した。「『買う！』『食べる！』『集まる！』がここにある」をキーワードに，多様なタイプの消費者が，多様な目的を持って利用することができる，賑わいのある空間づくりに成功している新しいタイプの店舗である[6]。ここでは，ストア・デザインとこのストア・コンセプトに至った経緯，売り場を支える組織面に分けて説明する。

　大きな特徴としては，その名のとおり，Kitchenとしてのイート・インやダイニングと，Marketとしての（惣菜も含む）物販をあわせ持つ。まるで市場を練り歩くような感覚で，店内を移動しながら，主な動線の内側には，物販の商品を買って気軽に食べられる場所（イート・イン）を，店の奥（外側）には，ゆっくりと落ち着いて食事ができる場所（ダイニング）を配置している[7]。

　店内は，大きく7つのエリアに分かれており，それぞれ，①「メルカ」，②「スイーツアットホーム」，③「フレッシュガーデン」，④「デリステーション」，⑤「グルメコーナー」，⑥「ラ・プチ ブーランジェリー」，⑦「ミート＆イートスクエア」と命名されている（詳細は，阪急オアシスホームページより引用した後出のイラストを参照）。

　①の「メルカ」には，幅広い種類のワインが品揃えされ，世界各国から集められた約400種類のチョコレートが量り売りなどで購入できる。他にも，店内の専用窯で焼くピザや生パスタ，生ハムなども品揃えする。メルカのエリアは入り口に近いため，気分を盛り上げてもらうために，イタリアの市場の雰囲気をイメージし，音楽もラテン系にしていたり，売り場のマグネット（来店客の注目を集めて，引き寄せる要素）になる巨大なチョコレートのファウンテン（噴

図終-1　KitChen & Market の7つのエリア

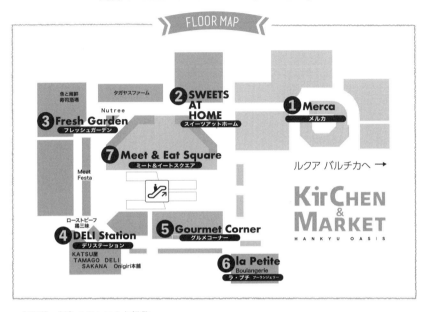

（出所）　阪急オアシスより提供。

写真①　KitChen & Market の店内（筆者撮影）

❶ メルカ

高さ約2.6メートルの巨大チョコレートタワーを目印に1000種類以上の品揃えのあるワイン、各国のクラフトビールコーナーや店内に設置した焼き窯では焼きたてのピッツァが楽しめるほか、自家製パスタ工場で作る生パスタを提供するダイニングがあります。その他イタリアンコーヒーが飲めるカフェバー、熱々のチョコレートを目の前でかけてくれるケーキや濃厚ジェラートなどイタリアの様々なおいしさをお楽しみいただけるコーナーも！ワインカウンターは17時から担当者オススメのグラスワインを500円（税込）〜で提供。気軽な立ち飲みスタイルでお楽しみください。

お酒やピッツァ等イタリア食材を楽しめる

❷ スイーツアットホーム

店頭に並ぶ旬の果物でつくるフレッシュジュースや、焼きたてのクレープ、見た目も華やかなパフェなど、スイーツをクイックにテイクアウトできるほか、ゆっくりと楽しめるフルーツパーラーでゆっくりカフェタイムを。
また話題のスイーツや人気のベーカリーが週替わりで登場するイベントコーナーやオフィスでのおやつや手土産にピッタリな1つから買えるスイーツマーケットなど甘い香りのコーナーです。

甘い香りが漂うスイーツコーナーでカフェタイム

水のように流す装置）が設置されていたりする。

　②の「スイーツアットホーム」では，旬の果物で作るフレッシュ・ジュースや，地元で人気のスイーツ店の商品が週替わりで登場するイベントコーナーを揃える。

　③の「フレッシュガーデン」は店舗の最も奥にあり，魚・肉・野菜といった生鮮3品を揃える。こだわりの野菜やフルーツを立体的に陳列し，ワンコイン（500円）で詰め放題のサラダ・バーやドライフルーツ・ナッツの詰め放題の売り場は高い集客力を誇る。鮮魚売り場では，本マグロの解体ショーが行われ，さしみと寿司を併売することで多様なニーズに対応する。肉売り場は，石窯で

❸ フレッシュガーデン

日々のお買い物にも便利にお使い頂ける野菜や鮮魚、精肉の販売はもちろん、新鮮野菜のサラダバーや1日5回ある生本まぐろの解体ショーなどライブ感あふれる市場です。
お鮨や石窯で焼き上げるハンバーグ、熟成肉ステーキが味わえるダイニングのほか、店内で購入した食材で持ち込みBBQが楽しめるコーナーも！

いつでも新鮮な野菜や肉・魚が揃う

❹ デリステーション

素材の上手さを引き出すあごだしを使った鶏のから揚げや惣菜の「鶏三昧」、約25cmの棒ヒレカツやわらじサイズのカツが自慢の「KATSU屋」、家で調理の機会が少ない方にも食べて頂きたい魚の惣菜やお弁当の「SAKANA」、店内で焼くだし巻きやたまごを使ったキッシュやオムライスなどの「TAMAGO DELI」。白米・玄米・十五穀米のおにぎりがある「Onigiri本舗」の5つのショップの他に、約20種のバリエーション豊富なお弁当を展開します。

食欲をそそる種類豊富なお惣菜が揃う

　焼き上げたハンバーグやステーキの販売とともに店内でバーベキューが楽しめるため，非常に集客力があるエリアである。
　④の「デリステーション」は，多様な種類の惣菜や弁当が並ぶコーナーである。
　⑤の「グルメコーナー」には，ご当地の調味料などをセレクトし，こだわりの日本酒や，100種類を超えるご当地銘菓を揃えている。
　⑥の「ラ・プチ」には，1日5回焼きあがるパンが並ぶ。
　⑦の「ミート＆イートスクエア」は，店舗内で購入した弁当や惣菜，スイーツなどを気軽にイート・インできるスペースで，席数は100席以上あり，ソフ

❺ グルメコーナー

キッチンに立つのが楽しくなる調味料，乾物，日本酒，焼酎や懐かしい駄菓子など，こだわりの美味しいものを取り揃えています。お友達や大切な方へのギフトラッピングも致します。

こだわりの美味しい食材が豊富に揃う

❻ ラ・プチ〜ブーランジェリー〜

バターの香り豊かなクロワッサンやシンプルに美味しいプリンは店内で手作りしています。また朝食・ランチ・軽食・ディナーのいろいろなシーンに合わせてお選び頂けるパンをご用意しています。

店内で丁寧に焼き上げたこだわりのパン

ト・ドリンク以外にクラフト・ビールなども扱っている。常に席が埋まっている状態で，仕事帰りの会社員や女性同士のグループ，仕事の打ち合わせ，家族での利用など，さまざまなシーンで活用されている。

　こういった①から⑦の売り場で，ストア・レイアウトが構成されており，売上比率は，惣菜を含む物販（とイート・イン）と外食（ダイニング）で7：3であり，物販の売上が多くを占めているのが特徴である。

　では，そもそも，この「市場感」や「市場らしさの持つ賑わい」とは何だろうか。このストア・コンセプトに行き着くまでに，阪急オアシスの幹部たちは，海外のさまざまな市場や食品スーパーを視察しつづけてきたという。その結果，

終　章　オムニ・チャネル時代の小売イノベーション　　209

❼ ミート&イートスクエア

すべてのエリアを繋ぐように「キッチン&マーケット」内の中央に100席以上をご用意しています。
オリジナルブレンドコーヒーや京都宇治抹茶グリーンティ他ソフトドリンク、こだわりの地ビール4種の飲み比べセット、チューハイなどのアルコールなど30種以上のドリンクメニューを揃えています。待ち合わせのご利用や他エリアで購入頂いたお惣菜や弁当を召し上がって頂いたり、お食事から、ティータイム、お酒の時間までお好きな時間でお過ごしください。

お好きな時間にご利用いただけるスペース

（出所）❶から❼まですべて阪急オアシスより提供。

　市場とは「動線に面して物販が連続していること」、そして、その物販が必ず目に入ってくるような「動線」と、売り場の「マグネット」や「人だかり」（淀み）があるという結論に至った。

　つまり、活気がある世界の市場は、人が群がっていて前に進めない場所があったり、狭い通路があって先が見えなかったり、歩きにくかったりすることがある。この KitChen & Market にも、あえてそういった場所（ボトルネック）をつくることで、市場の持つ賑わいや臨場感が演出できるように意識し、売り場を設計した。しかし本来、食品スーパーにおいて、こういったボトルネックとなる狭い通路はタブーとされているものである。そのためこの店舗は、従来の食品スーパーの枠を越えようとする売り場づくりを目指している。

　このようなストア・コンセプトに至った背景には、立地も大きく関係する。大阪駅周辺は、昼間だけでなく夜間人口も多い都心型の立地であるため、百貨店をはじめとする競合がひしめきあっている場所である。出店場所もルクア大阪の地下2階奥であり、他のエリアと遮断されている不利な立地でもあった（また、以前のイセタンフードホールが出店していた場所を、そのまま居抜きで活用している。そのため、配管やバックヤード、エレベーター、エスカレーターの位置も変更できないという制約もあった）。従来の食品スーパーは日常のおかずを買って帰るといった冷蔵庫や台所に近い機能しかなかったが、近年の食品スーパー（とくに都心）では、ダイニング（食事）やリビング・ダイニング（ゆったりとした食事）としての役割までも求められる（イセタンフードホールが撤退した

のも，高級な食料品の販売が主では限界があったためである）。

このように，たとえ（立地条件が悪くても）市場のような賑わいを演出する
ことで，多様な消費者が，多様な目的を持って訪れることができる食文化の場
を設計したことが，この店の（場の）価値につながっている。

次に，このストア・デザインを支える組織体制やバック・システムに関する
特徴について述べる。

第7章の事例として紹介した阪急オアシス「箕面船場店」は，この KitChen
& Market を意識してつくられたという。店内でのピザ窯，マグロの解体，量
り売りなどの実験的な取り組みなど，箕面船場店以降の新店でのノウハウが蓄
積されてきている。さらに，この数年で開業してきた旗艦店のイート・インの
席数を拡大したことで，阪急オアシスの社内でわかってきたこともある。それ
は，イート・インが（フードコートと同様に），個人の好きなものを買って「持
ち寄って食べられる」というメリットをもつということである。たとえば，家
族で来店し，イート・インで持ち寄って食事をする場合，父親はステーキ，母
親は寿司，子どもは中華を選んで購入し，家族でもそれぞれが好きなものを買
って食べられる。お互いの希望を聞いて外食先のレストランを決めるという煩
わしさがないことが，イート・インの持つ価値の1つである。

なお，外食部分はレストラン経営のノウハウを持つ「株式会社きちり」と組
んでいる。それによって，阪急オアシスがあまり得意ではないダイニングのサ
ービスの部分をカバーしている。仕入れに関しては，ダイニングの部分と関連
するピザやパスタ[8]の原料となる小麦関係だけは，きちりが仕入れるが，それ
以外の（スケール・メリットや食材の目利きが活かせる）仕入れは，基本的に阪
急オアシスが担当している。それぞれの食に関する造詣の深さや強みが，マネ
ジメントにも活かされている[9]。

最後に，ネットの活用について触れる。KitChen & Market のホームページ
には LINE や Instagram のアイコンがあり，SNS につながるように設定され
ている。LINE に登録すると，特別な情報やイベント，売り場の様子や新商品
などの情報が送られてくる。Instagram では，見た目が鮮やかな食品や料理の
写真が紹介されている。さらに，店舗内での写真撮影が許可されていることも
あり，開店からわずか半月で Yahoo! や Google で検索すると 2100 万件余の写
真や画像があがってくるほど話題性が高い状態にある。また阪急オアシスのモ

終　章　オムニ・チャネル時代の小売イノベーション　　211

バイル・アプリからも KitChen & Market のホームページにリンクしている。ただし，これらのネットの活用を高めて e コマースに参入する意図は，現在のところない。むしろ，リアルの店舗に来てもらうことにこそ価値があるため，SNS やネットは店舗への誘導に用いられるにとどまっている。それでも平日は昼間から夜まで人の流れがあり，週末になると多くの来店客で賑わっている状況にあり，不利な立地にあっても新しい食文化の発信の仕方や食品スーパーの新しいあり方が成立する可能性がここに見えてくる。ニュース性も高く，視察者も多いことから，「今後，こういったタイプの売り方が日本中に増えていくだろう」[10]。

(4) 売り場行動スクリプトの革新性

　売り場行動スクリプトを主とした革新性は，消費者がこだわりを持っており，来店動機につながる嗜好性の高いカテゴリーを中心に徹底的に品揃えし，顧客対応を充実させていく方向性である。このタイプの店舗で求められる価値は，こだわりのある商品を通じて，店員や店舗とつながり（connect），自分の生活スタイル（style）に沿っている商品を選ぶ楽しさの演出である。それによって，店舗に対する満足度が高まり，この店舗で購入することの社会的価値（social）や，その購買経験をクチコミで拡散することで，結果的に購買者のステイタス（status）を高めることである。

　とくに，嗜好性が高いカテゴリーの場合，さまざまな商品を試してみたいというバラエティ・シーキング志向の高い消費者に対応するために，アプリではその選択を容易にするための地域の売れ筋情報や人気商品ランキング，併売を促すレコメンデーション（おすすめ）機能などの商品に関連する情報提供が有益だろう。また，ネット販売と連携し，リアル店舗では品揃えできなかった商品の在庫情報が確認できたり，購入できる仕組みを構築することで，機会ロスをなくす補完機能を充実させることも有益だろう。リアル店舗とネット販売の併用によって，ロング・テールに対応することも可能になる。これらの施策を通じて，リアル店舗での売れ筋，ネット販売での売れ筋をつかむことで，店舗での推奨（オススメ）や販売促進（POP なども含めて）に反映し，より魅力の高い売り場にしていくことが可能となる。ただし，この革新性を高めていく場合，何を仕入れて何を仕入れないのかといったバイヤー（や店長）の仕入能力

表終-3　オムニ・チャネル時代の売り場行動への価値対応

オムニ・チャネル時代の売り場行動への価値対応	モバイル・デバイスで満たすべき	主な組織体制 バック・システム
社会的価値 (social value)	つながり（connect） ・商品を通じた店員や店舗とのつながり ・地域の売れ筋情報，人気商品ランキング，併売を促すレコメンデーション機能など ・在庫情報，取り寄せ・取り置きなどのロング・テール対応	・バイヤー（や店長）の仕入れ能力と商品知識 ・購買履歴データ分析能力
	生活スタイル（style）とステイタス（status） ・商品と出合うことの楽しさを演出し，この店舗で購入することの嬉しさ（を SNS へ拡散）	

や購買履歴データの分析能力が，非常に重要となってくる（表終-3）。

❖消費者視点の小売イノベーション

　市場を取り巻く厳しい環境において，食品スーパーが勝ち残っていくためには，競争優位性としてのブランド力（リテール・ブランド・エクイティ）を高めつつ，消費者が求める価値に対応することが必要である。そのために，消費者の食品スーパーの認識をスクリプトで理解し，階層構造に分解しながら革新の方向性を確認してきた。

　とくに，デジタル化が大きく進展する中で，消費者も買い物においてネットをうまく使いこなすようになり，モバイル・デバイスを用い，隙間時間を利用してさまざまな情報を収集したり，他人のクチコミやアドバイスに敏感に反応したりする。購入後も，SNS への投稿を通じて，他人と情報をシェアするのが一般的になりつつある。

　こういった時代において，食品スーパー（リアル店舗）がブランド力を高めるためには，セルフサービスがメインであっても，サービスやサポート対応の強化が有効である。その施策を強化することで，消費者の小売体験の価値を高め，滞在時間を増やし，より購買単価の高い商品や買物点数の増加につながる（スクリプト構造も長くなる）。

　その上で，小売が勝ち残るためには，革新し続けていく必要がある。そこで，スクリプトの階層（買い物行動，店舗内行動，売り場行動）ごとに，先端事例を

終　章　オムニ・チャネル時代の小売イノベーション　　**213**

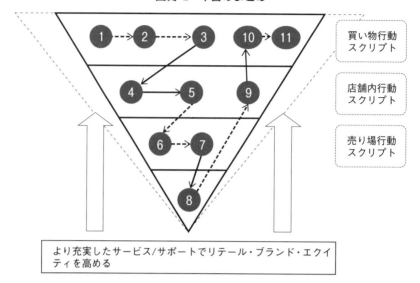

図終-2　本書のまとめ

分析しながら，革新の方向性を確認した。

　買い物行動の革新の方向性は，より買い物効率（生産性）を高めることが重要となる。リアル店舗は買い回りしやすい立地，サイズ，品揃えを設定し，そしてそれをサポートするモバイル・マーケティングは，シンプルかつ即時性があり，アクセスしやすいサービスとサポートを中心に展開することが重要になる。組織体制やバック・システムの構築はローコスト・オペレーションの追求が必要であり，必要なオペレーションに絞っていくことが重要である。

　店舗内行動の革新の方向性は，快楽性を高める仕掛けが重要になる。リアル店舗は，ライブ感を感じる活気ある店内，対面販売や接客を通じたサービス対応，買って帰るための品揃えだけでなく食への造詣が深い食品スーパーならではの快適な店舗内でイート・インのコーナーを充実させていくことである。さらにモバイル・マーケティングを通じて，顧客との関係性を構築し，店舗やブランドに対して愛着を持ってもらい，店舗やその店員，地域の他の住民との関係を深めることで，長く店内に滞在し，より多くの商品を購入してもらうことが重要である。そのための組織体制やバック・システムの構築には，（食に対する知識を含めた）従業員教育とイート・インの施策を充実させるための外食

小売の価値	買い物価値	革新の方向性（リアル店舗）	モバイル・マーケティング	組織体制/バック・システム
・ロケーション ・顧客効率性	実用的価値 (utilitarian value)	・利便性の高い立地 ・買回りしやすい小型サイズ ・売れ筋中心、低価格	・シンプルさ(simple) ・即時性(quick) ・アクセス容易性(accessibility)	徹底したローコスト・オペレーション
顧客との感情的つながり	快楽的価値 (hedonic value)	・活気（ライブ感）のある売り場 ・接客や対面販売 ・イートインの積極活用	・愛着(attachment) ・コミュニティ(community)	・従業員教育 ・食の知識 ・外食のノウハウ
顧客有効性（徹底した顧客対応）	社会的価値 (social value)	・こだわりの強いカテゴリーの充実 ・地域のニーズに沿った品揃え ・コンシェルジュ対応	・つながり(connect) ・生活スタイル(style)とステイタス(status)	・バイヤー（や店長）の仕入能力と商品知識 ・購買履歴データ分析能力

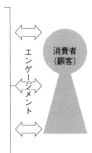

産業のノウハウの習得が必要だろう。

　売り場行動の革新の方向性は，こだわりの強いカテゴリーを充実させていくことで，その企業のリアル店舗へ買い物に来てもらう理由を作り出し，そこで商品を選ぶ楽しさを演出していくことである。とくに，豊富な品揃えや地域のニーズに沿った品揃えを充実させるほど，店員（コンシェルジュ）の商品知識や対応力が重要となる。そのためのモバイル・マーケティングは，常に最新の商品情報や流行商品の情報を提供し，店舗に誘導するようなつながりをつくること，消費者の生活スタイルに沿った品揃えやステイタスを高める仕掛けを用意していくことが重要となる。組織体制やバック・システムの構築には，バイヤー（や店長）の仕入能力や購買履歴データの分析能力を高める必要がある。

　なお，各事例において，サービスやサポート対応の中身は異なっているものの，消費者ニーズに沿った接点構築を行っていることもわかってきた。新しい時代の小売においても，ストア・デザインや商品力に加え，サービスやサポート対応が重要な要素なのである。

　最後に，本書のまとめを示す（図終-2）。

ここまで消費者視点で小売の革新性とモバイル・マーケティング対応について検討してきたが，オムニ・チャネルに至るまでは時間がかかるだろう。まずは，勝ち残っていくために革新しながら，ネット対応していくしかない。なお，本書で提案してきた「すべて」の革新性を網羅する店舗をつくることも可能である。ただし，その場合，2つの配慮が必要である。

　1つめの配慮は，階層ごとの買い物価値が異なっているため，どの価値を中心に店舗コンセプトを組み立てるのかという点である。とりわけ，モバイル・マーケティングがますます進化していくことが予想されるため，リアル店舗とモバイル・マーケティングで対応する要素の組み合わせ方が重要になるだろう。たとえば，リアル店舗は実用性を高める価値を提案しつつ，モバイル・アプリで快楽性や社会性を提案することで，異なる価値を補完することも可能になるだろう。

　もう1つの配慮は，こういった革新性には大きなオペレーションの変更が伴う点である。消費者に対応していくために，組織内でのさまざまな調整が必要になることや，それによって設備も店舗サイズも大きく異なってくる。とはいえ，上述したように，近年，大型チェーンの既存店の改装が進んでおり，リニューアルや新しいエリアへの出店を通じて，上記の革新の方向性を取り入れ，組織を新しいオペレーションに移行していくことも，1つのやり方になる。いずれにしても顧客価値や顧客の経験を高めつづけるための「ユニークな試み」を継続することが新しい革新につながることは間違いない（cf. Sorescu *et al.* 2011）。先進的な取り組みを続ける小売企業は，市場の変化や消費者対応のために，さらなる革新性をもって進化していくだろう。これからも食品スーパーは消費者視点に立ち，革新性を追い続ける必要がある。

注

1　消費者は売り場でサイズや色を確認し，店頭のタブレットを使い注文する。自分のスマートフォンで後日注文することも可能である。丸井は注文を受けてから最短2日で顧客が指定した場所に配送する。靴は送料無料，アパレルは3000円以上で無料とする。返品も受け付ける（「丸井，試着品だけの売り場10店舗超に──『購入はネット』広がる」『日本経済新聞 電子版』2018年2月14日掲載）を参照。

2　スペインのサンセバスチャンでは，情報交換の場としてバルが重要な役割を果たしていた。店からの提供だけでなく利用者相互の地域の場として「顔の見える食材と質の高い料理を提供する場」を形成することも大切な関係性の1つになっていくと考える。

3 「日本再出発！"グローサラント"の大本命 イータリー旗艦店」『食品商業』2017年10月号を参照。なお、イータリーは2008年に代官山に1号店を出店したものの、マネジメント面や品揃えの点で、うまく日本市場に合わず、2015年3月に三井物産、きちり、イータリーの共同出資によるイータリー・アジア・パシフィックを設立し、イータリージャパンの事業を引き継いだ。

4 「日本再出発！"グローサラント"の大本命 イータリー旗艦店」『食品商業』2017年10月号を参照。

5 この事例紹介は説明がない限り、阪急オアシスの松元努 取締役専務執行役員 営業本部長 兼 開発室長へのインタビュー（2018年4月16日）にもとづくものである。阪急オアシスの名前もKitChen&Marketのロゴの下に小さく入っているが、その掲示サイズは小さくとどめられている。その背景には、食品スーパーのイメージや先入観を持たずに来店してほしいという思いがあるという。

6 「注目新業態―キッチン＆マーケット」『DIAMOND Chain Store』2018年4月1日号を参照。

7 居抜きのため、店舗の奥まった位置にレストランを持ってきたという経緯もある。

8 ダイニング部分は、前菜とパスタ程度の比較的軽い食事にとどめている。

9 阪急オアシスときちりが一緒にイタリアの市場を視察に行ったりしながら、視点を共有してきたことで共感できる相手であると理解した。そういった関係から、お互いのテスト・キッチンで、阪急オアシスの仕入担当者と、きちりのシェフ（作り手）が半年ほどの期間をかけて食材やメニュー開発を調整してきた。

10 阪急オアシスの千野和利会長（現顧問）から筆者に直接いただいたコメントを反映している。

あ と が き

　本書を書き上げるまでに，非常に多くの先生にお世話になった。まず，大学院生時代の指導教官であり，現在も変わらず，研究の機会を下さっている新倉貴士先生（法政大学）には，非常に感謝している。新倉先生から，「何だか業態って，カテゴリーに似ているよね？」「消費者の視点で業態を見てみない？」という軽い感じで誘っていただいた消費者の業態認識の研究は，まさに認知世界であり，カテゴリー研究との関連性も深く，非常に刺激的であった。いつも，母校の関西学院大学近くの海鮮のおいしいお店で一献傾けながら，研究談義をする機会をいただいている。あの楽しい時間のために研究していると言っても過言ではない。本書が先生の研究の一助になれば，これほど嬉しいことはない。

　同じく院生時代からの恩師である和田充夫先生（慶應義塾大学名誉教授）には，研究者になった現在も変わらず，愛情のこもったご指導とアドバイスをいただいている。その多くのご指導とアドバイスは，今でもすべて覚えており，それが私の研究者としての「礎」になっている。私の研究者人生において和田先生と出会い，そのフィロソフィーを学ぶ機会をいただいたことが最大の財産である。研究者になって，ある学会でお会いした際に，「私は和田先生の孫弟子です」という言葉に喜んでいただけたことも，私にとって幸せな瞬間であった。これからも変わらず，ご指導いただきたい。

　清水聰先生（慶應義塾大学）には，実務時代から現在まで，本当にお世話になっている。本書をまとめようとしていた際に「オムニ・チャネル対応まで書かないとダメだ！」という貴重なアドバイスをいただいた。そのアドバイスを受け，先行研究レビューを重ねたのが第3部である。本書がその期待に少しでも沿えていれば幸いである。ここに感謝の意を表する。

　幸いにも，消費者視点のリテール・ブランド・エクイティや業態研究を進めていたのは，前任校の流通科学大学で勤務していた時期であった。当時，学長として石井淳蔵先生（神戸大学名誉教授），特別教授として石原武政先生（大阪市立大学名誉教授）がいらっしゃり，多くの流通・マーケティングの先生に囲まれて，幸せな研究者生活であった。また，学内には食品スーパーに関するさまざまな資料があり，多くの実務の方々とのご縁もいただいた。アメリカの最

219

先端の食品スーパーの視察に行く機会に2度も恵まれた。この流通科学大学で勤務していたからこそ，本書に関わるテーマに興味が湧いたのだと思う。いずれにしても，流通科学大学での5年間にわたる教員生活と研究で得た知見が，本書の執筆の礎になっている。ここに深く感謝の意を表する。

　そして，現在勤務している同志社大学では，研究環境だけでなく，商学部・商学研究科の同僚にも非常に恵まれている。学内業務で何かと忙しい中，研究時間をうまく確保できていること，いろいろな研究の機会に恵まれていることは，すばらしい同僚のおかげである。また，商学部OB/OGやマーケティングに関わる実務家の方々，京都の伝統産業，行政のみなさまをはじめ，ここで一人ひとりのお名前を挙げることはできないくらい，多くの方々に「ご縁」をいただいている（そのひとつのご縁が，セメント・プロデュース・デザインの金谷勉氏・志水明氏に本書のカバー・デザインをお願いできたことである。読者や学生が手に取りやすい，素敵なデザインになった。本当にありがとう）。これからも，このご縁を大切に，次回は京都や地域の産業に貢献できるものを出版したいと思う。

　そして，今回の出版を快諾してくださった有斐閣の柴田守氏には非常に感謝している。本書の素案をお伝えしたときに「おもしろい！」とおっしゃってくださったことが，出版に強く踏み切る自信にもなった。本書がその意にかなっていることを切に願いたい。また，藤澤秀彰氏には校正で大変お世話になった。その真摯さを大切に良い編集者になっていただきたい。

　最後に，家族にも感謝を伝えたい。（違う分野ではあるが）同じ研究者の妻・昌美には非常に感謝している。私が研究者に踏み出すときに支えてくれたこと，自分の研究や学務で忙しいにもかかわらず，家庭を守ってくれている。おかげで，子どもたちも素直で，優しく，元気に育ってくれている。娘の真帆とは，一緒に受験勉強に追い込んで取り組んだことが思い出深い。本書の後半をまとめている時期と，彼女の中学受験が重なっていたのだった。私の狭い机に並んで座り，追い込み時期の2カ月間，必死になって一緒に勉強したことは，本当に良い経験となった。彼女の合格発表日に本書の完成は間に合わなかったものの，お互いに無事に結果を残せたことが何よりの幸せである。息子の大知には，真帆の受験と本書の執筆が重なってしまい，我慢ばかり強いている。いつも折りたたんだ布団に寝転がり，一人で本を読んでいる姿が目に焼き付いている。

これからは気持ちに余裕を持って接してあげるつもりである。父・利行，母・玲子にも感謝している。私のホームページの更新と研究成果をいつも楽しみにしてくれている。本書が親孝行のひとつになれば幸いである。

　　　2018 年 5 月 15 日

　　　　　　　　　　クラーク記念館の見える，至誠館の研究室にて

　　　　　　　　　　　　　　　　　髙　橋　広　行

　本研究はこれまでに受けた以下の交付による研究の成果の一部である。
　平成 23 年度　科学研究費　基盤(C)研究課題番号［23530545］「業態としてのカテゴリー：消費者視点の業態研究」
　平成 24 年度　科学研究費　基盤(C)研究課題番号［24530544］「消費者視点のカテゴリー・マネジメント：品揃え形成の視点から」
　平成 28 年度　科学研究費　基盤(C)研究課題番号［16K03950］「モバイルアプリの可能性探求：オムニ・チャネルと消費者の購買意思決定プロセスへの影響」

〈初出一覧〉

序章　書き下ろし

第 1 章　「消費者視点のリテール・ブランド・エクイティ——食品スーパーを対象にしたモデルの検討」2014 年 3 月，『マーケティングジャーナル』（日本マーケティング学会）第 132 号，57-74 頁を大幅に加筆修正。

第 2 章から第 8 章

「経験価値を通じたストア・ブランド構築——サンシャインチェーンの事例」2011 年3 月，『商学論究：石原武政博士記念号』（関西学院大学大学院商学研究会）第58 巻第 4 号，147-168 頁。

「業態の芽の方向性——消費者視点の革新的小売企業事例研究」（共著）2012 年 1 月，『流通科学大学論集——流通・経営編』（流通科学大学学術研究会）第 24 巻第 2号，125-149 頁。

「業態革新が売り場行動に与える影響——北野エースの事例を通じて」2013 年 3 月，『Discussion Paper Series』（立命館大学イノベーション・マネジメント研究センター）No. 021，全 19 頁。

「消費者視点の業態研究——スクリプト概念にもとづく食品スーパーの業態認識」2014 年 3 月，『流通研究』（日本商業学会）第 16 巻第 2 号，49-75 頁。

「消費者視点の業態革新の方向性——スクリプト概念を通じた食品スーパーの事例から」2015年3月，中西正雄・石淵順也・井上哲浩・鶴坂貴恵 編著『小売マーケティング研究のニューフロンティア』関西学院大学出版会，197-223頁。
「消費者視点の小売イノベーション——食品スーパーを対象に」2016年9月，『マーケティングジャーナル』（日本マーケティング学会）第142号，44-61頁。

これらの論文をもとに再構成し，大幅に加筆・修正。

第9章，第10章，終章　すべて書き下ろし

参 考 文 献

Aaker, D. A.（1991）, *Managing Brand Equity: Capitalizing on the Value of a Brand Name*, NY: Free Press.

Aaker, D. A.（2011）, *Brand Relevance: Making Competitors Irrelevant*, CA : Jossey-Bass.

Ailawadi, K. L. and P. W. Farris（2017）, "Managing Multi- and Omni-Channel Distribution: Metrics and Research Directions," *Journal of Retailing*, 93（1）, pp. 120-135.

Ailawadi, K. L. and K. L. Keller（2004）, "Understanding Retail Branding: Conceptual Insights and Research Priorities," *Journal of Retailing*, 80（4）, pp. 331-342.

Ailawadi, K. L., Y. J. Luan, S. A. Neslin, and G. A. Taylor（2011）, "The Impact of Retailers' Corporate Social Responsibility on Price Fairness Perceptions and Loyalty, " In *Institut d'économie industrielle*. Available from internet: http://idei.fr/doc/conf/inra/2011/aila wadi%20kusum.pdf.

Alderson, W.（1965）, *Dynamic Marketing Behavior: A Functionalist Theory of Marketing*, Homewood, IL: R. D. Irwin.（田村正紀・堀田一善・小島健司・池尾恭一訳『動態的マーケティング行動——マーケティングの機能主義理論』千倉書房，1981 年）

Allaway, A. W., P. Huddleston, J. Whipple, and A. E. Ellinger（2011）, "Customer-Based Brand Equity, Equity Drivers, and Customer Loyalty in the Supermarket Industry," *Journal of Product & Brand Management*, 20（3）, pp. 190-204.

Anderson, J. C. and J. A. Narus（1998）, "Business Marketing: Understand What Customers Value," *Harvard Business Review*, 76（6）, pp. 53-61.

Babin, B. J., W. R. Darden, and M. Griffin（1994）, "Work and/or Fun: Measuring Hedonic and Utilitarian Shopping Value," *Journal of Consumer Research*, 20（4）, pp. 644-656.

Baker, J., A. Parsuraman, D. Grewal, and G. B. Voss（2002）, "The Influence of Multiple Store Environment Cues on Perceived Merchandise Value and Patronage Intentions," *Journal of Marketing*, 66（April）, pp. 120-141.

Barich, H. and V. Srinivasan（1993）, "Prioritizing Marketing Image Goals Under Resource Constraints," *Sloan Management Review*, 35（Summer）, pp. 69-76.

Barsalou, L. W.（1985）, "Ideals, Central Tendency, and Frequency of Instantiation as Determinants of Graded Structure in Categories," *Journal of Experimental Psychology: Learning, Memory, and Cognition*, 11（4）, pp. 629-654.

Barsalou, L. W. and D. R. Sewell（1985）, "Contrasting the Representation of Scripts and Categories," *Journal of Memory and Language*, 24（6）, pp. 646-665.

Baxendale, S., E. K. Macdonald, and H. N. Wilson（2015）, "The Impact of Different Touchpoints on Brand Consideration," *Journal of Retailing*, 91（2）, pp. 235-253.

Beck, N. and D. Rygl（2015）, "Categorization of Multiple Channel Retailing in Multi-, Cross-, and Omni-Channel Retailing for Retailers and Retailing," *Journal of Retailing and Consumer Services*, 27, pp. 170-178.

Bell, D. R.（2015）, *Location is（Still）Everything: The Surprising Influence of the Real World on How We Search, Shop, and Sell in the Virtual One*, Amazon Publishing.

Bell, D., S. Gallino, and A. Moreno（2014）, "Showrooms and Information Provision in Omni-

Channel Retail," *Production and Operations Management*, 24(3), pp. 359-368.

Beristain, J. J. and P. Zorrilla (2011), "The Relationship Between Store Image and Store Brand Equity: A Conceptual Framework and Evidence from Hypermarkets," *Journal of Retailing and Consumer Services*, 18(6), pp. 562-574.

Birtwistle, G., I. Clarke, and P. Freathy (1999), "Store Image in the UK Fashion Sector: Consumer Versus Retailer Perceptions," *The International Review of Retail, Distribution & Consumer Research*, 9, pp. 1-16.

Blondel, V. D., J. L. Guillaume, R. Lambiotte, and E. Lefebvre (2008), "Fast Unfolding of Communities in Large Networks," *Journal of Statistical Mechanics: Theory and Experiment*, 2008(10), 10008.

Brakus, J. J., B. H. Schmitt, and L. Zarantonello (2009), "Brand Experience: What Is It? How Is It Measured? Does It Affect Loyalty?," *Journal of Marketing*, 73 (May), pp. 52-68.

Brandes, U. (2001), "A Faster Algorithm for Betweenness Centrality," *The Journal of Mathematical Sociology*, 25(2), pp. 163-177.

Brynjolfsson, E., Y. Jeffrey Hu, and M. S. Rahman (2013), "Competing in the Age of Omni-channel Retailing," *MIT Sloan Management Review*. (https://sloanreview.mit.edu/artic le/competing-in-the-age-of-omnichannel-retailing/〔2017 年 12 月 11 日アクセス〕)

Butz, H. E. Jr. and L. D. Goodstein (1996), "Measuring Customer Value: Gaining the Strategic Advantage," *Organizational Dynamics*, 24(3), pp. 63-78.

Chaudhuri, A. and M. B. Holbrook (2001), "The Chain of Effects from Brand Trust and Brand Affect to Brand Performance: The Role of Brand Loyalty," *Journal of Marketing*, 65 (April), pp. 81-93.

Chen, P. T., and H.-H. Hu (2010), "The Effect of Relational Benefits on Perceived Value in Relation to Customer Loyalty: An Empirical Study in the Australian Coffee Outlets Industry," *International Journal of Hospitality Management*, 29(3), pp. 405-412.

Chowdhury, J., J. Reardon, and R. Srivastava (1998), "Alternative Modes of Measuring Store Image: An Empirical Assessment of Structured Versus Unstructured Measures," *Journal of Marketing Theory and Practice*, 6(2), pp. 72-86.

Cohen, J. B. and K. Basu (1987), "Alternative Models of Categorization: Toward A Contingent Processing Framework," *Journal of Consumer Research*, 13(4), pp. 455-472.

Copeland, M. T. (1923), "Relation of Consumers' Buying Habits to Marketing Methods," *Harvard Business Review*, 1(2) (Spring), pp. 282-289.

Correia, T. (2016), *The Fluid Consumer: Next Generation Growth and Branding in the Digital Age*, Kogan Page. (関一則監訳, 月沢李歌子訳『気まぐれ消費者──最高の体験と利便性を探求するデジタル時代の成長戦略』日経 BP 社, 2017 年)

Davies, G. (1992), "The Two Ways in Which Retailers Can be Brands," *International Journal of Retail & Distribution Management*, 20(2), pp. 24-34.

Davis, L. and N. Hodges (2012), "Consumer Shopping Value: An Investigation of Shopping Trip Value, In-store Shopping Value and Retail Format," *Journal of Retailing and Consumer Services*, 19(2), pp. 229-239.

Diep, V. C. S. and J. C. Sweeney (2008), "Shopping Trip Value: Do Stores and Products Matter?," *Journal of Retailing and Consumer Services*, 15(5), pp. 399-409.

Dredge, S. (2011), "Most Branded Apps Are a Flop Says Deloitte. But Why?" (https://www. theguardian.com/technology/appsblog/2011/jul/11/branded-apps-flopping〔2018 年 2 月 10 日アクセス〕)

Drucker, P. F. (1986), *Innovation and Entrepreneurship: Practices and Principles*, NY: Harper & Row.（上田惇生訳『新訳イノベーションと企業家精神〈上〉——その原理と方法』ダイヤモンド社，1997 年）

Erdem, T. and J. Swait (2004), "Brand Credibility, Brand Consideration, and Choice," *Journal of Consumer Research*, 31 (June), pp. 191-198.

Esbjerg, L. and T. Bech-Larsen (2009), "The Brand Architecture of Grocery Retailers: Setting Material and Symbolic Boundaries for Consumer Choice," *Journal of Retailing and Consumer Services*, 16(5)pp. 414-423.

Fisk, G. (1961), "A Conceptual Model for Studying Customer Image," *Journal of Retailing*, 37(4), pp. 9-16.

Fowler, D. C. and B. K. Goh (2012), *Retail Category Management*, Upper Saddle River, NJ: Prentice Hall.

Gilmore, J. H. and B. J. Pine Ⅱ (2007), *Authenticity: What Consumers Really Want*, Harvard Business School Press.（林正訳『ほんもの——何が企業の「一流」と「二流」を決定的に分けるのか？』東洋経済新報社，2009 年）

Gil-Saura, I., M. E. Ruiz-Molina, G. Michelb, and A. Corraliza-Zapata (2013), "Retail Brand Equity: A Model Based on Its Dimensions and Effects," *The International Review of Retail, Distribution and Consumer Research*, 23(2), pp. 111-136.

Goldfarb, A. (2013), "The Internet Killed Distance, Mobile Brought it Back," *MIT Technology Review*, 117(1), pp. 62-3. (https://www.technologyreview.com/s/520796/the-internet-killed-distance-mobile-computing-brought-it-back/〔2017 年 12 月 11 日アクセス〕)

Gomez, M. I., E. McLaughlin, and D. R. Wittink (2004), "Customer Satisfaction and Retail Sales Performance: An Empirical Investigation," *Journal of Retailing*, 80(4), pp. 265-278.

Grewal, D., M. Levy, and D. R. Lehmann (2004), "Retail Branding and Customer Loyalty: an Overview," *Journal of Retailing*, 80(4), pp. ix-xii.

Guenzi, P., M. D. Johnson, and S. Castaldo (2009), "A Comprehensive Model of Customer Trust in Two Retail Stores," *Journal of Service Management*, 20(3), pp. 290-316.

Gummerus, J. and M. Pihlström (2011), "Context and Mobile Services' Value-in-Use," *Journal of Retailing and Consumer Services*, 18(6), pp. 521-533.

Hansen, R., S. K. Sia (2015), "Hummel's Digital Transformation toward Omnichannel Retailing: Key Lessons Learned, " *MIS Q. Exec*, 14(2), pp. 51-66.

Hartman, K. B. and R. L. Spiro (2005), "Recapturing Store Image in Customer-based Store Equity: A Construct Conceptualization," *Journal of Business Research*, 58(8), pp. 1112-1120.

Hawes, J. M., C. P. Rao, and T. L. Baker (1993), "Retail Salesperson Attributes and the Role of Dependability in the Selection of Durable Goods," *The Journal of Personal Selling and Sales Management*, 13(4) (Fall), pp. 61-71.

Holbrook, M. B. and E. C. Hirschman (1982), "The Experiential Aspects of Consumption: Consumer Fantasies, Feelings, and Fun," *Journal of Consumer Research*, 9(2), pp. 132-

140.

Homburg, C., D. W. Hoyer, and M. Fassnacht (2002), "Service Orientation of a Retailer's Business Strategy: Dimensions, Antecedents, and Performance Outcomes," *Journal of Marketing*, 66(4), pp. 86-101.

Huré, E., K. Picot-Coupey, and C.-L. Ackermann (2017), "Understanding Omni-Channel Shopping Value: A Mixed-Method Study," *Journal of Retailing and Consumer Services*, 39, pp. 314-330.

Hutchinson, J. W. and E. M. Eisenstein (2008), "Consumer Learning and Expertise," In *Handbook of Consumer Psychology*, C. P. Haugtvedt, P. M. Herr, and F. R. Kardesed (Eds)., NY: Psychology Press, pp. 103-131.

Jacobs, B. and H. M. de Klerk (2010), "Online Apparel Shopping Behavior of South African Professional Women: the Role of Consumers' Apparel Shopping Scripts," *International Journal of Consumer Studies*, 34, pp. 255-264.

James, D., R. Durand, and R. Dreves (1976), "The Use of A Multi-attribute Attitude Model in a Store Image Study," *Journal of Retailing*, 52(2), pp. 23-32.

Jinfeng, W. and T. Zhilong (2009), "The Impact of Selected Store Image Dimensions on Retailer Equity: Evidence from 10 Chinese Hypermarkets," *Journal of Retailing and Consumer Services*, 16(6), pp. 486-494.

Keller, K. L. (1993), "Conceptualizing, Measuring, and Managing Customer-based Brand Equity," *Journal of Marketing*, 57(1), pp. 1-22.

Keller, K. L. (2003), *Strategic Brand Management: Building, Measuring, and Managing Brand Equity*, 2nd ed., Upper Saddle River, NJ: Prentice-Hall.

Keller, K. L. and D. A. Aaker (1992), "The Effects of Sequential Introduction of Brand Extensions," *Journal of Marketing Research*, 29(1) (February), pp. 35-50.

Kent, T. (2003), "2D23D: Management and Design Perspectives on Retail Branding," *International Journal of Retail & Distribution Management*, 31(3), pp. 131-142.

Kim, B. and I. Han (2011), "The Role of Utilitarian and Hedonic Values and Their Antecedents in a Mobile Data Service Environment," *Expert Systems with Applications*, 38 (3), pp. 2311-2318.

Kim, B. and J. Oh (2011), "The Difference of Determinants of Acceptance and Continuance of Mobile Data Services: A Value Perspective," *Expert Systems with Applications*, 38(3), pp. 1798-1804.

Kotler, P., H. Kartajaya, and I. Setiawan (2017), *Marketing 4.0: Moving from Traditional to Degital*, Hoboken, NJ: John Wiley&Sons. (恩藏直人監訳・藤井清美訳『コトラーのマーケティング4.0――スマートフォン時代の究極法則』朝日新聞出版, 2017年)

Kotler, P. and F. Trias de Bes (2003), *Lateral Marketing: New Techniques for Finding Breakthrough Ideas*, NY: John Wiley&Sons. (恩藏直人監訳・大川修二訳『コトラーのマーケティング思考法』東洋経済新報社, 2004年)

Krishna, A. (2013), *Customer Sense: How the 5 Senses Influence Buying Behavior*, Macmillan. (平木いくみ・石井裕明・外川拓訳『感覚マーケティング――顧客の五感が買い物にどのような影響を与えるのか』有斐閣, 2016年)

Kristoffersson, S. (2014), *Design by IKEA: A Cultural History*, Bloomsbury Publishing. (太

田美幸訳『イケアとスウェーデン──福祉国家イメージの文化史』新評論，2015年）

Kumar, A. (2010), "The Effect of Store Environment on Consumer Evaluations and Behavior Toward Single-brand Apparel Retailers," *PhD diss*, University of Tennessee. http://trace.tennessee.edu/utk_graddiss/816.

Kumar, V. and W. Reinartz (2016), "Creating Enduring Customer Value," *Journal of Marketing*, 80(6), pp. 36-68.

Lakshmi-Ratan,R. A., and E. Iyer (1988), "Similarity Analysis of Cognitive Scripts," *Journal of the Academy of Marketing Science*, 16(2), pp. 36-42.

Leigh, T. W. and A. J. Rethans (1983), "Experiences with Script Elicitation within Consumer Decision Making Contexts," *Advances in Consumer Research*, 10, pp. 667-672.

Lemon, K. and P. C. Verhoef (2016), "Understanding Customer Experience Throughout the Customer Journey," *Journal of Marketing*, 80(6) (November), pp. 69-96.

Levy, M. and B. Weitz (2009), *Retailing Management*, 7th edition., Boston, MA: McGraw-Hill/Irwin.

Li, H. and P. K. Kannan (2014), "Attributing Conversions in a Multichannel Online Marketing Environment: An Empirical Model and a Field Experiment," *Journal of Marketing Research*, 51(1), pp. 40-56.

Lin, C.-H., P. J. Sher, and H. Y. Shih (2005), "Past Progress and Future Directions in Conceptualizing Customer Perceived Value," *International Journal of Service Industry Management*, 16(4), pp. 318-336.

Lindquist, J. (1974), "Meaning of Image: A Survey of Empirical and Hypothetical Evidence," *Journal of Retailing*, 50(4), pp. 29-38.

Loken, B. and J. Ward (1987), "Measures of the Attribute Structure Underlying Product Typicality," *Advances in Consumer Research*, 14, pp. 22-26.

Loken, B. and J. Ward (1990), "Alternative Approaches to Understanding the Determinants of Typicality," *Journal of Consumer Research*, 17(2), pp. 111-126.

Maghnati, F. and K. C. Ling (2013), "Exploring the Relationship between Experiential Value and Usage Attitude Towards Mobile Apps Among the Smartphone Users," *International Journal of Business and Management*, 8(4), pp. 1-10.

Martineau, P. D. (1958), "The Personality of the Retail Store," *Harvard Business Review*, 36 (1), pp. 47-55.

Mathwick, C., N. Malhotra, and E. Rigdon (2001), "Experiential Value: Conceptualization, Measurement and Application in the Catalog and Internet Shopping Environment," *Journal of Retail*, 77(1), pp. 39-56.

Mathwick, C., N. Malhotra, and E. Rigdon (2002), "The Effect of Dynamic Retail Experiences on Experiential Perceptions of Value: An Internet and Catalog Comparison," *Journal of Retailing*, 78(1), pp. 51-60.

Mazursky, D. and J. Jacoby (1986), "Exploring the Development of Store Images," *Journal of Retailing*, 62(2), pp. 145-165.

Melero, I., Sese F. J. Sese, and Verhoef P. C. Verhoef (2016), Recasting the customer experience in today's omni-channel environment, *Universia Business Review*, 50, pp. 18-37.

Moon, Y. (2010), *Different: Escaping the Competitive Herd*, Crown Business. (北川知子訳『ビジネスで一番，大切なこと——消費者のこころを学ぶ授業』ダイヤモンド社，2010年)

Morschett, D., B. Swoboda, and T. Foscht (2005), "Perception of Store Attributes and Overall Attitude towards Grocery Retailers: The Role of Shopping Motives," *The International Review of Retail, Distribution and Consumer Research*, 15(4), pp. 423-447.

Neslin, S., D. Grewal, R. Leghorn, V. Shankar, M. L. Teerling, J. Thomas, and P. Verhoef (2006), "Challenges and Opportunities in Multichannel Customer Management," *Journal of Service Research*, 9(2), pp. 95-112.

Oliver, R. L. (1999), "Whence Consumer Loyalty?," *Journal of Marketing*, 63 (special Issue), pp. 33-44.

Pan, Y. and G. M. Zinkhan (2006), "Determinants of Retail Patronage: A Meta-analytical Perspective," *Journal of Retailing*, 82(3), pp. 229-243.

Pantano, E. (2014), "Innovation Drivers in Retail Industry," *International Journal of Information Management*, 34(3), pp. 344-350.

Pappu, R. and P. Quester (2006), "A Consumer-based Method for Retailer Equity Measurement: Results of an Empirical Study," *Journal of Retailing and Consumer Services*, 13(5), pp. 317-329.

Persaud, A. and I. Azhar (2012), "Innovative Mobile Marketing via Smartphones: Are Consumers Ready?," *Marketing Intelligence & Planning*, 30(4), pp. 418-443.

Peter, J. P. and J. C. Olson (2010), *Consumer Behavior & Marketing Strategy*, 9th ed., NY: McGraw-Hill.

Picot-Coupey, K., E. Huré, and L. Piveteau (2016), "Channel Design to Enrich Customers' Shopping Experiences: Synchronizing Clicks with Bricks in an Omni-Channel Perspective - the Direct Optic Case," *International Journal of Retail & Distribution Management*, 44(3), pp. 336-368.

Pihlström, M. and G. J. Brush (2008), "Comparing the Perceived Value of Information and Entertainment Mobile Services," *Psychology and Marketing*, 25(8), pp. 732-755.

Pine Ⅱ, B. J. and J. H. Gilmore (1999), *The Experience Economy: Work Is Theatre and Every Business Is a Stage*, Harvard Business School Press. (電通「経験経済」研究会訳『経験経済——エクスペリエンス・エコノミー 価格競争よさらば。「経験」という価値の演出が企業を高収益組織に変える』流通科学大学出版，2000 年)

Rahman, O., K. K.-K. Wong, and H. Yu (2016), "The Effects of Mall Personality and Fashion Orientation on Shopping Value and Mall Patronage Intension," *Journal of Retailing and Consumer Services*, 28(1), pp. 155-164.

Ravald, A. and C. Grönroos (1996), "The Value Concept and Relationship Marketing," *European Journal of Marketing*, 30(2), pp. 19-30.

Reynolds, K. E. and S. E. Beatty (1999), "A Relationship Customer Typology," *Journal of Retailing*, 75(4), pp. 509-523.

Rigby, D. (2011), "The Future of Shopping," *Harvard Business Review*, 89(12), pp. 64-75. (「デジタルを取り込むリアル店舗の未来」『DIAMOND ハーバード・ビジネス・レビュー』2012 年 7 月号，54-71 頁)

Rintamäki, T., A. Kanto, and H. Kuusela, M. T. Spence（2006），"Decomposing the Value of Department Store Shopping into Utilitarian, Hedonic and Social Dimensions: Evidence from Finland," *International Journal of Retail & Distribution Management*, 34(1), pp. 6-24.

Rosch, E.（1978），"Principles of Categorization," In *Cognition and Categorization*, Eleanor Rosch and Barbara Lloyd, Hillsdale（Eds.），NJ: Lawrence Erlbaum, pp. 27-48.

Ruiz, D. M., D. D. Gremler, J. H. Washburn, and G. C. Carrión（2008），"Service Value Revisited: Specifying a Higher-Order, Formative Measure," *Journal of Business Research*, 61(12), pp. 1278-1291.

Schank, R. C.（1982），*Dynamic Memory: A Theory of Reminding and Learning in Computers and People*, New York, NY: Cambridge University Press.（黒川利明・黒川容子訳『ダイナミック・メモリ――認知科学的アプローチ』近代科学社，1988年）

Schank, R. C. and R. Abelson（1977），*Scripts, Plans, Goals, and Understanding: An Inquiry into Human Knowledge Structures*, NJ: Lawrence Eribaum Associates.

Schmitt, B. H.（1999），*Experimental Marketing: How to Get Customers to Sense, Feel, Think, Act, and Relate to Your Company and Brands*, New York, NY: Free Press.（嶋村和恵・広瀬盛一訳『経験価値（エクスペリエンシャル）マーケティング――消費者が「何か」を感じるプラスαの魅力』ダイヤモンド社，2000年）

Schmitt, B. H.（2003），*Customer Experience Management: A Revolutionary Approach to Connecting with Your Customers*, New York, NY: John Wiley & Sons.（嶋村和恵訳『経験価値マネジメント――マーケティングは，製品からエクスペリエンスへ』ダイヤモンド社，2004年）

Schumpeter, J. A.（1934），*The Theory of Economic Development: An Inquiry into Profits, Capital, Credit, Interest, and the Business Cycle*, Cambridge: Harvard University Press.（塩野谷祐一・中山伊知郎・東畑精一訳『経済発展の理論――企業者利潤・資本・信用・利子および景気の回転に関する一研究』岩波書店，1977年）

Seo, S. and Y. Lee（2008），"Shopping Values of Clothing Retailers Perceived by Consumers of Different Social Classes," *Journal of Retailing and Consumer Services*, 15(6), pp. 491-499.

Shankar, V.（2011），*Shopper Marketing*, Cambridge, MA: Marketing Science Institute.

Shankar, V., J. J. Inman, M. Mantrala, E. Kelley, and R. Rizley（2011），"Innovations in Shopper Marketing: Current Insights and Future Research Issues," *Journal of Retailing*, 87S(1), pp. 29-42.

Shanker, V., A. Venkatesh, C. Hofacker, and P. Naik（2010），"Mobile Marketing in the Retail Environment: Current Insights and Future Research Avenues," *Journal of Interactive Marketing*, 24(2), pp. 111-120.

Shoemaker, S.（1996），"Scripts: Precursor of Consumer Expectations," *Cornell Hotel and Restaurant Administration Quarterly*, 37(1), pp. 42-55.

Sirohi, N., E. W. McLaughlin, and D. R. Wittink（1998），"A Model of Consumer Perceptions and Store Loyalty Intentions for a Supermarket Retailer," *Journal of Retailing*, 74(2), pp. 223-245.

Solomon, M. R.（2013），*Consumer Behavior: Buying, Having, and Being*, 10th ed., Global ed.,

Boston, MA: Pearson Education.

Sorescu, A., R. T. Franbach, J. Singh, A. Rangaswamyd, and C. Bridge (2011), "Innovations in Retail Business Models," *Journal of Retailing*, 87(1), pp. 3-16.

Ström, R., M. Vendel, and J. Bredican (2014), "Mobile Marketing : A Literature Review on its Value for Consumers and Retailers," *Journal of Retailing and Consumer Services*, 21, pp. 1001-1012.

Sujan, M. and J. R. Bettman (1989), "The Effects of Brand Positioning Strategies on Consumers' Brand and Category Perceptions: Some Insights From Schema Research," *Journal of Marketing Research*, 26(4), pp. 454-467.

Sujan, M., J. R. Bettman, and H. Baumgartner (1993), "Influencing Consumer Judgments Using Autobiographical Memories: A Self-Referencing Perspective," *Journal of Marketing Research*, 30(4), pp. 422-436.

Sweeney, J. C. and G. N. Soutar (2001), "Customer Perceived Value: The Development of a Multiple Item Scale," *Journal of Retailing*, 77(2), pp. 203-220.

Swoboda, B., F. Haelsig, D. Morschett, and H. Schramm-Kleine (2007), "An Intersector Analysis of the Relevance of Service in Building a Strong Retail Brand," *Managing Service Quality*, 17(4), pp. 428-448.

Swoboda, B., F. Haelsig, H. Schramm-Kleinet, and D. Morschett (2009), "Moderating Role of Involvement in Building a Retail Brand," *International Journal of Retail & Distribution Management*, 37(11), pp. 952-974.

Takahashi, H. (2014), "Customer-based Retail Brand Equity: Prototype Model Based on Equity Driver and Components of Japanese Supermarkets," *Journal of the University of Marketing and Distribution Sciences: Distribution Sciences & Business Administration*, 26 (2), pp. 75-95.

Tarute, A., S. Nikou, and R. Gatautis (2017), "Mobile Application Driven Consumer Engagement," *Telematics and Informatics*, 34(4), pp. 145-156.

Teas, R. K. (1993), "Expectations, Performance Evaluation, and Consumers' Perceptions of Quality," *Journal of Marketing*, 57(4), pp. 18-34.

Ton, Z. (2011), "Why Good Jobs Are Good for Retailers?," *Harvard Business Review*, 90 (1-2), pp. 124-131.（「小売業は人件費を削ってはいけない」『DIAMOND ハーバード・ビジネス・レビュー』2012 年 7 月号，32-44 頁）

Tuan, Yi-Fu (1977), *Space and Place: The Perspective of Experience*, University of Minesota. （山本浩訳『空間の経験』ちくま学芸文庫，1993 年）

Verhoef, P. C., P. K. Kannan, and J. J. Inman (2015), "From Multi-Channel Retailing to Omni-Channel Retailing: Introduction to the Special Issue on Multi-Channel Retailing," *Journal of Retailing*, 91(2), pp. 174-181.

Voropanova, E. (2015), "Conceptualizing Smart Shopping with a Smartphone: Implications of the Use of Mobile Devices for Shopping Productivity and Value," *The International Review of Retail, Distribution and Consumer Research*, 25(5), pp. 529-550.

Yoo, B., N. Donthu, and S. Lee (2000), "An Examination of Selected Marketing Mix Elements and Brand Equity," *Journal of the Academy of Marketing Science*, 28(2), pp. 195-211.

Yoo, W.-S., Y. Lee, and J. Park (2010), "The Role of Interactivity in E-Tailing: Creating Value and Increasing Satisfaction," *Journal of Retailing and Consumer Services*, 17(2), pp. 89-96.

Zeithaml, V. A. (1988), "Consumer Perceptions of Price, Quality, and Value: A Means-End Model and Synthesis of Evidence," *Journal of Marketing*, 52(3), pp. 2-22.

青木幸弘 (1993)「『知識』概念と消費者情報処理――研究の現状と課題」『消費者行動研究』第1巻第1号，1-18頁。

青木幸弘 (2006)「ブランド構築と価値のデザイン」『青山マネジメントレビュー』第9巻，26-35頁。

青木幸弘 (2011)「顧客価値のデザインとブランド構築――脱コモディティ化のための戦略構図」青木幸弘編著『価値共創時代のブランド戦略――脱コモディティ化への挑戦』ミネルヴァ書房，17-51頁。

青木幸弘 (2012)「消費者行動の分析フレーム」青木幸弘・新倉貴士・佐々木壮太郎・松下光司『消費者行動論――マーケティングとブランド構築への応用』有斐閣，27-47頁。

赤松直樹・戸塚千裕 (2017)「モバイルで変わる消費者行動 INFORMS Society for Marketing Science 第39回大会から」『AD STUDIES』第61号，28-33頁。

池尾恭一 (2005)「小売業態の動態における真空地帯と流通技術革新」『商学論究』第52巻第4号，71-95頁。

池田謙一・村田光二 (1991)『こころと社会――認知社会心理学への招待』東京大学出版会。

石井淳蔵 (1993)『マーケティングの神話』日本経済新聞社。

石井淳蔵 (2009a)「わが国小売流通世界におけるパラダイム変化」石井淳蔵・向山雅夫編著『シリーズ流通体系1――小売業の業態革新』中央経済社，1-31頁。

石井淳蔵 (2009b)「小売業態研究の理論的新地平を求めて」石井淳蔵・向山雅夫編著『シリーズ流通体系1――小売業の業態革新』中央経済社，283-321頁。

石井淳蔵 (2012)『マーケティング思考の可能性』岩波書店。

石井良明 (2016)『成城石井の創業――そして成城石井はブランドになった』日本経済新聞出版社。

石原武政 (1982)『マーケティング競争の構造』千倉書房。

石原武政 (1998)「新業態としての食品スーパーの確立――関西スーパーマーケットのこだわり」嶋口充輝・竹内弘高・片平秀貴・石井淳蔵編『マーケティング革新の時代4――営業・流通革新』有斐閣，143-169頁。

石原武政 (1999a)「小売業における業種と業態」『流通研究』第2巻第2号，114頁。

石原武政 (1999b)「売買集中の原理と商業集積」『経営研究』（大阪市立大学経営学会）第50巻第1・2号，1-16頁。

石原武政 (2000)『商業組織の内部編成』千倉書房。

石原武政 (2003)「商品分類再訪――専門品とブランド品の区別を中心として」『経営研究』（大阪市立大学経営学会）第53巻第4号，35-60頁。

石原武政 (2007)「『市場』はいかに定義できるか？」『商学論究』（関西学院大学商学研究会）第55巻第2号，25-51頁。

石原武政 (2009a)「流通研究における物象性――商業集積の魅力と商業の基礎理論との接点を求めて」『産研論集』（関西学院大学産業研究所）第36号，3-11頁。

石原武政 (2009b)「小売業態研究の理論的新地平を求めて」石井淳蔵・向山雅夫編著『シ

リーズ流通体系1——小売業の業態革新』中央経済社，283-321頁。

上原征彦（1999）『マーケティング戦略論——実践パラダイムの再構築』有斐閣。

海野弘（2003）『百貨店の博物史』アーツアンドクラフツ。

江原淳（1989）「業態別マーケティングと店頭研究」田島義博・青木幸弘編著『店頭研究と消費者行動分析——店舗内購買行動分析とその周辺』誠文堂新光社。

太田信夫（2001）「意識下の情報処理はどうなっているのか——潜在意識に見る複数記憶システム」『PSIKO』第13号，36-41頁。

大橋正彦（1995）『小売業のマーケティング——中小小売商の組織化と地域商業』中央経済社。

岡真理（2000）『記憶／物語——思考のフロンティア』岩波書店。

岡山武史（2010）「信頼を通じた小売企業のブランド構築に関する一研究」（近畿大学大学院商学研究科博士論文）。

岡山武史・髙橋広行（2013）「小売企業のブランド構築とコミュニケーション——ネットスーパーへの拡張を求めて」『広告科学』第58号，1-22頁。

小川孔輔（2011）『しまむらとヤオコー——小さな町が生んだ2大小売チェーン』小学館。

奥谷孝司・岩井琢磨（2018）『世界最先端のマーケティング——顧客とつながる企業のチャネルシフト戦略』日経BP社。

恩藏直人（2007）『コモディティ化市場のマーケティング論理』有斐閣。

改田明子（2000）「知識と思考」行場次朗・箱田裕司編著『知性と感性の心理』福村出版，139-152頁。

鹿島茂（1991）『デパートを発明した夫婦』講談社。

河合雅司（2017）『未来の年表——人口減少日本でこれから起きること』講談社。

川崎惠里子（1995）「長期記憶Ⅱ知識」高野陽太郎編著『記憶』東京大学出版会，117-143頁。

岸本徹也（2013）『食品スーパーの店舗オペレーション・システム——競争力構築のメカニズム』白桃書房。

金貞姫（2006）「消費者の店舗選択における店舗イメージに関する研究」『企業研究』（中央大学企業研究所）第9号，211-234頁。

木村敏（1994）『心の病理を考える』岩波書店。

楠木健・阿久津聡（2006）「カテゴリー・イノベーション——脱コモディティ化の論理」『組織科学』第39巻第3号，4-18頁。

楠見孝（1992）「比喩の生成・理解と意味構造」箱田裕司編著『認知科学のフロンティアⅡ』サイエンス社，39-64頁。

後藤晃・武石彰（2001）「イノベーション・マネジメントとは」一橋大学イノベーション研究センター編『イノベーション・マネジメント入門』日本経済新聞社。

近藤公彦（1998）「小売商業形態論の課題——業態変動のミクロ基礎」『流通研究』第1巻第2号，44-56頁。

近藤公彦（2011）「業態研究のフロンティア——革新の組織能力の視点から」『日本商業学会・第61回全国研究大会報告論集』36-44頁。

近藤公彦（2018）「日本型オムニチャネルの特質と理論的課題」『流通研究』第21巻第1号，77-89頁。

齋藤雅（2003）「小売業における『製品』概念と小売業態論——小売マーケティング論体系

化への一試論」『立命館経営学』第 41 巻第 5 号, 33-49 頁。

佐伯胖 (1990)「アクティブ・マインド——活動としての認知」佐伯胖・佐々木正人編著
　　『アクティブ・マインド——人間は動きの中で考える』東京大学出版会, 1-24 頁。

坂川裕司 (2007)「小売業における品揃え規模の優位性」『経済学研究』(北海道大学) 第 57
　　巻第 1 号, 51-62 頁。

坂川裕司 (2011)「小売フォーマット開発の分析枠組」『経済学研究』(北海道大学) 第 60 巻
　　第 4 号, 61-76 頁。

清水聰 (1999)『新しい消費者行動』千倉書房。

白石善章 (1993)「市場過程における重層的競争」『流通科学大学 流通科学研究所ワーキン
　　グペーパー』第 1 号。

鈴木努 (2009) 金明哲編著『R で学ぶデータサイエンス 8 ——ネットワーク分析』共立出版。

鈴木哲男 (1999)『売場づくりの知識』日本経済新聞社。

関根孝 (2010)「流通近代化と小売業の構造分析」『日本商業学会第 60 回全国研究大会報告
　　論集』24-34 頁。

高嶋克義 (2002)『現代商業学』有斐閣。

高嶋克義 (2003)「小売業態革新の分析枠組み」『国民経済雑誌』第 187 巻第 2 号, 66-83 頁。

高嶋克義 (2007)「小売業態革新に関する再検討」『流通研究』第 9 巻第 3 号, 33-51 頁。

髙橋広行 (2009)「消費者行動とブランド論(3)——ブランド構築の事例『おおさかパルコー
　　プ』」『関西学院商学研究』(関西学院大学大学院商学研究科研究会) 第 62 号, 51-68 頁。

髙橋広行 (2011a)「経験価値を通じたストア・ブランド構築——サンシャインチェーンの事
　　例」『商学論究——石原武政博士記念号』(関西学院大学商学研究会) 第 58 巻第 4 号,
　　147-168 頁。

髙橋広行 (2011b)『カテゴリーの役割と構造——ブランドとライフスタイルをつなぐもの』
　　関西学院大学出版会。

髙橋広行 (2012)「売り場のデザイン」清水信年・坂田隆文編著『1 からのリテール・マネ
　　ジメント』碩学舎, 87-103 頁。

髙橋広行 (2012)「リテール・ブランドにもとづく魅力的な売場づくり——LUSH (ラッシ
　　ュ) のバリュー・ドライバーに関する実証分析」『Discussion Paper Series, No. 020』立
　　命館大学イノベーション・マネジメント研究センター。

髙橋広行 (2013)「業態革新が売り場行動に与える影響——北野エースの事例を通じて」
　　『Discussion Paper Series, No. 021』立命館大学イノベーション・マネジメント研究セン
　　ター。

髙橋広行 (2014)「消費者視点の業態研究——スクリプト概念にもとづく食品スーパーの業
　　態認識」『流通研究』第 16 巻第 2 号, 49-75 頁。

髙橋広行 (2015)「7 章 消費者視点の業態革新の方向性——食品スーパーの事例を用いたス
　　クリプト概念による検証を通じて」中西正雄・石淵順也・井上哲浩・鶴坂貴恵編著『小
　　売マーケティング研究のニューフロンティア』関西学院大学出版会, 197-223 頁。

髙橋広行・徳山美津恵 (2012)「消費者視点のカテゴリー・マネジメント」『日本繊維製品消
　　費科学』第 53 巻第 10 号, 22-29 頁。

髙橋広行・新倉貴士 (2012)「業態の芽の方向——消費者視点の革新的小売企業事例研究」
　　『流通科学大学論集——流通・経営編』第 24 巻第 2 号, 125-149 頁。

武石彰・青島矢一 (2001)「イノベーションのパターン——発生, 普及, 進化」一橋大学イ

ノベーション研究センター編『イノベーション・マネジメント入門』日本経済新聞社。

武居奈緒子（1992）「店舗イメージの概念について」『神戸大学六甲台論集』第39巻第3号，203-213頁。

田島義博（1989）『インストア・マーチャンダイジング——流通情報化と小売経営革新』ビジネス社。

田中道昭（2017）『アマゾンが描く2020年の世界——すべての業界を震撼させる「ベゾスの大戦略」』PHPビジネス新書。

棚橋菊夫（1997）「消費者の知識と記憶」杉本徹雄編著『消費者理解のための心理学』福村出版，104-117頁。

田村正紀（2008）『業態の盛衰——現代流通の激流』千倉書房。

月泉博（2012）『ユニクロ世界一をつかむ経営』日本経済新聞出版社。

豊田秀樹（2007）『共分散構造分析——構造方程式モデリング Amos 編』東京図書。

中西正雄（1996）「小売りの輪は本当に回るのか」『商学論究』（関西学院大学商学研究会）第43巻第2-4号，21-41頁。

新倉貴士（2005）『消費者の認知世界——ブランドマーケティング・パースペクティブ』千倉書房。

新倉貴士（2011）「第二世代の消費者情報処理研究」『商学論究』（関西学院大学商学研究会）第58巻第4号，91-110頁。

新倉貴士（2012a）「情報処理のメカニズム」青木幸弘・新倉貴士・佐々木壮太郎・松下光司『消費者行動論——マーケティングとブランド構築への応用』有斐閣，138-162頁。

新倉貴士（2012b）「情報処理の能力」青木幸弘・新倉貴士・佐々木壮太郎・松下光司『消費者行動論——マーケティングとブランド構築への応用』有斐閣，185-208頁。

新倉貴士（2012c）「購買前の情報処理」青木幸弘・新倉貴士・佐々木壮太郎・松下光司『消費者行動論——マーケティングとブランド構築への応用』有斐閣，231-257頁。

新倉貴士（2012d）「消費者の知識と記憶」守口剛・竹村和久編著『消費者行動論——購買者心理からニューロマーケティングまで』八千代出版，73-93頁。

新倉貴士（2015）「モバイルアプリと購買意思決定プロセス」『慶應経営論集』第32巻第1号，35-50頁。

新倉貴士・高橋広行（2012）「消費者視点の業態研究に向けて——その研究課題と業態認識主体としてのスクリプト」『季刊マーケティングジャーナル』第127号（第32巻3号），67-81頁。

西原彰宏（2011）「消費者行動におけるバラエティ・シーキング——その位置づけに関する一考察」『関西学院大学大学院商学研究科研究会』第64号，25-52頁。

延岡健太郎（2006）「意味的価値の創造——コモディティ化を回避するものづくり」『国民経済雑誌』第194巻第6号，1-14頁。

ハリス，ブライアン・佐野吉弘（2006）『カテゴリーマネジメント入門』商業界。

東利一・清水信年・高橋広行（2014）「海外小売店舗への視察実習における教育成果と課題」『流通科学大学付属教学支援センター』第1号，67-83頁。

広瀬盛一（2008）「経験価値マーケティング——消費と消費者を包括的に捉える視点」戦略研究学会編，原田保・三浦俊彦編著『マーケティング戦略論——レビュー・体系・ケース』芙蓉書房出版，315-339頁。

深田智・仲本康一郎（2008）「認知意味論の基本的概念」山梨正明編『認知言語学のフロン

ティア③——概念化と意味の世界：認知意味論のアプローチ』研究社，49-128頁。

藤川佳則（2006）「脱コモディティ化のマーケティング」『一橋ビジネスレビュー』第53巻第4号，66-78頁。

白貞壬（2010）「木製組み立て家具製造小売の商品構成に関する一考察」『流通科学大学リサーチレター』第8巻。

増田直紀・今野紀雄（2010）『複雑ネットワーク——基礎から応用まで』近代科学社。

向山雅夫（1985）「小売商業形態展開論の分析枠組（Ⅰ）——諸仮説の展望」『武蔵大学論集』第33巻第2・3号，127-144頁。

向山雅夫（2009）「小売国際化の進展と新たな分析視角——業態ベースの小売国際化研究に向けて」向山雅夫・崔相鐵編著『シリーズ流通体系3——小売企業の国際展開』中央経済社，1-30頁。

村田光二（1991）「認識する（こころ）」池田謙一・村田光二編著『こころと社会——認知社会心理学への招待』東京大学出版会，3-52頁。

村山貞幸（1994）「ストア・イメージ形成過程における整合性の影響」『慶應経営論集』第12巻第1号，25-39頁。

矢作敏行（1981）『現代小売商業の革新——流通革命以降』日本経済新聞社。

矢作敏行（1994）『コンビニエンス・ストア・システムの革新性』日本経済新聞社。

矢作敏行（1996）『現代流通——理論とケースで学ぶ』有斐閣。

矢作敏行（2016）「商いの精神と『仕組み』革新(4)プラットフォームビジネス——アマゾンとローソン」『経営志林』（法政大学経営学会）第53巻第2号，73-89頁。

山崎正和（1987）『柔らかい個人主義の誕生——消費社会の美学』中央公論社。

横山隆治・楳田良輝（2015）『リアル行動ターゲティング』日経BP社。

余田拓郎（2004）「小売企業の品揃え深耕型成長モデル——大塚家具のマネジメント・デザイン」『仕組み革新の時代——新しいマーケティング・パラダイムを求めて』有斐閣，89-110頁。

和田充夫（1989）『小売企業の経営革新』誠文堂新光社。

和田充夫（2002）『ブランド価値共創』同文舘出版。

索 引

事 項 索 引

■ アルファベット

ABC 分析　147
ACT　**103**，109，117
EDLP　91，94，150
FEEL　**103**，106，117
Format　→フォーマット
Formula　→フォーミュラ
GPS　178
Instagram　131
NB　→ナショナル・ブランド
PB　→プライベート・ブランド
QR コード　178，181
RELATE　**103**，110，117
SENSE　**103**，104，117
SNS　181，188，190，212，213
THINK　**103**，108，117
VR　→バーチャル・リアリティー

■ あ 行

愛　着　113，151，202
アウトパック　98
アクセス容易性　201
アコーディオン理論　47
アトリビューション分析　**51**
アプリ　66，196，198
意思決定プロセス　185
位置情報　178，**187**，193
一貫性　174
移動性　**159**
イノベーション　1，2，**87**
インタビュー　68
インターフェイス　187
ウェブ・ルーミング　**161**
エクイティ　20
エクイティ・ドライバー　**16**，17，20

大手スーパー

大手スーパー　**21**，25，28，74，199
オープン・キッチン　105
オムニ・チャネル　5，156，**157**，161，
　165，167，168，172，195

■ か 行

外部情報　184
買い物価値　**81**
買い物体験　168，171
買い物単価　199
買物点数　97，145，152，199
快楽性　**82**，92，151，181，182，188，
　193
革新性　**88**
カスタマイズ化　181
カスタマー・エクスペリエンス　**171**
カスタマー・エンゲージメント　186，187，
　204
カスタマー・ジャーニー　170
カテゴリー　123，129，130，139，184，
　212
カテゴリー・マネジメント　68
感覚マーケティング　**90**
感情的価値　173
感情的ロイヤルティ　**19**，20，29，74，
　199
企業の社会的責任　16
既存顧客　**12**
期待と満足度の一致　164
業　種　**38**，40
競争優位性　**14**，20，29
業　態　3，4，10，13，**38-42**，48，66，
　198
クチコミ　159，161，182-184，195，213
グラフ密度　**52**，53，56，65
グローサラント　2，78

クロス・チャネル　**165**
グロッサリー　152
経験価値　20，29，74，**103**，199
高級食品店　129
高質食品専門館　120，**123**
高質スーパー　**102**
行動的ロイヤルティ　20，29，74，199
購入機会　145
購買
　──後　183
　──行動　157，184
　──単価　145，146，152
　──中　183
　──前　183
購買意思決定プロセス　179
小売業態研究　39，**47**
小売の価値創造　**88**
小売の輪理論　41，**47**
小売ミックス　**40**，173，195
考慮集合　184
小売流通革新研究　39，**47**
顧　客　**6**
　──とのつながり　88，**89**，150
顧客経験　88，89，157
顧客経験マネジメント　111
顧客効率（性）　**88**，150，200
顧客体験　134
顧客有効性　88，**91**，151
個性的なスーパー　**22**，28，74，199
コト POP　108，111
コト発想　124
コミュニケーション・チャネル　168，172
コミュニティ　151，202
コモディティ化　11，**30**
コンシェルジュ　**134**，152
コンビニエンス・ストア　2，10，13，38，
　41，43-**45**，56，67，68，200

■ さ 行

サービスやサポート　17，23，29，99，
　112，127，140，153，215
実用性（utilitarian）　**82**，92，150，181，

188，193，200
シームレス　157，168，170，174，195
社会性　92，181，182，193
社会的価値（social value）　**82**，212
社会的な知識　**159**，196
周辺ルート　184
熟練者（expertise）　46
消費者　**6**
　──の購買行動　183
消費者行動　184
食品スーパー　1，10，55，68
食料品専門店　40
ショッパー・マーケティング（分析）　**41**，
　48，68
ショッピング　115，202
　──の場　114
ショッピング・リスト　184
ショー・ルーミング　**161**
新規顧客　**12**
真空地帯理論　47
シンプルさ　150，200
信頼性　**19**，20
スイッチング・コスト　161
スキャナー機能　178
スクリプト　4，**43**-46，48，50，55，56，
　75，150，157，197，213
　──の階層構造　**80**
スクリプト・グループ（数）　**52**，60，65，
　69
ステイタス　152，212
ストア・イメージ　**15**，31
　──・オペレーション　30
　──・コンセプト　205
　──・タイプ　**24**，29
　──・デザイン　17，99，112，127，
　140，151，153，202，205，215
スーパーラント　2，79
スマート・ショッピング　**182**
スマートフォン　5，160
スマートフォン・アプリ　→モバイル・アプ
　リ
スワイプ　190

生活スタイル　152, 212
精緻化見込みモデル　184
接客サービス　98
接続性　**159**
セルフサービス　40, 74
相関係数　**52**, 54, 58-60, 66
即時性　150, 201
ソーシャル・メディア　160

■　た　行

タッチ・ポイント　157, 161, 162, 164,
　　168, 171, 172, 195, 204
タブレット端末　160
探索コスト　162
チェーンストア　40, 95, 138
地産地消　110
中心性　**52**, 53
中心ルート　184
直　径　**52**, 53, 56, 65
つながり　152, 212
デジタル・ネイティブ　159
店舗施設　17, 23, 112, 127, 140, 153,
　　199
都市型小型スーパー　**96**
ドミナント戦略　96, 99, 139
ドラッグ・ストア　10, 13, 38

■　な　行

内部情報　184
ナショナル・ブランド（NB）　139
ネット・スーパー　59
ネット販売　2, 13
ネットワーク分析　50, **51**
ノード（構成要素）　51

■　は　行

媒介中心性　**52**, 53, 57
パス（矢印）　51
バーチャル・リアリティー　164
パッケージ・デザイン　**135**
ビジネス・モデル・イノベーション　**88**,
　　197

百貨店　10, 42
ヒューリスティクス　184
ファンの育成　**12**
フォーマット　48
フォーミュラ　48
プライベート・ブランド（PB）　124, 126,
　　134, 139, 197
ブランド　14
ブランド・スイッチ　160
ブランド力　13
プリテスト　50
プロモーション　17
平均クラスター係数　**52**, 53, 56
弁別性　**19**
ホームセンター　10
本物感　203

■　ま　行

マグネット　210
マーチャンダイジング（活動）　**17**, 23,
　　66, 99, 106, 112, 127, 140, 153, 199
マルチ・チャネル　**165**, 167, 173
見える化　51, 113, 125
ミクスド・メソッド　5
密　度　**52**, 54, 69
ミニスーパー　96
モジュラリティ（Q）　**52**, 53, 58
モバイル・アプリ　68, 176, 186
モバイル・デバイス　66, 68, 156, 158,
　　160, **178**, 181, 196, 198, 201, 213
モバイル・マーケティング　5, 178, **179**,
　　181, 189, 196, 198, 204, 214

■　や　行

ユーザー・エクスペリエンス　**171**
4F　159

■　ら　行

来店客　**6**
ライフスタイル　42
リアル店舗　1
リテール・ブランド・エクイティ　**14-16**,

索　引　　239

23, 29, 30, 74, 198, 203, 213

リレーションシップ 172

類似性 **52**

ロイヤルティ **14-16**, 172

ローカル・スーパー **21**, 25, 28, 74, 199

ロケーション 17, 23

ロング・テール 212

■ **わ 行**

ワークショップ **135**

ワンウェイ・コントロール 48

ワン・ストップ・ショッピング 49

企業名等索引

■ アルファベット

Bio c' Bon　→ビオセボン
BIO-RAL　→ビオラル
EATALY　→イータリー
ECO・OP　→イイコープ
Google　211
GYOZA OHSHO　78
IKEA　→イケア
Instagram　211
KitChen & Market　5, 205
LINE　188, 211
mini ピアゴ　96
Nugget Markets　→ナゲット・マーケット
T-SITE　78
Whole Foods Market　→ホールフーズ
Yahoo!　→ヤフー
ZOZOTOWN　189-191

■ ア 行

アスクル　1
アマゾン　1, 2, 171, 189-191, 201
アマゾン・フレッシュ　2
イイコープ（ECO・OP）　79
イオン　1, 189, 190
イオンリテール　191
いかりスーパー　92
いきなり！ステーキ　78
イケア（IKEA）　90
イータリー（EATALY）　79, 203
イトーヨーカドー食品館　96
ヴィレッジヴァンガード　78
ウェッグマンズ　30
ウォルグリーン　187
ウォルマート　1, 94, 181
エブリイ　126
オール日本スーパーマーケット協会　48
俺のイタリアン　78

■ カ 行

北野エース　4, 5, 96, 129, 150, 156,
　　189, 191, 200
きちり　211
紀ノ国屋　92
業務用スーパー　105
コストコ　30

■ サ 行

サニーマート　105
サンシャイン　4, 5, 95, **102**, 150, 156,
　　200, 202
シティ・スーパー　126
新日本スーパーマーケット協会　185
スシロー　189, 191, 193
スターバックス　189-191, 193
成城石井　92, 147, 203
西　友　1
セブン＆アイ・ホールディングス　1
セブン-イレブン　54
ソフトバンク　1

■ タ 行

食べる通信　204
テスコ　187
トレーダー・ジョーズ　30

■ ナ 行

ナゲット・マーケット（Nugget Markets）
　91
ナチュラルローソン　41, 45, **48**
日本チェーンストア協会　95

■ ハ 行

ハローデイ　12
阪急オアシス　4, 5, 95, **120**, 150, 156,
　　189-191, 200, 202
阪急デリカ　126

索　引　241

ビオセボン（Bio c' Bon）　79
ビオラル（BIO-RAL）　79
ファーストリテイリング　7
ファミリーマート　54
フ　ジ　105
ホールフーズ　1，91
ボン・マルシェ　42，48

■ マ　行

まいばすけっと　4，67，95，**96**，150，
　　156，200
マクドナルド　189-191
マルエツプチ　96

マルナカ　105
メイシーズ　187

■ ヤ　行

ヤオコー　12
ヤフー　1，211
ヤマダ電機　10
ユニクロ　10

■ ラ　行

ローソン　41，45，54，67
ローソンストア 100　41，44，**48**

◎著者紹介
髙橋　広行（たかはし　ひろゆき）
　同志社大学商学部 教授，同大学院商学研究科博士前期課程 教授
　関西学院大学大学院商学研究科博士課程後期課程修了，博士（商学）
　1級販売士／専門社会調査士
　専攻分野：マーケティング（とくに消費者行動論，ブランディング，小売マーケティング）
　主著：『カテゴリーの役割と構造──ブランドとライフスタイルをつなぐもの』（単著，関西学院大学出版会，2011年，日本商業学会学会賞［奨励賞］，日本広告学会賞［奨励賞］），『ケースで学ぶケーススタディ』（共著，同文舘出版，2015年），『ケースに学ぶマーケティング』（分担執筆，有斐閣ブックス，2015年），『小売マーケティング研究のニューフロンティア』（分担執筆，関西学院大学出版会，2015年）など。
　その他の業績・論文等については，「同志社大学商学部 髙橋広行研究室ホームページ」（http://takahashi.sweet.coocan.jp/）を参照。

消費者視点の小売イノベーション──オムニ・チャネル時代の食品スーパー
Retail Innovation from the Perspective of Consumer Behavior

2018 年 11 月 10 日　初版第 1 刷発行
2020 年 7 月 1 日　初版第 3 刷発行

著　者	髙 橋 広 行	
発行者	江 草 貞 治	
発行所	株式会社 有 斐 閣	

郵便番号 101-0051
東京都千代田区神田神保町 2-17
電話　(03) 3264-1315〔編集〕
　　　(03) 3265-6811〔営業〕
http://www.yuhikaku.co.jp/

印　刷　精文堂印刷株式会社
製　本　牧製本印刷株式会社

Ⓒ 2018, Hiroyuki Takahashi. Printed in Japan
落丁・乱丁本はお取替えいたします。
★定価はカバーに表示してあります
ISBN 978-4-641-16530-4

[JCOPY] 本書の無断複写（コピー）は，著作権法上での例外を除き，禁じられています。複写される場合は，そのつど事前に(一社)出版者著作権管理機構（電話03-5244-5088, FAX03-5244-5089, e-mail: info@jcopy.or.jp）の許諾を得てください。